초보자를 단숨에 고수로 만드는

주식투자
핵심수업

슈퍼개미 이세무사 따라 텐베거 잡기

초보자를 단숨에 고수로 만드는

주식투자 핵심수업

이정윤 지음

이레미디어

| 저자의 말 |

코스피 3000 시대, 주식 초보자도 고수로 만드는 삼박자 투자법의 이론과 실전 사례를 쓰며

"안녕하세요, 이정윤 세무사입니다."

이 인사말로 매일 장중 시황을 쓰고, 유튜브 방송을 찍고, 한 달에 두 번씩 오프라인 강연을 해온 지도 꽤 오랜 시간이 흘렀습니다. 밸런스투자아카데미와 밸런스에셋이라는 회사를 운영하며 회사 홍보를 위한 마음으로 시작한 일과가 이제는 주식투자자와 함께 고민하고 성공하기 위한 콘텐츠로 자리매김하였습니다.

전국 100대 명산을 하나하나 올랐고, 마침내 한라산과 백두산까지 모두 등반했습니다. 올해 초에는 마라톤에 도전해 생애 첫

42.195km 완주에도 성공했습니다. 그 모든 여정 속에서도 제가 가장 몰입했던 것은 바로 주식이었습니다. 바쁜 일상에서도 올 상반기 종합주가지수의 흐름이 좋아지면서 주식 연구에 더욱 몰입하게 되었습니다. 그 결과로 이 책을 세상에 내놓게 되었습니다.

주변에서는 종종 "왜 그렇게 열심히 살아?"라는 질문을 받습니다. 하지만 저는 그 질문에 쉽게 대답하지 못합니다. 왜냐하면 '열심히 산다'라고 느껴본 적이 없기 때문입니다. 그저 꿈꾸고, 그 꿈에 조금이라도 가까워지기 위해 하루하루 최선을 다할 뿐입니다. 주식을 할 때도, 달릴 때도, 산을 오를 때도 마찬가지입니다. '늘 꿈꾸는 성실한 이세무사'는 제가 가장 갖고 싶은 닉네임입니다. 그리고 그 이름을 얻기 위해, 지금, 이 순간에도 저는 꿈꾸며 성실하게 하루를 살아가고 있습니다.

초보자도 고수가 될 수 있습니다

"슈퍼개미는 바라지도 않아요. 주식 고수는 어떻게 될 수 있나요?"
이런 질문을 받을 때마다 저는 늘 한결같이 대답합니다.
"공부 열심히 하세요."

제가 생각하는 주식 실패의 원인은 두 가지입니다. 첫째, 공부를 소홀히 해 종목 선정이나 매매 다이밍에 대한 개념과 원칙이 서 있시 않은 경우입니다. 둘째, 원칙은 세웠지만 그것을 지키지 못한 경우입니다. 후자의 경우, 이 책이 드릴 수 있는 도움은 솔직히 크지 않습니다.

하지만 적어도 이 책 한 권을 통해 주식에 대한 철학을 세우고, 투자 원리를 이해하며, 초보 투자자로서 반드시 알아야 할 핵심 지식을 익히고 종목 선정과 매매 타이밍에 대한 개념과 원칙도 세울 수 있습니다.

특히 1부는 초보자가 꼭 알아야 할 투자 원칙과 기초 지식을 최대한 쉽게 설명하려고 노력했습니다. 1부의 내용을 읽으며 막힘이 없다면, 이미 초보자 단계를 넘어선 것입니다. 혹시나 내용이 어렵게 느껴진다 해도 걱정하지 마세요. 2~3회 반복해서 읽다 보면 어느새 초보자를 지나 고수의 길로 나아가고 있는 자신을 발견하게 될 것입니다.

삼박자 투자법으로 시장을 읽고 미리 움직일 수 있습니다

제가 이레미디어를 통해 처음 출간한 책의 제목은 《삼박자 투자법》입니다. 제목이 조금은 유쾌하게 들릴 수도 있겠지만, 8년이 지난 지금 돌아보면 이 이름만큼 제 주식투자 인생을 잘 설명하는 용어도 없다고 생각합니다.

경제학의 기본 원리인 수요와 공급의 법칙에 근거해 책 제목을 만들었습니다. 가격은 수요에 비례해 상승하므로, 매수 주문이 많은 종목일수록 주가가 올라갑니다. 그렇다면 '사람들은 어떤 이유로 특정 종목을 매수하는 걸까?' 이 질문에서 출발해 고민을 거듭한 끝에, 저는 공통된 세 가지 요소를 발견했습니다. 바로 좋은 재료, 좋은 재무제표, 그리고 좋은 차트를 가진 종목에 매수가 집중된다는 점이었습니다.

이 세 가지 요소인 재료 분석, 재무제표 분석, 차트 분석의 종합 점수가 높은 종목은 중장기적으로 주가 상승으로 이어진다는 결론에 도달했고, 그렇게 '삼박자 투자법'이 탄생하게 되었습니다.

이 책의 2부부터 4부까지는 각각 정보 분석, 가격 분석, 가치 분석에 대해 다루고 있습니다. 독자 여러분은 이 과정을 통해 정보를 어떻게 습득하고, 가격을 어떻게 이해하며, 가치를 어떻게 분석할 수 있는지를 체계적으로 배우게 될 것입니다. 삼박자 투자법을 완전히 익히게 되면, 종목 선정에 있어 강력한 이론적 배경과 실전 감각을 갖추게 될 것입니다.

이론과 실전을 함께 익히는 것이 진짜 실력입니다

'이론과 실전은 다르다'라는 말은 너무나 당연한 진리입니다. 책으로 수영을 배운 사람은 결코 물에 뜰 수 없듯이, 주식투자도 마찬가지입니다. 이론 없이 실전만 반복하면 어느 순간 발전의 한계를 절실히 느끼게 됩니다. 반대로, 실전 경험 없이 이론만 쌓는다면 그것은 공허한 메아리에 불과할 수 있습니다.

주식투자에서 이론 없는 실전은 순간적인 운에 의존하게 되어, 마치 모래성을 쌓는 것처럼 언제든 무너질 위험에 노출됩니다. 반면, 재무제표나 재료, 차트 분석 등을 열심히 공부했음에도 불구하고, 실제 매매에 어떻게 적용해야 할지 몰라 어려움을 겪는 분들도 많습니다.

저는 올해로 실전 투자 경력 30년을 맞이한 개인 투자자입니다. 제도권에서 공부하거나 투자한 경험은 없지만, 증권사 투자대회에서 다수 입상했고, 5% 지분 공시를 한 바 있는 실전 투자자로서 자부심이 있습니다. 또한 경영학과 출신의 세무사로서, 경영학, 재무관리, 경제학, 통계학, 회계학 등 투자에 필요한 이론을 전문가 수준으로 익혔습니다. 이론과 실전을 모두 갖춘 투자자로서 제가 지난 30년간 가장 중요하게 여겨온 8가지 매매 기법을 이 책의 5부에서 자세히 소개하고 있습니다.

이 기법들을 여러분의 것으로 만들기 위해 노력한다면, 총성 없는 전쟁터인 주식 시장에서 여러분을 지켜줄 강력한 무기가 되어줄 것입니다.

100억 부자라는 꿈, 이제 현실이 될 수 있습니다

8년 전 처음 인연을 맺은 그때부터 지금까지, 오랜 시간 함께한 이레미디어의 이형도 대표님과 이 책을 담당한 정서린 과장님에게 깊은 감사의 인사를 전합니다. 또한 밸런스그룹의 모든 임직원과 연구원 여러분에게도 고개 숙여 감사드립니다. 여러분의 아낌없는 도움 덕분에 이번 출판 작업도 무사히 마칠 수 있었고, 앞으로도 함께 앞만 보고 나아갈 수 있는 큰 힘을 얻고 있습니다.

    10년 전 시작한 블로그와 카페 그리고 이제는 20만 구독자분들과 함께 만들어가는 유튜브 '슈퍼개미 이세무사TV'까지, 모든 채널을 통해 함께한 주식 동지 여러분에게도 진심으로 감사드립니다. 보내주신 관심과 사랑에 보답하고자, 여러분의 성공적인 투자에 조금이나마 도움이 되겠다는 다짐을 다시 한번 해봅니다. 마지막으로, 제가 사랑하는 모든 분의 건강과 행복을 진심으로 기원합니다. 그리고 독자 여러분의 성공 투자를 진심으로 응원합니다. 여러분 모두 100억 부자의 꿈을 꼭 이루기를 바랍니다!

늘 꿈꾸는 성실한 이세무사

| 차 례 |

저자의 말 코스피 3000 시대, 주식 초보자도 고수로 만드는 ___4
　　　　　삼박자 투자법의 이론과 실전 사례를 쓰며

1부 | 주식 왕초보가 꼭 알아야 할 기초 지식

1장 주식 왕초보를 위한 동기부여
부자가 되기 위해서는 주식투자가 필수이다 ___25
주식투자의 목적은 쉽게 큰돈 벌기 ___27
성공한 투자자에게는 세 가지 자유가 주어진다 ___29
100세 시대, 주식투자는 선택이 아닌 필수 ___31

2장 주식투자를 제대로 시작하는 방법
공부를 먼저 할까? 계좌를 먼저 만들까? ___34
어느 증권사의 계좌를 만들까? ___36
폰으로 할 것인가? PC로 할 것인가? ___38
첫 거래 어떻게 시작할 것인가? ___40

3장 모르는 용어가 나와도 두려워하지 말라
주식투자가 어려운 이유는 용어 때문? ___43
경제학, 경영학, 회계학이 주식투자의 기본? ___45
주가와 시가총액을 반드시 구분하라 ___47
이익 관련 용어는 확실히 알아야 한다 ___49

4장 | 주식투자자의 스타일과 주식투자 방법은 각양각색

- 주생아, 주린이, 중수, 고수, 슈퍼개미 중에 난 어디쯤? … 51
- 단기 매매를 할 것인가? 장기 투자를 할 것인가? … 53
- 동학개미와 서학개미의 장단점을 알자 … 55
- 주식투자와 ETF투자의 가장 큰 차이점은 바로 이것 … 57

5장 | 성공 투자의 절대법칙을 기억하라

- 집중 투자보다 분산 투자를 해야 하는 이유 … 60
- 탑다운으로 주식시장을 분석하자 … 62
- 타이밍보다 종목 선정이 훨씬 중요하다 … 64
- 주식투자 공부하면 성공 투자 가능하다 … 66

6장 | 성공 투자를 위한 똑똑한 공부법

- 주식 관련 스테디셀러는 꼭 보자 … 69
- 증권사리포트는 약인가? 독인가? … 71
- 검색어에 다트시스템이 있다니… … 73
- 오락가락 경제뉴스에 흔들리지 말자 … 75

7장 | 성장주에 투자하라

- 보통주와 우선주의 가장 큰 차이는 무엇일까? … 78
- 고배당주는 좋고 저배당주는 나쁘다? … 80
- 대형주 vs. 중소형주 어디에 투자할까? … 82
- 성장주를 찾아내는 여러 가지 방법들 … 84

8장 | 이 시대의 진정한 성장 산업은 무엇인가?

- 우리나라 제일의 산업은 반도체이다 … 87
- 국내 제약바이오 산업이 성장할 수밖에 없는 이유 … 89
- 한류열풍 관련 5대 K산업은? … 91
- 상상을 현실로 만들어주는 AI와 로봇산업 … 93

2부 | 정보 분석 어떻게 해야 할까

1장 | 효과적으로 정보를 분석하는 방법
효율적 시장 가설과 랜덤워크 이론 _ 101
공개정보와 미공개정보가 주가에 영향력을 끼친다? _ 104
정보를 입수하는 것보다 중요한 것 _ 107
수집한 정보를 어떻게 구분할까? _ 109

2장 | 정보 분석의 시작은 증권사리포트로!
증권사리포트는 좋은 스승이다 _ 114
주식시장의 상황은 어떤지 분석하자 _ 117
종목 분석보다 산업 분석에 더 주목해야 하는 이유 _ 120
스스로 종목을 선정하는 방법 _ 122

3장 | 뉴스를 제대로 검색하자
뉴스 찾아보기 _ 126
미래를 예측하고 싶다면 꼭 확인해야 할 정보 _ 130
가끔 도움이 되는 정보도 있다 _ 132
뉴스를 이용한 매매 전략 _ 135

4장 | 실전 투자에 유용한 공시 검색
4가지 공시 정보를 알아보자 _ 139
가장 중요한 정기 공시의 보고서 살펴보기 _ 142
공시를 검색하는 방법이 있다 _ 144
기사에서 볼 수 있는 중요 공시 _ 147

5장 공시에서 어렵고도 중요한 증자, 감자, 합병, 분할

증자는 시장에서 반드시 악재일까? _ 152
자본금을 줄이는 감자 _ 157
합병에서 중요하게 봐야 할 것 _ 159
인적 분할 시 꼭 알아야 할 3가지 _ 161

6장 HTS를 제대로 활용해서 정보를 얻자

시간대별 매매의 차이점 _ 165
옥석을 구별해주는 정보가 있다 _ 170
현재 누가 사는지 알아야 한다 _ 174
코스피200 종목을 보면 알 수 있는 것 _ 178

7장 생활 속에서 얻는 정보 활용법

뉴스 볼 때 주의할 것 _ 182
소비 활동을 통해서도 정보를 얻는다? _ 184
실질적이고 정확한 분석이 가능한 정보 _ 187
지인이 주는 정보는 4가지를 확인하자 _ 190

8장 주가의 등락을 함께하는 테마주

테마주 어떻게 포착하고 분석할까? _ 194
테마주 매매는 이렇게! _ 197
실전 투자! 로봇 관련주 _ 200
실전 투자! 의료기기 관련주 _ 203

3부 | 가격을 제대로 분석하는 방법

1장 | 기술적 분석이 왜 필요할까
- 기술적 분석이란? ___ 211
- 주가는 경기보다 6개월 앞선다?! ___ 215
- 시장의 흐름을 읽는 4가지 방법 ___ 218
- 반드시 알아야 하는 삼박자 투자법 ___ 221

2장 | 주가는 수급에 의해 결정된다
- 가격이 중요하다 ___ 224
- 수요와 공급에 영향을 주는 것 ___ 226
- 단기적인 주가의 움직임에는 이런 분석이 필요하다! ___ 229
- 대중의 심리는 차트에 녹아 있다 ___ 231

3장 | 기술적 분석의 기본, 봉차트
- 6가지 형태만 알면 분석이 쉽다! ___ 234
- 몸통과 꼬리를 볼 줄 알아야 한다 ___ 238
- 봉의 패턴은 4가지로 나뉜다 ___ 241
- 실전, 차트 분석을 위한 준비 ___ 246

4장 | 주가 움직임을 예측할 수 있다
- 이동평균선의 종류와 의미 ___ 249
- 실제 사례로 배우는 수렴, 돌파 그리고 확산 ___ 252
- 이평선의 돌파, 그랜빌 8법칙 ___ 255
- 좋은 만남과 나쁜 만남의 차이 ___ 259

5장 | 차트 분석을 하는 결정적 이유

변곡의 비밀을 알아야 한다! _263
추세를 구분하는 3가지 _268
저항선이 뚫리면 상승 전환의 가능성이 있다?! _271
추세에 따라 매매 기법도 달라야 한다 _274

6장 | 과거를 알아야 현재도 보인다

패턴에는 인간의 심리가 녹아있다 _279
매수 타이밍을 알 수 있는 4가지 패턴 _282
매도 타이밍을 알 수 있는 4가지 패턴 _285
성공 확률을 높이는 추세 지속성 _288

7장 | 주가는 속여도 거래량은 못 속인다?!

매수자와 매도자의 의견이 충돌할 때 _292
거래량의 특징 4가지 _296
과거의 거래량이 현재의 주가에 영향을 줄 때 _301
거래량을 이용한 실전 매매 전략 _303

8장 | 슈퍼개미가 추천하는 4가지 차트!

최고가를 돌파하면서 신고가를 갱신하는 차트 _308
조금만 주의하면 기대되는 차트 _311
치명적인 단점이 잊히는 굉장한 수익률 _313
차트의 일생이 보인다 _315

4부 | 가치 있는 주식, 같이 하는 주식투자

1장 | 기업의 가치와 주가가 다른 이유

가치와 가격은 다르다 _323
오늘의 주식 가격은? _325
자산 기준으로 기업을 평가하는 방법 _327
현금흐름을 파악해보자 _329

2장 | 재무제표를 제대로 보기 위한 기초, 회계

회계의 작성 방법을 알아야 한다 _333
신규 창업 시 분개 연습 사례 _336
3가지 중요한 회계 원칙 _340
재무제표의 작성 원리를 이해하면 읽을 수 있다 _343

3장 | 재무상태표의 기본, 자산

특정 시점의 재무 상태를 나타내는 표 _348
현금화가 가능한 자산 3가지 _351
투자 이익을 얻을 목적이 있다 _353
수익에 기여하는 자산일까? _355

4장 | 재무상태표 심화학습, 부채와 자본

1년 이내에 갚아야 하는 돈 _359
워런 버핏이 선호하는 기업은? _362
재무상태표의 마지막 항목 _365
자본잉여금보다 중요한 이익잉여금 _367

5장 일정 기간의 경영 성과를 알 수 있는 손익계산서

- 가장 중요한 수치 3가지 _ 370
- 손익계산서의 맨 위에 위치한 것 _ 373
- 영업이익이 높은 기업을 찾는 방법 _ 376
- 어려워도 알아두면 좋을 당기순이익 보기! _ 378

6장 현금흐름표와 자본변동표 확인하는 방법

- 일정 기간의 현금흐름을 나타내는 표 _ 383
- 영업 활동과 현금흐름을 비교해서 보자 _ 386
- 기업 활동의 본질은 영업! _ 389
- 일정 기간의 자본 변동을 확인할 것 _ 392

7장 재무비율도 모르고 투자한다고?

- 기업의 가치를 비율로 수치화해서 비교 _ 395
- 수익을 나타내는 능력을 알 수 있다 _ 400
- 과거와 현재의 성장성 비율로 미래를 예측하자 _ 403
- 이 회사의 재무 상태는 얼마나 안정적일까? _ 406

8장 가치투자의 대가들은 어떻게 투자했을까?

- 양적 분석 vs. 질적 분석의 중요성 _ 410
- 위대한 기업에 투자하라, 필립 피셔 _ 411
- 오마하의 현인, 워런 버핏 _ 414
- 잃지 않는 투자의 대가, 피터 린치 _ 416

5부 | 이세무사 실전투자기법, 8테크

1장 | 삼박자 투자법
- 삼박자 분석법이란? _423
- 재무제표 분석에서 출발하기 _427
- 차트분석에서 출발하기 _429
- 재료분석에서 출발하기 _431
- 결국 필요한 것은 지식과 경험이다 _433

2장 | 시가총액 비교법
- 주가 vs 시가총액, 비교해보자 _437
- PER vs 시가총액, 비교해보자 _441
- 시가총액 상위종목 순위를 비교 분석해보자 _444
- 동종업계 시가총액 순위를 비교 분석해보자 _449
- 소형주 혹은 대형주, 공략에 유리한 쪽은? _452

3장 | 분산투자기법
- 분산투자란 무엇인가? _456
- 분산투자만의 장점이 있다 _459
- 포트폴리오 구성 방법_섹터냐 종목이냐? _462
- 매매시점 분산투자 vs 매매가격 분산투자 _465

4장 | 상한가 매매기법
- 왜 상한가분석을 할까? _471
- 상한가종목 분석을 어떻게 해야 하나? _473
- 직접매매 적용 I _연속상한가종목의 공략 _475

직접매매 적용 II _ 강한 갭상한가종목의 공략 _ 478
간접매매 적용 _ 테마주 공략 _ 482

5장 | 짝짓기 매매기법

보완재와 대체재, 개념이해를 하자 _ 486
짝짓기 매매 I _ 테마주 매매 _ 491
짝짓기 매매 II _ 지분 관계회사 _ 495

6장 | 신고가종목 매매기법

추세매매란 무엇인가? _ 500
상승추세종목은 어떻게 포착할 것인가? _ 502
신고가종목 매매기법이란? _ 506
불을 탈 것인가, 물을 탈 것인가? _ 509

7장 | 신규상장주 공략법

공모주 투자란? 신규상장주 투자란? _ 512
신규상장주 공략의 진정한 의미 _ 519
신규상장주 직접공략법 _ 521
신규상장주 간접공략법 _ 525

8장 | 생활 속의 종목발굴법

일상생활도 주식투자에 미쳐야 한다 _ 529
생활 속에서 어떻게 종목을 발굴하나? _ 532
생활 속 종목 매수 시 주의사항은? _ 540

1장 주식 왕초보를 위한 동기부여

2장 주식투자를 제대로 시작하는 방법

3장 모르는 용어가 나와도 두려워하지 말라

4장 주식투자자의 스타일과 주식투자 방법은 각양각색

5장 성공 투자의 절대법칙을 기억하라

6장 성공 투자를 위한 똑똑한 공부법

7장 성장주에 투자하라

8장 이 시대의 진정한 성장 산업은 무엇인가?

 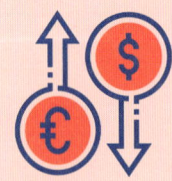  

1부

주식 왕초보가 꼭 알아야 할 기초 지식

"Back to the basic"

우리는 모든 일에 있어 가장 중요한 것은 기본이라는 사실을 잘 알고 있습니다. 하지만 잘 알고 있는 것과 실행하는 것은 다르겠지요. 걸음마부터 배워야 넘어지지 않고 나중에 빨리 뛸 수가 있는데, 일어서지도 못하면서 뛰려고 하는 성급함에 일을 그르치는 경우가 많습니다. 주식투자자들도 예외일 수 없습니다. 주식투자를 1년도 채 경험해보지 못한 투자자가 고수처럼 행세하는 경우도 있고, 공부해도 수익률이 높아지지 않는다면서 자책하는 경우도 있습니다. 왜 그럴까요? 기본이 없기 때문입니다. 주식투자를 할 때 기본기부터 착실하게 쌓아놓으면 공부할수록 재미를 알게 됩니다. 지식과 경험이 쌓일수록 수익률이 높아지는 것도 느낍니다. 기본기 없는 투자를 하는 사람이 공부의 중요성을 인식하지 못하고 허송세월만 보내는 사이에 기본기를 탄탄히 한 왕초보는 중수와 고수를 넘어 슈퍼개미의 꿈을 실현할 수 있습니다. 주식투자의 성공 여부는 주식투자를 시작할 때 어떤 기본을 쌓으려고 노력하느냐에 따라 달려 있다고 생각합니다.

그러나 많은 주린이들은 주식투자를 시작하면서 해야 할 공부를 하지 않고, 정보의 홍수에 빠져서 하루하루의 단기시황과 종목 추천만을 찾아다니며 시간을 보내고 있습니다. 그 무엇도 갖추지 못한 채 말이지요. 기본 공부는 오늘 하루 수익률에 영향을 미치지 못하니 그러는 것입니다. 그러나 이는 매우 의존적인 투자 습관을 갖게 하고 결국에는 자기의 판단으로 투자하고 결과에 책임지는 현명한 투자자가 되지 못하는 결과를 만듭니다. 실제 5년 이상 경력의 투자자이면서도 여전히 종목 선정을 하지 못하고 타인의 의견만 추종하는 사례를 주변에서 쉽게 찾을 수 있습니다.

주식투자의 기본은 '종목 선정'입니다. 하지만 청과물 시장에서 맛있는 사과를 고르는 것처럼 주식시장에서 좋은 주식을 고르는 것이 단순하고 쉬운 것은 아닙니다. 심지어 좋은 주식을 고르는 방법을 공부하기 이전에 주식 계좌개설부터 시작해서 어려운 용어, 무엇을 공부해야 하는지 그리고 어떤 원칙을 지켜야 하는지 등 왕초보 주식투자자는 종목 선정 공부를 하기 전부터 알아야 할 것이 너무 많습니다.

1부에서는 2~4부의 삼박자 투자법, 5부의 실전투자 기법 8테크에 의한 종목 선정 공부에 앞서서 왕초보 주식 투자자들이 반드시 알아야 할 기초 지식을 모아 놓았습니다. 이러한 사전 지식을 충분히 습득한 후 종목 선정 공부를 한다면 조금 더 쉽고 재미있는 주식투자 공부가 될 것이라고 생각합니다.

1부의 내용이 투자자의 수익률을 직접적으로 높인다고 보장할 수는 없지만 여러 번 읽고 충분히 숙지하셨으면 좋겠습니다. 성공 투자로 가는 나침반 하나를 가지고 올바른 길을 걷는 것이라 믿고 1부를 읽어나가시기 바랍니다.

주식 왕초보를 위한 동기부여

☑ **MAIN POINT**

성공 투자를 위한 첫출발은 강력한 동기부여임을 알고 왜 주식투자를 해야 하는지 명확하게 이해한다.

부자가 되기 위해서는 주식투자가 필수이다

세상 사람 모두가 부자가 되는 꿈을 꾸고 있는 시대입니다. 자본주의가 지속되는 한 이러한 현상은 더욱 강해지리라 생각합니다. 부자가 되는 꿈을 실현하기 위해서 어떻게 하면 될까요? 자신의 순소득을 높이고, 모은 시드머니를 투자로 불려야 합니다. 과거에는 나의 순소득을 높이는 것이 중요했습니다. 좋은 직장에 취직해서 지출을 아껴 은행에 순소득을 모으면 적당한 금리로 원금이 불어나고, 대출을 합해서 내 집 마련을 하는 것이 부자가 되는 지름길이었지요. 그런데 세상이 달라졌습니다. 좋은 직장에 취직하기도 어려워졌고, 지출을 아껴도 순소득이 별로 안모이고, 그나마 은행에 저금을 해도 굉장히 적은 이자를 줍니다. 이렇게 모은 돈으로 집을 사려고 하지만, 집값은 천정부지로 치솟아 살 수가 없는 지경입니다.

부자가 되기 위해서는 투자가 필수인 시대입니다. 지출을 줄이면 1억 부자, 소득을 늘리면 10억 부자, 투자를 잘하면 100억 부자의 꿈을 이룰 수 있습니다. 그렇다면 투자 대상에는 무엇이 있을까요? 최근에 비트코인 투자를 하는 투자자들이 조금씩 늘어나긴 했지만 우리나라

가계의 가장 큰 투자 비중은 '부동산'과 '주식'입니다. 특히 코로나19 발생 이후 '동학개미운동'이라고 이름붙일 정도로 신규 주식투자자들이 늘어났습니다. 계속 늘어나던 투자자들이 2024년에 정치 불안과 코리아디스카운트로 한국 시장을 많이 떠났지만, 2025년에 3,000p 시대가 열리면서 다시 돌아오고 있습니다.

사실 우리나라는 선진국에 비해서 부동산대비 주식투자 비중이 더 낮은 편인데, 여기에는 여러 이유가 있겠지만, 저는 이렇게 생각을 합니다. 우리나라의 경우 성년이 된 이후에 돈을 모아 내 집 마련을 하는 것이 보통의 순서였습니다. 따라서 거의 평생 내 집 마련과 그 후 대출상환을 위해 살았다고 해도 과언이 아닙니다. 다만, 경제가 성장하면서 가계의 평균 순자산이 내 집을 마련하고도 추가로 더 존재하게 되었고, 모두에게 주식투자 여력이 생긴 것입니다. 아직 내 집 마련을 하기 전인 젊은 세대의 경우 은행 예금의 비중을 줄이고 주식투자를 하는 것이 현실입니다. 즉 내 집을 마련하기 전인 젊은 세대는 금리가 너무 낮은 탓에 주식투자를 더 하게 되었고, 내 집을 마련하고 난 기성세대는 추가 순자산이 발생하면서 주식투자 비중이 더 늘었다고 봅니다.

주식투자의 목적은 쉽게 큰돈 벌기

주식투자를 시작한 초보들에게 주식투자를 왜 시작했는지 물어보면 다음 세 가지 중에 한 가지 대답을 할 확률이 높습니다.

1. 주변에서 금리가 너무 낮으니까 주식투자를 하는 것이 더 낫다고 해서
2. 친구가 주식투자를 했는데 연봉 이상의 투자수익을 너무나도 쉽게 냈다고 자랑해서
3. 지인이 좋은 종목을 알려줄 테니 빨리 주식 계좌를 만들라고 해서

독자 여러분은 몇 번이라 답하셨습니까?

어디에 해당하든 주식투자에서 실패할 확률이 높습니다. 주식투자는 자기 자신이 신중하게 생각하고 판단해서 시작해야 합니다. 지인의 성공이 부럽거나, 나만 안 하면 뒤떨어질 것 같아서, 심지어는 특정 종목을 사기 위해서 계좌를 만들어서는 안 됩니다. 그렇다면 어떤 마음으로 주식투자를 시작해야 할까요? 노동 소득보다 조금 쉽게, 은행 이자보다 조금 더 큰돈을 벌기 위한 마음으로 시작하세요. 그리고 더

욱 쉽게 큰돈을 벌기 위해서는 위험을 감수해야 하고 공부를 지속해야 한다는 것을 알아야 합니다.

그런데 대부분의 주린이들은 계좌부터 만들고 나서 목표를 세우고 공부를 시작하는 경향이 있습니다. 그 반대로 해보는 건 어떨까요? 주식투자의 목표를 세우고 공부를 시작한다면 주식 계좌를 만든 이후에 보다 편한 투자생활과 보다 좋은 투자수익률이 기다리고 있을 겁니다.

성공한 투자자에게는
세 가지 자유가 주어진다

목표를 달성하기 위해서는 강한 동기를 갖고 실행력을 극대화시켜야 합니다. 주식투자자에게 가장 좋은 동기부여는 성공하면 가질 수 있는 자유를 정확하게 아는 것입니다. 먼저 성공한 투자자로서 주식투자에 성공하면 누릴 수 있는 자유를 세 가지 알려주면 다음과 같습니다.

첫째, 경제적 자유입니다. 물론 경제적 자유는 모든 부자가 누릴 수 있는 자유이지만, 주식투자로 성공한다면 돈이 돈을 버는 시스템을 구축함으로써 보다 확실한 경제적 자유를 누릴 수 있습니다. 지출을 줄이면서 돈을 모으는 단계에서는 쉽게 경제적 자유를 누릴 수 없고, 소득을 늘리는 단계에서도 자기계발을 위해 시간과 열정을 투자해야 하기 때문에 경제적 자유를 완벽하게 누리기 힘듭니다. 하지만 마지막 부자 단계인 투자로 인한 부자가 된다면 돈으로 할 수 있는 것은 언제나 할 수 있는 완벽한 경제적 자유를 누릴 수 있습니다.

둘째, 공간적 자유입니다. 성공한 주식투자자는 회사나 사무실에 출근할 필요 없이 노트북 하나만 있으면 어디서든 투자를 할 수 있습니다. 실제 많은 성공한 투자자들이 세계여행을 다니거나 외국에 거주하면서 투자생활을 이어나가는 것을 볼 수 있습니다. 특히 단기 매매의 영역이 아닌 장기 투자의 영역에서 성공한다면 수개월 동안 주식시장에서 벗어나 하고 싶은 여행을 다니면서 돈을 벌수도 있습니다.

<mark>셋째, 인간관계의 자유입니다.</mark> 사실 주식투자로 부자가 되었을 때, 가장 크게 누릴 수 있는 기쁨은 바로 인간관계의 자유입니다. 이 세상에 돈을 벌기 위한 어떤 직업도 인간관계에서 자유로울 수 없습니다. 직장인이나 사업가들은 많은 인간관계를 형성하며 그 속에서 근로소득이나 사업소득을 추구해야 합니다. 또한 부동산투자에 성공하기 위해서도 인맥형성은 기본입니다. 하지만 주식투자는 주식시장에서 나 홀로 판단하고 결정하고 책임지면 되기 때문에 성공하기 위해서 어떤 인간관계도 필요하지 않습니다. 우리가 살면서 받는 스트레스 중에 가장 큰 부분이 '인간관계에서 오는 스트레스'라는 것을 생각한다면 주식투자로 성공하기 위한 동기부여가 확실히 되지 않을까요? 기분 나쁜 직장상사 김 부장, 갑질하는 거래처의 박 사장과 마주하고 싶지 않다면 열심히 주식투자 공부를 하는 것이 좋습니다.

100세 시대, 주식투자는 선택이 아닌 필수

저금리 시대이기 때문에 은행에 저금하기보다는 주식에 투자해야 한다는 설명을 했습니다. '저금리 시대'와 함께 가장 많이 사용되는 말이 '100세 시대'입니다. 이제는 사망위험을 보장받는 종신보험보다 장기 생존위험을 보장받는 연금보험이 더 필수인 시대입니다. 우리의 평균수명이 80세를 넘은지 오래이며, 이제 곧 90세를 넘어 100세까지 사는 시대가 온다고 합니다. 평균수명이 늘어났다고 해서 우리의 은퇴시기까지 비례해서 늘어난 것은 아닙니다. 여전히 우리는 50~60세 사이에 은퇴를 합니다. 은퇴 이후에는 근로소득에 의한 월급을 더 이상 바랄 수 없습니다.

근로소득이 없는 은퇴 이후의 삶에서 자산소득이 없다면 우리는 어떻게 살 수 있을까요? 자본주의 사회에서 돈이 없는 삶은 생각할 수 없습니다. 은퇴 이후에 자산소득을 근로소득처럼 꾸준히 발생시키기 위해서는 미리 준비해야 합니다. 100세 시대에 주식투자가 선택이 아닌 필수인 이유입니다. 부자가 된 사람들에게 '어떤 동기가 부사가 되는데 가장 큰 영향을 미쳤는가?'라는 질문을 했더니 '은퇴 이후의 안정적이고 행복한 삶'이라는 대답이 가장 많았다고 합니다. 불확실한 미래를 확실하게 대비하는 방법 중 하나가 주식투자라는 것은 아무도 부인할 수 없는 현실이 되었습니다.

2장
주식투자를 제대로 시작하는 방법

✓ MAIN POINT

주식투자를 시작하면서 가장 먼저 부딪히는 문제점들에 대해서 공부하고 올바른 시작을 하도록 노력한다.

공부를 먼저 할까?
계좌를 먼저 만들까?

　주식투자를 시작하는 분들은 계좌를 만드는 것에 조금 두려움을 가진 것 같습니다. 은행 계좌를 만들 때 고민을 하고 만드는 사람은 거의 없지만, 주식 계좌를 만들까 말까 고민하는 사람이 꽤나 있다는 것을 보면 알 수 있습니다. 계좌를 만들기 전에 가장 큰 고민은 공부가 안되어 있는데 계좌부터 만들어도 되는지, 안 된다면 어느 정도 공부가 된 후에 계좌를 만들어야 하는지에 대한 판단 여부입니다. 저는 여러 인터뷰에서 말했지만 공부를 많이 한 상태에서 계좌를 만들었습니다. 대학에서 회계학, 재무관리, 경제학 등을 열심히 공부하고, 주식 관련 책을 10권 정도 읽을 때까지 계좌가 없었고, 군대에 있는 시기에 10만 원으로 처음 주식 계좌를 만들었으니까 초보는 벗어난 상태로 계좌를 만들었다고 생각합니다.

　아무것도 모르는 왕초보로서 주식 계좌를 만드는 것보다 많은 것을 알고 주식 계좌를 만드는 것이 훨씬 좋은 것은 당연합니다. 초보 운전 스티커를 붙이고 운전하는 것처럼 초보 계좌 스티커를 붙이고 투자하는 것이 아니고, 초보, 중수, 고수, 슈퍼개미 다 똑같이 경쟁하는 시장이기 때문입니다. 하지만 계좌를 만들기 전에는 열심히 공부하기 쉽지 않다는 것과 주식투자는 이론공부와 실전공부가 같이 어우러지면서 경험이 쌓인다는 것 때문에 계좌부터 먼저 만드는 것도 장점은 있습니다. 계좌를 만들지 않고 공부부터 하다가 지쳐서 공부도 안 하고 계좌도 안 만드는 상황보다는 계좌를 먼저 만들되 소액으로 투자하면 보다 재미있게 공부할 수 있습니다.

다시 한 번 강조하지만 공부가 안된 상태에서 계좌를 만들 경우에는 투자하고자 하는 금액의 10분의 1 정도만 넣고 시작하는 것이 좋습니다. 많은 투자자들이 투자 경험이 늘어날수록 실력도 늘어나고 있는데 계좌에 돈이 얼마 남지 않아서 후회하고 있다는 것을 명심하시기 바랍니다.

어느 증권사의 계좌를 만들까?

주식투자를 하려고 마음을 먹은 분들이라면 '어느 증권사 계좌를 만들까요?' 정도의 질문은 자체적으로 해결할 능력은 있어야 한다고 봅니다. 이 질문의 수준은 '내가 옷을 사고 싶은데 어느 백화점을 가서 살까요?' 또는 '내가 은행 계좌를 만들고 싶은데 어느 은행에 가서 만들까요?'와 비슷한 수준이기 때문입니다. 그럼에도 불구하고 계좌를 처음 만드는 왕초보 독자들이 가장 먼저 부딪치게 되는 시험 문제와도 같은 이 질문에 해답을 드려봅니다.

증권사 선택은 두 가지를 고려하면 좋습니다. 첫째는 '시가총액'이 큰 증권사, 둘째는 '수수료 수준'입니다. 먼저 시가총액이 큰 대형증권사가 좋은 이유는 트레이딩시스템의 질적 측면이나 안정성이 보다 좋기 때문입니다. 또한 오프라인에 지점이 더 많거나 온라인상에서 콜센터가 더 큰 규모라서 편리성이 높은 것도 장점입니다. 다음으로 수수료 수준은 당연히 낮은 수수료가 적용되는 증권사가 좋습니다. 초보자의 경우 수수료를 중요하게 생각하지 않는 분들도 있는데 매매 횟수가 증가하다보면 투자액에 대비하여 수수료가 생각보다 크게 발생하게 되므로 처음 계좌를 만들 때부터 낮은 수수료의 증권사를 선택하는 것이 좋습니다.

참고로 2025년 6월 10일 기준 시가총액이 높은 증권사들을 꼽아 보면 미래에셋증권, NH투자증권, 삼성증권, 키움증권, 대신증권 등이 있습니다. 증권사별 수수료는 이벤트에 따라 달라지므로 검색을 통해서 알아보기를 바랍니다.

폰으로 할 것인가?
PC로 할 것인가?

　코로나시대 이후부터는 대부분 주식 계좌를 만들 때 스마트폰으로 비대면 개설을 합니다. MTS 애플리케이션을 다운 받아서 주식거래를 시작합니다. MTS는 Mobile Trading System의 약자로 스마트폰 운영체제 기반의 증권사 매매프로그램을 말하며 PC 운영체제 기반의 프로그램은 HTS Home Trading System 이라고 합니다.

　왕초보분들 중에는 MTS로 매매주문이 익숙해지고 나면 굳이 HTS를 설치할 필요가 없지 않나하고 생각하는 분들이 많습니다. 하지만 저는 'HTS 깔아야 돼요?'라는 질문을 받으면 굉장히 강한 어조로 말합니다. '돈 벌기 싫으면 깔지 마세요.'라고 말입니다. 재미있는 영화를 극장에서 공짜로 보여주는데 굳이 하이라이트를 스마트폰으로 답답하게 볼 필요는 없습니다. 모든 게임이 PC용과 모바일용이 있는 데는 이유가 있겠지요. HTS에서 훨씬 많은 메뉴를 훨씬 편하게 볼 수 있습니다. 나의 라이벌은 모니터를 다섯 대를 보는데 나는 한 대도 보기 싫다면 돈 벌기 싫다는 것과 다를 바 없습니다. 물론 매매를 위한 것이 아닌 주식 공부를 위한 것을 말하는 것이니 오해 없으시길 바랍니다. 바쁜 직장인분들도 토요일과 일요일에 주식 공부를 할 때 MTS로 공부하는 것보다 HTS로 공부하는 것이 좋다는 것을 반드시 기억하세요. 제가 강연회에서 자주 하는 말인데 한손에는 'DART' 한손에는 'HTS'를 놓치지 않는다면 반드시 성공투자할 수 있습니다.

추가로 어느 증권사 프로그램이 좋은지에 대한 질문도 많이 받습니다. 위에도 언급한 시가총액이 큰 증권회사가 좋은 프로그램을 만들기 위한 투자를 했을 확률이 높으니 대형 증권사 프로그램이 상대적으로 좋다고 말할 수 있습니다. 더 중요한 것은 자기 자신한테 맞는 증권사가 있습니다. 여러 증권사의 HTS를 써보고 자신한테 가장 맞는 것을 선택하는 것이 좋습니다.

첫 거래 어떻게
시작할 것인가?

인생을 살면서 '처음'이 주는 의미는 굉장히 큽니다. '첫 사랑', '첫 직장', '첫 월급' 등을 떠올려 보세요. 아직도 생생하게 기억나지 않나요? 주식투자에서도 첫 투자 종목은 중요한 의미가 있습니다. 초심자의 행운으로 첫 종목에서 수익이 크게 날수도 있고, 반대로 사자마자 떨어져서 주식투자에 정이 떨어질 수도 있습니다. 하지만 첫 투자종목이 올랐다고 투자 인생이 활짝 피는 것도 아니고, 내렸다고 투자 인생이 망한 것은 더더욱 아닙니다.

첫 매매가 중요한 이유는 종목 선정을 누가 했는지 여부에 따라서 앞으로의 투자 철학이나 투자 공부에 대한 동기가 달라지기 때문입니다. 제가 만난 초보투자자들 대부분은 지인에게 추천 받은 종목을 샀다고 이야기합니다. 아니, 계좌를 만든 이유가 지인이 추천해 준 종목을 매수하기 위함인 경우도 많습니다. 이 경우 수익이 나면 계속해서 타인에게 의존하여 종목을 선정하고 손실이 나면 타인에게 책임을 전가합니다. 심지어 주식투자에 흥미를 잃어버리는 경우도 많습니다.

반면에 첫 종목 선정을 공들여서 하게 되면 수익이 나든 손실이

나든 주식 공부의 필요성과 함께 주식투자자로서 책임감을 느끼고 투자에 흥미를 가지게 됩니다. 단순히 계좌 주인으로 남을지 아니면 주식투자자로 거듭날지는 종목 선정에 대한 책임감에 달려 있고, 첫 종목 선정부터 시작되기 때문에 계좌를 만들고 첫 매수종목을 직접 골라보세요. 너무 어렵게 접근하지 말고, 투자자 본인이 가장 좋아하는 상품이나 서비스를 제공하는 회사의 주식을 사는 생활 속의 종목 발굴법을 가장 쉽고 좋은 첫 종목 선정 방법으로 추천합니다.

모르는 용어가
나와도
두려워하지 말라

> ☑ **MAIN POINT**
>
> 주식투자 공부의 첫 번째 난관, 어려운 용어에 대해서 생각해보고, 어려운 용어에 현명하게 대처하는 방법을 공부한다.

주식투자가 어려운 이유는 용어 때문?

주식투자가 어려운 이유는 여러 가지가 있습니다. 매수종목을 어떻게 선정해야 하는지, 매수·매도 타이밍을 어떻게 선정해야 하는지, 포트폴리오를 어떻게 구축해야 하는지 등 주식투자 4~5년을 해도 어렵기는 매한가지입니다. 그래서 주식투자자는 공부를 열심히 해야 하는데 경력이 좀 되는 투자자와 달리 왕초보 주식투자자는 무슨 공부를 해야 하는지 몰라서 막막해합니다. DART사이트를 보라고도 하고, 경제뉴스를 매일 읽으라고 하며, 리포트를 열심히 찾으라고 하는데 막상 이것들을 읽으면서 공부하려 하니 까만 건 글자요, 하얀 건 백지라서 답답함을 느낍니다. 주식투자가 어려워서 주식투자 공부를 하려고 하는데, 주식투자 공부도 어려운 이유는 무엇일까요?

주식투자 공부를 처음에 할 때 어려운 이유는 관련 용어 때문입니다. 당장 '주식'이나 '투자'라는 용어도 막연히는 알고 있지만 정확히 아는 초보투자자가 많지 않을 것입니다. 주식이 무엇인지, 투자가 무엇인지 모르는데 어떻게 주식투자 공부가 쉬울 수 있을까요? 그래서 보통 초보를 위한 책은 용어 설명에 굉장히 많은 지면을 할애하는 편입니다. 그러나 저는 세 권의 주식책을 쓰면서 용어 설명보다는 주식투자의 기본원리나, 종목 선정 방법에 훨씬 큰 비중을 두었습니다. 그 이유는 경제용어는 포털사이트에 검색하면 설명이 자세하게 잘되어 있기 때문입니다. 용어가 어려워서 주식투자 공부가 어렵다고 느끼는 분들은 오늘부터 검색하는 습관을 들이시기 바랍니다. 그럼 주식투자 공부가 조금은 수월해질 것입니다.

경제학, 경영학, 회계학이 주식투자의 기본?

'주식투자학'이라는 말은 없습니다. 만약에 있다면 제가 우리나라 1호 주식투자학 박사가 되었을 텐데 많이 아쉽습니다. 주식투자학이 없기 때문에 학교에서 학문적으로 주식투자를 배울 수 없고 그래서 주식투자 공부가 어려운 것이겠지요. 그래도 주식투자에 도움이 되는 학문은 무엇이 있을까요?

저는 경제학, 경영학(재무관리), 회계학이 주식투자와 가장 연관 있는 학문이라는 생각이 듭니다. 주식시장은 실물경기보다 타이밍은 빠르지만 같은 방향으로 움직이고, 국내 경제, 나아가 글로벌 경제의 영향을 크게 받으므로 경제학을 이해하고 있다면 주식시장을 전체적으로 읽는데 큰 도움이 됩니다. 또한 주식투자로 돈을 벌기 위해서는 결국 주가의 형성 원리를 이해해야 하는데 경영학의 재무관리에서는 여러 가지 주가결정모델을 통해서 기업의 이론적 가치를 어떻게 구하는지 알 수 있습니다.

마지막으로 기업의 재무상태나 경영성과를 알기 위해서 주식투자자들은 재무제표를 보고 해석할 수 있어야 하는데 이때 회계학 지식이 필요합니다. 그래서 경제학, 경영학, 회계학 등의 기초 학문이 주식투자의 기본이라고 생각합니다.

　이런 궁금증을 갖고 있는 투자자들이 많습니다. 공부를 해도 끝이 없는데 어느 수준까지 해야 하나요? 저는 공부는 많이 할수록 좋다는 의견이지만 공부에 투입할 수 있는 시간은 누구나 제한적이므로 한 분야에 너무 깊은 공부할 필요까지는 없다는 생각입니다. 회계학이나 경제학을 전공자 수준까지 공부한다고 해도 주식투자 성공과 직결되지 않는다는 것을 주변의 성공한 투자자를 보면 알 수 있습니다. 따라서 기초 용어에서 조금 더 나아가서 기본원리를 이해하는 수준까지만 공부하시고, 나머지 시간에는 종목 선정 방법을 공부하시면서 실전적이고 경험적인 공부를 해나가시는 것이 중요합니다. 주식투자 공부는 스포츠와 비슷하다고 생각합니다. 학문이 아니기 때문에 절대 책으로 마스터할 수 없으며, 오랜 실전 경험과 연습이 필요하다고 강조 드립니다.

주가와 시가총액을 반드시 구분하라

용어와 관련해서 하나 더 말하고 싶은 것은 사전적 정의보다 개념 이해에 충실해야 한다는 것입니다. 예를 들어 '주가'를 설명해보겠습니다. 주가는 '주식의 가격'의 약자입니다. 우리가 사과의 가격이라고 할 때 보통 1개의 가격을 말하고 1박스의 가격을 말하지 않는 것처럼 주식의 가격인 주가도 보통 1주의 가격을 말합니다.

이 주가는 매일 변동합니다. 매일 변동하면서 4가지 가격을 형성하는데, 장 시작했을 때의 가격인 시초가(시가), 장 마감했을 때의 가격인 종가, 장중고점인 고가, 장중 저점인 저가로 차트의 기본인 봉이 그려집니다. 그리고 가격의 변동을 연속해서 반영한 이동평균선과 봉으로 구성된 기본차트(일봉, 주봉, 월봉)에서는 현재와 비교하여 직전 가장 낮은 수준인 전저점, 그리고 직전 가장 높은 수준인 전고점, 1년의 가장 높은 주가인 52주 신고가, 신규 상장 이후 가장 높은 주가인 역사적 신고가를 확인할 수 있습니다.

그리고 주문을 넣을 때도 여러 가지 주문가격이 존재합니다. '지정가'는 지정된 가격으로 주문을 넣겠다는 것이고, '시장가'는 시장가격으로 주문을 넣을 테니 1순위로 사거나 팔겠다는 뜻입니다. 그리고 '예상체결가'는 동시호가시간에 주문접수를 분석하여 체결가를 미리 예상해서 알려주는 가격이고, '시간 외 단일가'는 장이 열려있지 않은 시간에 거래를 종가로 거래할 수 있는 가격입니다. 또 주식의 가격은 이론적인 가치평가를 해서 구한 이론가격이 있고, 실제 시장에서 거래되는 시장가격이 있습니다.

이렇게 중요한 주가에 총주식수를 곱하면 시가총액이 되는데 이것 또한 매우 중요한 개념입니다. 주가는 액면분할이나 무상증자 등 총주식수에 의해서 달라지므로 여러 주식들의 비교가 불가능한 개념입니다. 삼성전자가 액면가 5,000원일 때와 100원일 때 주가가 1/50으로 줄었다고 회사의 시가총액이 준 것은 아니기 때문입니다. 주가는 비교가 불가능한 숫자이지만, 시가총액은 비교가 가능한 숫자이므로 더 중요하다는 개념을 기억하시기 바랍니다.

이익 관련 용어는 확실히 알아야 한다

주식투자의 목표는 좋은 기업을 찾아서 투자를 하는 것인데, 좋은 기업이란 매출이 꾸준히 성장하면서 높은 이익률을 보이는 기업입니다. 이익이 많이 나는 기업은 배당을 많이 할 확률이 높을 뿐 아니라 배당을 하지 않더라도 내부유보로 재투자되어서 기업이 성장한다면 주가가 오를 수밖에 없습니다. 이익이 이렇게 중요한데 이익을 전혀 찾아보지 않고 투자하는 투자자가 참 많습니다. 그래서 왕초보 시절부터 기업의 이익을 확인하는 습관을 들여야 합니다.

기업의 이익은 손익계산서에서 확인할 수 있으며, 이익이 매출액대비 많이 나는지, 이익이 전년도에 비해 성장했는지 여부를 반드시 확인하시기 바랍니다. 또한 혹시 이익이 아닌 손실이 났다면 손실이 왜 났는지, 일시적인지 지속적인지를 확인해서 지속적으로 적자가 나는 기업(영업적자기업)에 투자하지 않는 것을 기본원칙으로 세우시기 바랍니다.

주식투자자의 스타일과 주식투자 방법은 각양각색

☑ **MAIN POINT**

주식투자자의 타입에 대해서 공부하고 나는 어떤 타입이며 어떤 전략을 써야 하는지 정확히 파악한다.

주생아, 주린이, 중수, 고수, 슈퍼개미 중에 난 어디쯤?

　주식투자자의 타입은 여러 기준에 따라 구별할 수 있는데, 가장 먼저 구분할 수 있는 기준은 주식투자 실력에 따른 것입니다. 주식투자 실력은 지식과 경험으로 이루어진다고 할 수 있고 실력의 결괏값으로 계좌의 수익률곡선이 나타난다고 믿고 있습니다. 단순하게 주식책 1권도 안 읽었으면 주린이, 10년 투자경험이면 고수라고 할 수 있는 것이 아니고, 주식투자의 결괏값인 수익률이 시장수익률을 초과하면 고수, 시장수익률 미만이면 하수라고 하는 것이 맞다고 생각합니다.

　시장수익률 미만인 하수들의 공통점은 공부가 아직 부족하거나 경험치가 낮고, 시장수익률 초과인 고수들의 공통점은 지식과 경험이 풍부하다는 것입니다. 그렇다면 지식과 경험을 높여야 하는데 지식을 높이기 위해서는 이론공부가 중요하고 경험을 높이기 위해서는 실전연습이 뒷받침되어야 합니다. 이런 과정을 통해서 주린이에서 중수, 중수에서 고수로 성장하는 것입니다.

　누구나 성공 투자라는 꿈을 꾸지만 반드시 현실을 직시해야 하는 이유는 실력에 따라서 투자전략이 달라지기 때문입니다. 왕초보일수록 대중적인 산업의 톱픽종목, 즉 시가총액이 큰 '우량 대형주'에 장기 투자해야 합니다. 그것이 종목 선정의 선택 범위를 좁히고, 매매 타이밍을 잘못 잡을 확률을 낮추기 때문입니다.

단기 매매를 할 것인가?
장기 투자를 할 것인가?

주식투자를 처음 시작했을 때 가장 큰 고민의 시작은 단기 매매와 장기 투자 사이의 선택에 있습니다. 어떤 이는 10년 동안 안 팔 주식을 사서 장기 보유 하는 것이 진짜 주식투자이자 유일한 성공의 방법이라고 말하기도 하고, 어떤 이는 매일 주식을 사고팔아서 큰돈을 벌 수 있다고 말하기도 합니다. 주식투자라는 것이 정답이 없고 주어진 상황에 따라 달라질 수밖에 없다는 점에서 매매와 투자의 차이를 명확히 구분하고 나에게 맞는 전략을 수립할 필요가 있습니다.

매매는 사고팔아서 이익을 내겠다는 것이므로 가격의 변동을 이용해서 수익을 내는 전략입니다. 단기적인 가격의 변동을 잘 관찰해서 종목을 선정해야 하므로 단기 재료나 차트의 모양 등이 중요한 분석 포인트가 되며, 이익 실현이나 손절매 등 과감한 매도 결정도 중요합니다.

반면 투자는 가치 증가에 따른 가격의 상승을 이용해서 수익을 내는 전략입니다 중장기적인 가치의 증가를 잘 관찰해서 종목을 선정해야 하므로 재무제표상의 중장기적인 성장이 중요한 분석 포인트가 되며, 단기의 가격변동에 흔들리지 않고 성장추세에 대한 믿음을 갖고 보유하는 것이 중요합니다.

그런데 투자 초기에 이렇게 성향을 구분하지 않고 수년간 주식투자를 해온 분들이 매우 많습니다. 단기적인 상승을 기대하고 매매종목을 선정해서 매수를 했는데, 물려버리면 그때부터 재무제표 공부를 하면서 '단기 매매'가 아닌 '장기 매매(?)'를 하는 초보투자자가 대다수입니다.

매매를 단기로 하시는 분들은 반드시 장기 매매는 안 된다고 가슴에 새겨두시기 바랍니다. 또한 장기 투자를 하기 위해서 종목을 매수했는데, 매일매일 주가를 확인하며 오르면 좋아하고, 떨어지면 슬퍼하다가 한 달도 안 되서 매도해버리는 단기투자자들도 부지기수입니다. 단기 매매와 장기 투자는 종목 선정부터 투자 기간까지 완전히 다른 전략이 필요하므로 매수 전에 확실히 이해하고 종목 선정에 임해야 합니다.

동학개미와 서학개미의 장단점을 알자

2020년 코로나19 이후로 주식투자자가 급증하면서 '동학개미'라는 말과 함께 '서학개미'라는 말도 쓰이고 있습니다. 국내 주식투자가 아닌 해외 주식투자, 특히 미국 주식투자를 하는 투자자를 일컫는 용어입니다. 국내 주식투자를 시작한지 얼마 안 되는 투자자들이 해외 주식투자를 고민하는 상담을 가끔 받습니다. "한국 주식보다 미국 주식이 더 좋은 것 같아요. 미국 주식투자 할까요?"

우리나라 주가 지수와 미국 주가 지수를 단순 비교하면 미국 증시가 평균적으로 우상향의 각도와 기간이 더 나은 것이 사실입니다. 하지만 미국 주가 지수 ETF가 아닌 종목투자를 한다면 이야기는 달라집니다. 저는 해외 주식을 투자함에 있어서 세 가지는 반드시 이해할 필요가 있다고 생각합니다.

첫째는 접근성입니다. 국내 주식을 투자할 때 리포트, 공시, 뉴스, 실생활에서 접근 등과 비교하여 해외 주식의 접근성을 보면 보다 떨어지는 것이 사실입니다. 따라서 해외 주식에 투자하고 싶다면 자신만의 종목 선정 루틴을 만들어 놓을 필요가 있습니다.

==둘째는 환율에 대한 이해입니다.== 국내 주식에 원화로 투자한다면, 미국 주식에는 달러로 투자를 하기 때문에 환율의 등락에 따라 환차익이나 환차손이 발생하게 됩니다. 시기에 따라 주가의 변동에 따른 손익보다 환율의 변동에 따른 손익이 더 클 수 있으므로 환율에 대해서 관심을 가져야 할 것입니다.

==셋째는 비용차이입니다.== 해외 주식에 투자하기 전에 국내 주식 투자와는 다른 거래수수료와 세금의 차이를 미리 인식하기 바랍니다.

그렇다면 어떤 투자자가 해외 주식투자에 적합할까요? 투자금액이 커서 글로벌 투자 비중을 고려해야 하는 투자자이거나, 앞서 언급한 접근성이나 환율, 세금 등에 대한 지식이 남들보다 뛰어난 투자자가 해야 성공할 확률이 높습니다. 따라서 무조건 미국 주식에 투자해야 한다는 생각은 버리시고, 우리나라 주식투자나 미국 주식투자나 성공의 요인은 다르지 않다는 것을 알고 시작하시기 바랍니다. 투자 대상과 상관없이 모든 투자의 성공법칙은 아는 만큼 보이고, 그때 성공이 가까워지는 것이기 때문에 공부만이 살길입니다.

주식투자와 ETF투자의 가장 큰 차이점은 바로 이것

ETF Exchange Traded Fund 는 펀드를 주식처럼 거래가 가능하도록 만든 상품입니다. 즉 과거부터 존재했던 간접 투자 상품인 펀드를 주식시장에서 직접 거래할 수 있게 만들었습니다. 그렇다면 ETF는 직접 투자일까요? 간접 투자일까요? 당연히 간접 투자 상품이지만, 매매의 관점에서는 직접 투자 상품이 될 수 있다고 생각합니다.

왜냐하면 ETF에 포함되어야 할 종목 선정을 내가 직접하는 것은 아니지만, 사고파는 타이밍은 직접 선택하기 때문입니다. 조금 쉽게 예를 들면 2차전지 ETF에 투자를 할 때 어느 2차전지 종목을 매수할지 직접 종목 선정을 하지 않아도 됩니다. 하지만, 매일 변동하는 주가에서 언제 사야 할지, 언제 팔아야 할지 타이밍은 직접 결정을 해야 한다는 뜻입니다.

그렇다면 ETF는 어떤 투자자에게 적합할까요? 종목 선정을 직접 할 시간이 여유롭지 못한 분들 또는 지식과 경험이 낮은 초보투자자에게 적합합니다. 직접 투자와 ETF의 가장 큰 차이점은 평균값을 목표로 하는가, 평균값 이상의 초과수익을 목표로 하는가입니다. 예를 들면 은행이자는 은행에 저축한 모든 사람들에게 평균값의 이자를 동일하게 지급합니다. 하지만 주식시장에서는 은행보다 높은 평균값을 주기는 하지만 모든 사람들에게 동일한 수익률을 주지는 않습니다. 어떤 투자자에게는 평균값보다 높은 수익률을 주지만, 어떤 투자자에게는 평균값보다 낮은 수익률 심지어는 마이너스 손실을 안겨주기도 합니다.

따라서 은행이자보다 조금 높은 주식시장 평균값을 추구하는 투자자는 ETF투자를 하는 것이 낫고, 주식시장의 평균수익률 이상을 추구하는 투자자는 직접 투자를 하는 것이 더 좋은 선택이 될 것입니다.

5장

성공 투자의 절대법칙을 기억하라

> ✓ **MAIN POINT**
>
> 성공 투자를 위해서 꼭 지켜야 할 네 가지 절대법칙인 분산 투자, 탑다운, 종목 선정, 공부의 중요성에 대해서 그 논리를 정확히 이해한다

집중 투자보다 분산 투자를 해야 하는 이유

분산 투자와 집중 투자를 나누는 기준은 무엇일까요? 당연히 투자하는 종목의 숫자일 것입니다. 몇 종목부터 분산 투자인지 명확하게 말할 수는 없습니다. 그 이유는 투자자의 관리능력과 금액에 따라 최적의 종목 숫자가 달라지기 때문입니다. 그럼에도 불구하고 한 종목은 정말 위험한 몰빵 투자이고, 적어도 세 종목 이상이 되어야 포트폴리오 분산효과를 누릴 수 있다고 생각합니다. 주변을 보면 "난 언제나 한 종목 몰빵이야!"를 외치는 투자자를 흔히 볼 수 있습니다. "몰빵은 위험하지 않아?"라고 물으면 대답은 한결같습니다. "이 종목은 확실해!"

우리는 재테크 세계에서 확실한 것은 없다는 것을 너무나 잘 알고 있습니다. 이론적으로 무위험 자산에는 매우 낮은 무위험 수익률이 존재하고, 주식이라는 위험 자산에는 무위험 수익률에 위험 프리미엄이 더해져 기대 수익률이 높을 수밖에 없습니다. 프리미엄은 거저 없어지는 것이 아닙니다. 이 세상에 확실한 위험 자산은 없다는 뜻입니다. 확실하지 않은 한 종목에 전 재산을 거는 것은 바보 같은 짓입니다. 물론 예외는 존재합니다. 주식투자 금액이 0원이 되어도 괜찮을 정도의 적은 금액인 경우입니다.

저는 군대에서 약 10만 원 돈을 가지고 처음 주식 계좌를 만들었습니다. 군 제대 후에도 큰 시드머니 없이 월급에서 일정액을 적금을 붓듯이 주식 계좌에 넣어서 주식투자를 했습니다. 적은 돈으로 빨리 큰돈을 벌고 싶어서 미수와 신용으로 큰 레버리지를 쓰면서 한 종목 몰빵투자를 해나갔는데 운이 좋아 단기간에 큰돈을 만들 수 있었습니다.

하지만 큰돈이 만들어졌다고 생각한 순간, 잘못된 종목 선정으로 매수액의 40퍼센트 정도 손실을 입었습니다. 그 당시 저는 더 이상 없어져도 되는 적은 돈이 아니기 때문에 무일푼에서 만들어낸 이 자산을 잘 지켜야 된다는 생각을 했고, 분산 투자의 원칙을 지켜야겠다는 결심을 했습니다. 이후 지금까지 20년 동안 이 원칙을 어긴 적은 단 한 번도 없습니다. 다 잃어도 되는 소액이라면 상관없지만 지켜야 될 중요한 돈이라면 분산 투자의 원칙을 반드시 기억하시길 바랍니다.

탑다운으로
주식시장을 분석하자

　탑다운 top-down 분석과 바텀업 bottom-up 분석 중에 탑다운 분석을 절대원칙이라고 하기에는 무리가 있어 보일지도 모르겠습니다. 하지만 저의 20년 투자 경험으로는 바텀업보다 탑다운이 절대적으로 유리한 전략이라는 생각에 지켜야 할 두 번째 성공 투자 절대법칙으로 꼽았습니다. 전통적인 가치투자자들은 시장의 움직임을 예측할 수 없고, 예측할 필요도 없다고 합니다.

　그런데 제가 겪은 주식시장은 그렇지 않았습니다. IMF경제위기, 밀레니엄파동, 글로벌 금융위기, 코로나위기 등 큰 하락장을 떠올려보면 분명히 전조 현상이 있어서 빠져나갈 시간, 즉 골든타임은 존재했으며, 빠져나가지 못해 폭락을 맞았다면 아무리 좋은 우량주를 가지고 있었어도 큰 손실을 면하지 못했다는 겁니다.

　'매에 장사 없다'는 말처럼 폭락장을 이기는 투자자는 없습니다. 손실을 최소화시키려는 노력을 할 뿐이지요. 경제학에서 경기 변동론과 경제 성장론을 공부하면 경제는 이렇게 변동하고 이런 이유로 성장한다는 것을 알 수 있습니다. 주식시장은 경기의 선행 지표이므로 경기 변동과 경제 성장을 읽어내는 매의 눈을 가진다면 주식시장에서의 예측력을 높일 수 있습니다. 경기변동을 확실히 읽어내서 상승장에만 투자하면 가장 좋겠지만, 그것이 신의 영역이고 불가능에 가깝다면 적어도 상승장에서 투자 비중을 높이고, 하락장에서 투자 비중을 줄이려는 노력은 해야 합니다.

시장 분석과 함께 탑다운에서 중요한 것은 종목 분석 이전에 산업 분석을 하는 것입니다. 2,000개가 넘는 종목 중에서 선정하는 것과 산업 분석 후 그 안에 속한 종목을 분석하는 것은 주도산업에서 종목 선정이 가능하고, 포트폴리오 분산효과를 누릴 수 있다는 점에서 매우 중요합니다. 산업 분석 없이 종목 선정을 하면 동일한 산업에서 중복으로 매매하거나 또는 사양 산업 종목에 투자하는 과오를 범하기 때문입니다. 그래서 분산 투자를 절대법칙으로 지키고 있는 투자자들은 탑다운 분석이 분산효과에 훨씬 유리하다는 것을 알게 됩니다.

타이밍보다 종목 선정이 훨씬 중요하다

종목 선정이 중요하다는 투자자도 있고, 매수·매도 타이밍이 중요하다는 투자자도 있습니다. 저는 주식투자에 있어서 종목 선정 80퍼센트, 매수 타이밍 5퍼센트, 매도 타이밍 15퍼센트 비율로 중요도에 차이가 있다고 생각합니다. 주식투자에서 성공하는 방법은 종목을 선정해서 매수하고, 매수 가격보다 더 비싸게 파는 것이 유일한 방법입니다. 즉 가장 먼저 해야 하는 것이 종목 선정입니다. 종목 선정을 한다는 것은 매수 후 주가 상승을 기대한다는 것입니다. 종목 선정이 잘 되었다면 주가 상승을 믿고 기대하면 됩니다. 특히 매수 타이밍이 어렵다고 하는 것은 정말 이해하기 힘든 일입니다. 종목 선정은 현재 주가를 기준으로 고려하기 때문입니다. 현재 주가의 수준과 위치가 매력이 있기 때문에 종목 선정을 했다면 선정하자마자 타이밍 고민 없이 매수하면 됩니다. 매수 타이밍을 고민한다면 자신이 직접 종목 선정을 하지 않았을 확률이 높습니다. 누군가가 건넨 정보로 종목 선정을 했기 때문에 매수 타이밍 잡기가 어려운 것입니다.

매수 타이밍에 비해서 매도 타이밍은 조금 더 어렵고 조금 더 중요합니다. 그 이유는 매수 전에는 현금을 보유하고 있으므로 흔들림 없이 마음이 편한 상태에서 매수 타이밍을 잡지만, 매수 후에는 종목을 보유하고 있으므로 주가의 변동에 따라 마음이 불안한 상태가 되기 때문에 원칙을 어기고 뇌동 매매를 하게 되는 경우가 많습니다. 따라서 2,000종목 중에 1종목을 선택하는 것이 1종목을 언제 팔지 타이밍을 결정하는 것보다 훨씬 중요합니다. 많은 투자자들이 타이밍이 더 중요하다고 착각하는 이유는 종목 선정을 너무 쉽게 해왔기 때문이겠지요. 정말 최선을 다해서 종목 선정을 한다면 그때부터는 타이밍이 너무 쉽게 느껴질 수 있습니다.

그럼에도 불구하고 타이밍이 어려운 분들에게 매도 타이밍 잡는 법을 알려드립니다. 첫째, 분할 매도입니다. 분산 투자로 분산 효과를 누릴 수 있는 것과 마찬가지로 분할 매도로 시점의 분산 효과를 누릴 수 있습니다. 둘째, 매수 이유가 없을 때 매도하시기 바랍니다. 매수 종목 선정을 직접 했다면 그 이유를 정확히 알아야 합니다. 매수할 이유가 사라져버렸다면 보유할 이유도 없다는 것입니다. 보유할 이유가 없어진 종목은 가차 없이 매도하면 됩니다. 셋째, 이론적으로는 알겠지만 실행이 어려운 분들은 '%접근법'을 이용하시기 바랍니다. 즉, 매수를 할 때 매수가(債)에 일정 퍼센트를 곱해서 이익 실현 매도 가격과 손절 매도 가격을 미리 정해놓고 그 가격에 왔을 때 기계적으로 매도하면 됩니다. 여기서 주의할 점은 항상 이익률을 손해율보다 높게 정해놓아야 한다는 것입니다. 꼭 기억하세요. '이익은 길게, 손실은 짧게'.

주식투자 공부하면 성공 투자 가능하다

성공 투자의 절대법칙에서 누구도 부인할 수 없는 제일 중요한 법칙은 주식투자 공부를 열심히 하면 성공 투자가 가능하다는 것입니다. 우리는 모든 분야에서 재능을 갖고 노력을 하는 사람이 1등을 하는 것을 보았습니다. 등수가 명확하게 드러나는 스포츠 분야가 특히 그렇습니다. 올림픽에서 1등을 한다는 것은 세계에서 그 종목을 가장 잘한다는 것이고 금메달을 목에 건 선수는 노력하는 천재일 것입니다. 타고난 재능에 노력까지 하니 세계 최고가 된 것이지요.

그렇다면 주식투자의 경우에도 마찬가지로 노력이 중요하지만 타고난 재능도 중요할까요? 네, 그렇습니다. 주식투자로 세계 1등 부자가 되겠다는 꿈을 실현하려면 말이지요. 하지만 우리의 꿈은 세계 1등 부자가 아닙니다. 평범한 주식투자자의 꿈인 10억 부자, 100억 부자는 타고난 재능이 없더라도 노력으로 충분히 도달 가능한 액수라고 생각합니다. 재능 없이 1등은 힘들지만, 노력하면 상위권은 가능하다는 것을 반드시 명심하세요. 주식투자에서 실패했다면 운이 나빠서도, 재능이 없어서도 아닌 노력을 안 해서입니다. 주식투자에서 성공했다면 운이 좋았을 수도, 재능이 있었을 수도 있지만 노력은 반드시 했을 것입니다.

그렇다면 어떤 노력을 해야 할까요? 주식투자에 대한 지식과 경험을 쌓으려고 노력하면 됩니다. 지식은 책과 증권사리포트를 읽으면서 쌓아 나가시면 됩니다. 경험은 어떻게 쌓을까요? 시간이 지나지 않고서는 경험할 수 없는 부분이 많습니다. 물론 모든 투자자들에게 흘러가는 시간이 경험으로 적립되지는 않습니다. 한손에는 HTS, 한손에는 DART를 가지고 시장을 분석하고 예측하고 대응하는 투자자들에게 시간이 돈으로 바뀌어 돌아올 것입니다.

6장
성공 투자를 위한 똑똑한 공부법

✓ MAIN POINT

성공 투자를 위해서 공부를 해야 한다는 필요성을 절감하고 어떤 공부를 해야 하는지 정확히 파악한다. 매일매일 실천한다.

주식 관련 스테디셀러는 꼭 보자

성공적인 투자를 위해 공부가 중요하다고 강조하면 다음에 따라오는 질문이 있습니다. '무슨 공부를 해야 하는지 모르겠어요!' 정말 되묻고 싶습니다. 무엇을 공부해야 하는지 모르는 것인지, 아니면 공부를 하기 싫은 것은 아닌지 말입니다. 우리가 모든 공부를 할 때 가장 기본이 되는 도구는 무엇일까요? 예외가 있긴 해도 대부분 '책'입니다. 여러분들이 지금 이 책을 읽는 것도 주식 공부를 하고 있는 것이지요. 맞습니다. 수학과 영어를 수학책, 영어책으로 공부하듯이 주식은 주식 책으로 공부하면 됩니다. 그럼 다음 질문이 따라옵니다. '어떤 책을 읽으면 되나요?' 간단합니다. 남들이 많이 보는 베스트셀러 특히 오랫동안 사랑받고 있는 스테디셀러 보면 됩니다. 온라인 서점의 스테디셀러 메뉴에서 순서대로 읽으시면 됩니다.

제가 스테디셀러를 추천하는 이유는 두 가지입니다. 첫째, 많은 사람이 본 것을 나도 알고 있어야 한다는 뜻입니다. 주식투자자가 가져야 할 가장 중요한 능력 중 하나가 공감 능력입니다. 다른 주식투자자가 어떤 생각을 하고 있는지 왜 그런 행동을 하는지를 이해한다면 시장을 읽는 눈이나 종목을 보는 눈이 더 좋아질 것입니다. 둘째, 오랜 기간에 걸쳐 사람들이 찾는다는 것은 적어도 주식투자에 기본적으로 적용되는 원칙이 많이 담겨 있는 책이라는 뜻입니다. 물론 주식시장은 살아있는 유기체의 모습을 하고 있어서 하루하루 다르게 느껴지지만, 그 흐름을 관통하는 원칙은 반드시 존재합니다. 우리는 전설의 투자자들이 쓴 스테디셀러의 행간에서 그 원칙을 발견할 수 있습니다.

책을 읽는 순서를 궁금해하시는 분들도 많은데 처음에는 쉬운 책부터 읽으시기 바랍니다. 우리가 수학을 배울 때 처음에는 숫자를 배우고, 영어를 배울 때 처음에는 알파벳을 배우듯이 주식투자를 배울 때도 기초부터 튼튼히 해야 합니다. 그런데 처음부터 너무 어려운 책을 읽다보면 진도도 나가지 않고 싫증을 느끼게 되며 주식 공부를 점점 멀리하게 됩니다. 책의 목차와 앞부분을 보면서 쉽게 읽히는 책을 고르시는 것이 좋습니다. 책을 몇 권이나 읽어야 되냐는 질문도 받을 때가 있는데 많이 읽을수록 좋습니다. 몇 권을 읽어야 할지 궁금해하지 마시고 계속 책으로 주식 공부 하는 습관을 들이시기 바랍니다.

증권사리포트는 약인가? 독인가?

책을 읽는 것은 주식에 대한 철학과 투자원칙을 정립하는 데는 큰 도움이 되지만 실전 투자와는 조금 성격이 다릅니다. 예를 들면 수영을 잘하고 싶어서 1년 내내 수영에 관한 책을 읽고 이론을 마스터했다고 해도 물에 처음 들어가자마자 수영을 잘할 수는 없는 것과 마찬가지입니다. 이론과 실전은 다르기 때문입니다. 주식 책으로 이론을 공부한다면 실전은 무엇으로 공부할 수 있을까요? 증권사리포트, 다트(전자공시시스템), 그리고 HTS를 보면서 공부하면 됩니다.

증권사리포트는 초등학생들이 매일 공부하는 학습지라고 생각하면 됩니다. 매우 유능한 분들이 산업별로 파트를 맡아서 양질의 산업 분석과 종목 분석리포트를 매일 제공하는데 안 볼 이유가 없습니다. 특히 증권사리포트를 매일 보다보면 탑다운 분석에 익숙해지게 됩니다. 왜냐하면 증권사리포트에는 종목 분석리포트만 있는 것이 아니라 산업 분석 나아가 시황 분석리포트가 있기 때문입니다. 초보시절 내가 직접 할 수 없는 부분을 전문가들이 상세히 분석해 놓은 자료이므로 초보일수록 반드시 증권사리포트를 읽기 바랍니다.

증권사리포트의 시황 분석과 산업 분석은 약으로만 쓰이지 독이 될 것은 없는데 종목 분석은 사용하는 투자자에 따라 독으로 쓰일 수도 있습니다. 종목 분석리포트를 무조건 맹신하고 따라서 매수하지 마시고 종목 분석을 어떤 방법으로 하였고, 투자 아이디어는 무엇이 있는지를 공부하시기 바랍니다. 종목 분석리포트의 투자 아이디어와 종목 분석 방법을 계속 따라하다 보면 나만의 투자 아이디어와 나만의 종목 분석 기법이 만들어질 것이며 스스로 선택하고 스스로 책임지는 투자자가 되어 성공 투자에 한걸음 다가갈 수 있게 될 것입니다.

검색어에
다트시스템이 있다니…

　TV조선의 '아내의 맛'이라는 프로그램에 주식투자 전문가로 출연을 한 적이 있습니다. 그 당시 주식투자를 하면서 꼭 봐야 할 것으로 전자공시시스템인 DART를 말한 적이 있는데, 방송이 나가고 나서 '다트'가 검색어 1위에 한동안 올라있었습니다. 실시간 검색어 서비스는 종료됐지만, 그 당시 제 이름보다 더 위에 있어서 많이 아쉬웠던 기억이 나네요. 물론 '다트'라는 말을 모르고 '전자공시시스템'을 알고 있는 투자자였다면 제가 축약어로 말했기 때문에 뭐라고 할 수 없지만, 만약 '전자공시시스템' 자체를 모르는 투자자가 많아서 검색어 1위를 한 것이라면 많은 투자자들은 반성을 해야 할 것입니다.

　우리가 봐야 하는 많은 공개정보들 중에 원본 데이터라고 할 수 있는 것이 바로 '공시'입니다. 공시를 보고 애널리스트가 리포트를 쓰고, 기자가 경제뉴스를 쓰며 투자자들이 종목의 분석을 합니다. 저는 10년도 훨씬 넘은 이전에 전자공시시스템에 여러 가지 중요 단어에 대한 알람기능을 두어서 누구보다 빠르게 중요공시를 보고 단기 매매에 크게 성공한 시기가 있었습니다. 요즘에는 많은 사람들이 공시를 중요하게 생각해서 전처럼 빠르게 보는 것은 불가능하지만 여전히 공시를 분석하고 주가에 미반영된 재료를 찾아서 매수 종목 선정에 이용하는 전략은 가능하다고 생각합니다. 주식투자자가 스포츠 다트보다 전자공시시스템 다트를 먼저 떠올려야 하는 이유를 반드시 기억하시기 바랍니다.

오락가락 경제뉴스에 흔들리지 말자

앞에서 MTS보다 HTS에서 더 많은 정보를 찾아서 공부할 수 있다고 했습니다. HTS에서 볼 수 있는 정보의 장점은 살아있는 유기체와 같은 주식시장의 움직임 그리고 종목들의 주가 변동을 장중에는 실시간 주가 기준으로 장마감 이후에는 마감 종가기준으로 살펴볼 수 있다는 것입니다. 기업의 사업내용에 관한 원본데이터가 '다트'라면 기업의 주가에 관한 원본데이터는 'HTS'입니다. 가치 분석과 가격 분석은 주식투자자가 평생 해야 할 숙제이므로 한손에는 다트 한손에는 HTS를 들고 수시로 들어가서 보면서 중요 정보를 체크하는 습관을 들여야 합니다.

HTS에 많은 메뉴 중에 무엇을 봐야 하는지를 궁금해하시는 초보 투자자가 많습니다. 무엇을 봐야 하는지 보다 중요한 것은 어제의 내용과 오늘의 내용이 어떤 변동을 일으키는지 입니다. 마치 다른 그림 찾기에서 두 그림의 차이점을 찾는 것처럼 다른 점을 찾아보세요. 예를 들면 시가총액 메뉴를 매일 보다보면 시가총액 상위기업 중에 어떤 기업의 순위가 올라가는지 확인할 수 있으며 업종의 상승 탄력을 확인하며 중장기적으로는 성장 산업을 추적할 수도 있습니다. 또한 상승률 상위 종목들을 매일 보다보면 테마주가 초기에 어떻게 형성되고 중기에 어떻게 확산되어 말기에 어떻게 소멸되는지를 공부할 수 있습니다. 이밖에도 매매 동향, 거래 대금, 역사적 신고가 등 많은 유용한 메뉴들이 있으며 메뉴들을 모두 눌러보시고 이해가 안가는 기능들은 이용하는 증권사의 콜센터에 연락하면 친절한 답변을 들을 수 있습니다.

7장
성장주에 투자하라

>
>
> 초보투자자들이 가장 궁금해하는 여러 가지 주식의 종류에 대해서 공부하고 이해하도록 한다.

보통주와 우선주의 가장 큰 차이는 무엇일까?

주식투자자들이 처음에 종목을 검색하면서 종목 이름에서 가장 궁금해하는 것이 있습니다. "삼성전자와 '삼성전자우' 두 종목이 별도로 거래가 되고 있는데, '우'가 붙은 것은 대체 뭐지?" 하는 궁금증입니다. '우'가 붙은 주식은 우선주입니다. 우선주와 대비되는 개념은 보통주입니다. 보통주는 주식의 기본 권리인 의결권이 있는 그야말로 보통의 통상적인 주식을 뜻합니다. 이에 비하여 우선주는 의결권이 없는 반면 이익을 우선해서 배당받거나 더 높은 이익을 배당받을 권리가 있는 주식을 말합니다.

그렇다면 무엇에 투자하는 것이 올바른 투자전략일까요? 시가배당률만 본다면 보통주보다 싸게 거래되는 우선주를 살 필요가 있습니다. 같은 배당을 받지만 주가가 더 싸게 거래되므로 배당률이 더 높기 때문입니다. 매매 차익을 고려한다면 보통주와 우선주의 주가 차이인 괴리율을 기준으로 판단해야 합니다. 보통주와 우선주의 주가 차이가 적을수록 보통주 투자가 유리하고 주가 차이가 클수록 우선주 투자가 유리하다는 뜻입니다. 즉 내가 배당투자를 한다면 배당성향이 높은 기업의 우선주가 보통주보다 싼 기업을 찾는 것이 좋은 전략이라는 뜻입니다.

때로는 우선주가 보통주보다 훨씬 높은 주가를 형성할 때도 있습니다. 이는 대부분 투기적 수요가 붙은 경우입니다. 우선주는 보통주보다 주식수가 훨씬 적으므로 시가총액이 낮습니다. 낮은 시가총액은 세력들이 주가를 움직이기에 좋다는 뜻입니다. 가끔 시가총액이 매우 낮은 우선주가 비정상적인 주가 움직임을 보이며 급등을 하는 경우가 있는데 투자 관심 대상으로 접근하지 않길 바랍니다.

고배당주는 좋고 저배당주는 나쁘다?

앞서 잠깐 배당에 관한 이야기를 했는데, 배당성향에 따라서 고배당주와 저배당주 혹은 무배당주로 나뉠 수 있습니다. 원칙적으로 주식투자자는 주식투자를 통해서 두 가지 이익을 얻을 수 있습니다. 배당과 매매 차익입니다. 기업의 입장에서 매년 당기순이익이 발생한다면 당기순이익을 사용하는 방법은 두 가지입니다. 주주에게 배당하거나 또는 기업에 내부 유보를 시켜 재투자하는 것입니다. 배당으로 사외 유출되면 주가 상승에 영향을 미치지 않고 내부 유보하여 재투자에 성공한다면 주가는 상승할 것입니다.

따라서 고배당주가 좋고 저배당주 또는 무배당주가 나쁘다고 말할 수 없고 상황에 따라 다릅니다. 기업이 성장하고 있고 재투자 수익률이 높은 회사라면 배당을 하지 않는 것이 기업 입장이나 주주 입장에서 유리할 수도 있습니다. 워런 버핏 Warren Buffett 의 버크셔 해서웨이 Berkshire Hathaway Inc. 가 배당을 하지 않지만 높은 재투자 수익률로 주가가 우상향하고 있는 가장 대표적인 사례입니다.

배당투자를 할 것이냐, 매매 차익투자를 할 것이냐에 따라 선택하면 되는데 배당투자에서 가장 중요하게 생각해야 할 기준은 배당의 지속성과 시가배당률입니다. 그리고 그것보다 더 중요한 것이 있습니다. 배당투자를 하기로 결심했다면 주가의 변동에 상관없이 장기 투자를 해야 배당 수익이라는 열매를 얻을 수 있다는 점을 명심하시면 좋겠습니다.

대형주 vs. 중소형주 어디에 투자할까?

왕초보 주식투자자일수록 대형주를 살지 중소형주를 살지 고민을 많이 합니다. 그 특성을 정확히 이해하고 전략을 세워야 합니다. 대형주는 중소형주에 비해서 주가 움직임이 무겁고 느립니다. 다른 표현으로는 중소형주에 비해서 매우 안정적이라 할 수 있습니다.

따라서 왕초보시기에는 대형주에 투자하는 것이 바람직합니다. 종목 선정의 선택지를 줄이고 대형주에 포커스를 맞추어 종목을 공부하고 투자하는 것이 실패의 확률을 낮추는 것이라 할 수 있습니다. 그런데 초보 시절에 주변 지인들의 권유나 족집게 도사(?)들을 보며 1,000억 원 미만의 중소형주에 투자하는 경우가 많은데 걸음마도 배우기 전에 뛰고 싶은 마음이 종목 선택에 나타나는 것입니다. 느린 대형주보다 빠른 중소형주를 선택하지만 하락의 속도 또한 그렇다는 것을 명심해야 합니다. 즉 초보일수록 대형주에 투자하고 종목 선택의 능력이 커지면 중소형주 공부를 하는 것이 순서상 맞습니다.

또한 대형주와 중소형주는 시장상황에 따라 유불리가 달라집니다. 주식시장이 상승장일 때는 지수관련 대형주가 선봉에 서서 지수를 끌어올리므로 대형주가 더 유리한 시기입니다. 반면 주식시장이 조정장일 때는 지수 상승에 제한이 있으므로 중소형주가 더 유리한 시기입니다. 탑다운으로 시장상황을 분석하면서 포트폴리오의 대형주와 중소형주 비중을 조절할 필요가 있습니다.

대형주, 중소형주와 관련하여 종목 선정의 기법을 알려드리면, 일반적으로 대형주가 먼저 움직이면 시차를 두고 중소형주가 움직이는 현상이 자주 나타납니다. 예를 들어 삼성전자가 움직이면 반도체 소부장주가 움직이고, 현대차가 움직이면 자동차부품주가 움직입니다. 이러한 주식시장의 메커니즘을 기억한다면 종목을 선정할 때 좋은 기준이 될 것입니다.

성장주를 찾아내는 여러 가지 방법들

성장주와 가치주 중에 무엇에 투자하는 것이 더 좋은지는 주식시장의 영원한 화두입니다. 이는 시장의 상황과 투자자의 기호에 따라 달라지는 것이므로 정답은 없습니다. 오랫동안 주식시장에서 살아남은 성공한 투자자들은 자신만의 노하우와 철학이 분명한데, 저는 20년 이상 주식시장에서 살아남은 투자자로서 성장주 투자를 훨씬 선호합니다. 그 이유는 성장주 투자가 주식투자의 본질에 보다 잘 어울리는 투자전략이기 때문입니다. 그래서 제가 운영하는 '슈퍼개미 이세무사TV' 유튜브 채널에서는 매달 한 번씩 '이달의 성장주 투자 전략'이라는 영상을 올리고 있습니다. 그리고 2022년 1월에는 《성장주에 투자하라》라는 제목으로 책을 출간하기도 했습니다.

가치주는 기업의 현재 가치보다 낮은 가격에 거래되는 주식이고 성장주는 현재의 기업 가치보다 미래의 기업 가치가 더 커지리라고 예상되는 주식을 말합니다. 투자전략상 가치주 투자를 하면 현재 가치보다 낮은 가격에 거래되는 주가가 현재 가치만큼 상승하면 매도해야 합니다. 반면 성장주 투자를 하면 현재의 기업 가치보다 미래의 기업 가치가 계속 커지므로 성장이 멈추지 않는 한 매도를 고려할 필요가 없습니다. 가치주의 목표수익률은 현재 가치보다 낮게 거래된 그 폭만큼이지만 성장주는 피터 린치 Peter Lynch가 말한 텐배거 Ten Bagger 종목(10배 수익률)이 될 수도 있습니다. 좋은 종목에 투자해서 장기간 보유하는 주식투자의 본질에 성장주 투자가 더 적합하다고 생각하는 이유입니다.

따라서 최적의 포트폴리오를 구축하는 관점으로 접근한다면 미래 성장 산업을 열심히 찾아내고, 그 성장 산업의 톱픽 종목을 골라내는 것이 좋습니다. 성장 산업의 톱픽 종목 중에는 예상과 달리 성장이 일찍 멈추어 작은 이익 또는 손실로 전환할 확률도 있지만 포트폴리오 전체 종목 중에서는 가치주 투자나 배당주 투자보다 훨씬 큰 이익을 내게 해주는 효자 종목으로 포함될 확률이 매우 높습니다. 주식은 현재보다 미래의 꿈을 먹고 크는 나무와 같습니다. 현재 가치보다 미래 가치를 더 중요하게 보는 성장주 투자에 대한 철학을 가져보시길 권해드립니다.

이 시대의 진정한 성장 산업은 무엇인가?

> ☑ **MAIN POINT**
>
> 현재 시장에서 성장 산업에 포함되는 4가지 산업들의 성장 근거를 공부하고 포트폴리오 구축에 적용해본다.

우리나라 제1의 산업은 반도체이다

주식투자자뿐 아니라 우리나라 국민이라면 삼성전자가 우리나라 최고의 기업이라는 것에 동의할 것입니다. 삼성전자는 글로벌 기업으로 우리나라 시가총액 1위에 등극한 이후 단 한 번도 그 자리를 내준 적이 없는 명실상부한 우리나라 1등 기업입니다. 이에 더해 시가총액 2위는 SK하이닉스로 최근 수년간 삼성전자보다 주가 상승률이 훨씬 높은 기업입니다. 특히 '엔비디아'를 대상으로 한 HBM 공급 덕분에, AI 반도체 산업을 주도한 엔비디아의 주가 급등과 동반 상승한 바 있습니다. 이에 따라 시가총액 2위 자리를 굳히며, 장기적으로는 1위 자리까지 넘보고 있습니다.

4차 산업혁명 시대를 맞아 AI, 빅데이터, 로봇, 자율주행 등의 산업이 발전하면서 비메모리 반도체의 중요성이 커지고 있습니다. 반도체는 크게 메모리와 비메모리 분야로 나뉩니다. 우리나라 반도체 산업은 그동안 메모리 시장의 점유율이 높았었는데, SK하이닉스의 HBM 등에 힘입어 비메모리 반도체 시장에서 성과가 계속 나오고 있습니다. 기업들의 이러한 발 빠른 대처에 정부도 적극적으로 미래 먹거리로 '비메모리 반도체' 산업을 선정하여 지원하고 있습니다. '미래 산업의 쌀'이라고 할 수 있는 비메모리 반도체의 성장을 고려했을 때 주식투자자의 최적 포트폴리오에 반도체 관련주를 반드시 포함해야 합니다.

삼성전자, SK하이닉스 등의 완제품 생산기업 외에도 반도체 산업의 소재, 부품, 장비 기업들을 일컫는 반도체 소부장 기업에도 많은 강소기업이 있습니다. 비메모리 반도체 산업의 성장과 더불어 '한미반도체'처럼 10조 가까운 강소기업들이 탄생하고 생겨납니다. 반도체 소부장 중·소형주 종목을 분석할 때는 '국내 유일', '부품 국산화' 등의 키워드가 있는 종목을 집중적으로 연구해야 합니다.

이처럼 AI시대 개막에 따른 글로벌 비메모리 시장의 성장과 우리나라 반도체 기업들의 비메모리 시장 진입 성공, 그리고 반도체 소부장 강소기업의 탄생은 여러분의 최적 포트폴리오에 반도체 관련주를 반드시 포함해야 하는 이유입니다.

국내 제약바이오 산업이 성장할 수밖에 없는 이유

우리나라에서 최근 10년간 가장 비약적인 발전을 한 산업은 무엇일까요? 제약바이오 산업입니다. 불과 수년 전만 해도 시가총액 상위 종목에서 제약바이오 기업을 찾기 힘들었지만 이제는 거래소에 삼성바이오로직스와 셀트리온이 시가총액 3위와 10위를 기록하고 있으며, 코스닥에서는 시가총액 탑10 안에 알테오젠, HLB, 파마리서치, 휴젤, 펩트론, 리가켐바이오, 클래시스까지 일곱 종목이 제약바이오기업입니다.

국내 제약바이오 산업이 성장할 수밖에 없는 이유는 인력과 자금력 때문입니다. 소위 '맨파워'가 가장 강한 산업으로 제약바이오를 들 수 있는데 대입 수능 커트라인을 떠올리면 알 수 있습니다. 과거와 달리 최근에는 전국 모든 대학의 의과대학이 가장 높은 커트라인을 보여서 우수한 인력이 의과대학에 지원하고 있음을 알 수 있습니다. 이에 더해 제약바이오산업의 특성상 연구 결과가 수십 배의 이익으로 나올 수 있어서 가장 큰 스타트업 자금이 모일 수 있는 분야가 제약바이오산업입니다. 고급 인력과 큰 자금이 국내 제약바이오산업을 성장시키는 원동력이 되고 있습니다.

제약바이오 산업의 성장은 세계적인 흐름으로 봐도 엄청납니다. 세계적으로 노령화가 진행되고 있고, 생명 연장의 꿈이 커지고 있습니다. 특히 4차 산업혁명에 따른 첨단기술이 융복합된 의료 기술의 발전으로 그동안 정복 불가능했던 병들에 대한 신약 개발이 계속되고 있습니다. 신약 개발의 가치는 재무제표로만 접근하면 고평가 논란에 휩싸일 수밖에 없지만, 생명 연장과 삶의 질 향상이라는 관점에서 접근한다면 새로운 평가 방법이 필요하다고 할 수 있습니다.

특히 생명 연장의 신약 개발에 더해서 최근에는 '위고비'로 대변되는 비만치료제와 수많은 항노화 의료기기의 개발로 비만 치료 관련주와 의료기기 관련주에 대한 관심이 뜨겁습니다. 제약바이오산업은 다른 업종과 달리 재무제표상의 이익이 확보되지 않은 종목이 많아서 장기투자에 주의가 필요했지만, 최근 들어서 매출이 증가하고 이익이 쌓이는 기업들이 많이 생기고 있습니다. 그렇지만 여전히 전문 분야이다 보니 의학적 지식이 없다면 그 기업의 가치를 평가하기가 너무 어렵습니다. 그래서 제약바이오 투자에 가장 중요한 전략은 포트폴리오 분산 효과를 노리는 것입니다. 여러분들의 최적포트폴리오에 제약바이오를 포함해야 하지만 큰 비중의 투자는 자제하여 갑작스러운 신약 개발 실패와 같은 위험에 대비하기를 바랍니다.

한류열풍 관련 5대 K산업은?

대장금, 겨울연가 등 오래전부터 불어왔던 '한류열풍'이 식지 않고 있습니다. 아니 오히려 더 강해지고 있는 느낌입니다. 방탄소년단의 세계적인 인기, 영화 기생충의 아카데미 작품상 수상에 이어 넷플릭스 드라마 '오징어게임'이 세계적으로 시청률 폭발에 힘입어 시즌3까지 나오게 되었습니다. 이처럼 한류 열풍의 선봉은 당연히 K-엔터입니다. 엔터주의 대장격인 하이브는 시가총액이 10조 원을 넘은 지 오래입니다. 앞으로도 K팝 스타들의 선전과 한국 영화, 한국 드라마의 성공을 기대해 봅니다.

몇 년 전부터 삼양식품의 '불닭볶음면'이 해외에서 성공하면서 중국에서 이미 성공한 오리온 초코파이에 이어서 음식료 한류 열풍의 주역이 되더니 그 성공이 미국까지 이어지면서 이제 삼양식품은 시가총액이 10조 가까이 되면서 음식료업종의 명실상부한 대장주가 되었습니다. 삼양식품이 농심의 시가총액에 4배가 넘었다는 것이 시사하는 비는 국내의 인기보다 해외의 인기가 주가 상승에 훨씬 크게 영향을 미치므로 텐베거를 잡기 위해서는 해외에서 사랑받는 우리 상품,

우리 기업을 잘 찾아야 한다는 것입니다. 이는 K-푸드처럼 K-패션도 마찬가지일 것입니다. 한국의 엔터산업이 세계로 뻗어나갈수록 배우나 가수들이 입는 옷들이 메가 히트를 할 확률이 높아지게 되기 때문입니다.

이는 K-뷰티의 움직임에서 알 수 있는데, 수년 전 화장품 관련주의 대장주가 LG생활건강과 아모레퍼시픽이었다면 지금은 에이피알, 실리콘투, 브이티로 대장주의 흐름이 넘어가고 있습니다. 농심과 삼양식품의 시가총액 차이처럼 국내보다 해외에서 성공하는 뷰티 기업들의 시가총액이 나날이 커지고 있기 때문입니다. K-게임 또한 마찬가지인데, 수년 전 국내에 많은 마니아를 양산했던 리니지의 제작업체인 엔씨소프트가 과거에 게임주의 대장주였다면 지금은 중국과 인도 등 해외에서 인기가 더 좋은 배틀그라운드의 제작업체인 크래프톤이 게임주의 대장주로 당당히 올라왔습니다. 다시 한번 강조하지만 해외에서 히트치는 상품과 서비스를 제공하는 기업을 찾는 것이 텐베거를 잡는 지름길입니다. 이것이 한류열풍을 기반으로 하는 5대 K산업을 반드시 최적 포트폴리오에 편입시켜야 하는 이유입니다.

상상을 현실로 만들어주는 AI와 로봇산업

수년 전부터 AI시대를 대비하자고 했지만 한낱 공허한 메아리로 들릴 때쯤에 Chat GPT가 탄생했습니다. 막연하기만 했던 AI시대를 활짝 열면서 우리에게 시각화시켜 준 것입니다. 그리고 AI반도체 대장주인 '엔비디아'의 급등이 시작되었고 우리 증시에서도 SK하이닉스, 한미반도체 등이 동반 급등했습니다. Chat GPT와 유사한 많은 생성형 AI 프로그램들이 생겨났고 우리는 일상의 다양한 분야에서 이들을 이용하고 있습니다. 인공지능은 앞으로 더욱 발전할 것이고 우리의 생활은 더욱 편리해질 것입니다. 우리가 뇌를 어디다 떼어 놓고 사용할 수 없듯이, 기기의 뇌라고 할 수 있는 인공지능은 4차 산업의 기술들과 떨어뜨려 생각할 수 없는 핵심기술입니다. 특히 사람처럼 관절을 쓰고 걷는 로봇의 최종 목적지는 사람처럼 생각하는 로봇이고, 같은 논리로 자율주행 산업에까지 AI 기술 발전은 큰 영향을 미칠 것입니다.

특히 국내의 로봇산업은 매우 기대가 큰데 거의 모든 대형 그룹이 사활을 걸고 로봇 산업에 진출하고 있기 때문입니다. 우리나라 최고 그룹인 삼성이 뛰어들면 그 산업은 비약적으로 발전합니다. 반도체에 가장 먼저 뛰어들어 삼성전자를 국내 1등 기업으로 만들었고, 바이오 산업에 진출해 삼성바이오로직스를 시총 1위 바이오기업으로 만들었습니다. 이와 함께 반도체와 제약바이오산업은 우리나라의 중추 산업으로 성장했습니다.

그런데 삼성그룹에서 로봇 사업에 뛰어들면서 로봇 상용화를 선포하더니 급기야 휴머노이드 로봇 1세대 기업인 레인보우로보틱스를 인수하였습니다. 삼성뿐 아니라 LG그룹 또한 LG전자에서 모바일사업을 철수하기로 하면서 그 인력과 자금력을 로봇 사업에 집중하고자 청사진을 밝히더니 로보스타를 인수하고 로보티즈에 투자하는 등 발 빠르게 로봇 기업을 인수하고 있습니다. 현대차그룹은 국내 M&A를 넘어 해외기업 M&A를 성사시켰는데 그 주인공은 사족보행 로봇으로 유명한 '보스턴 다이내믹스'입니다. 이렇듯 국내 굴지의 그룹들이 로봇 산업에 적극적으로 진출하는 것은 AI의 발전이 로봇산업의 발전을 이끌어 줄 것이라는 판단에서입니다. 미래의 신기술로 AI와 로봇에 관심을 가져야 하는 것은 매우 중요할 것입니다. 이제 곧 생각하는 로봇이 등장할 테니까요.

1장 효과적으로 정보를 분석하는 방법

2장 정보 분석의 시작은 증권사리포트로!

3장 뉴스를 제대로 검색하자

4장 실전 투자에 유용한 공시 검색

5장 공시에서 어렵고도 중요한 증자, 감자, 합병, 분할

6장 HTS를 제대로 활용해서 정보를 얻자

7장 생활 속에서 얻는 정보 활용법

8장 주가의 등락을 함께하는 테마주

2부
정보 분석 어떻게 해야 할까?

"정보는 힘이다!"

이제는 정보화 시대라는 말이 구태의연하게 느껴질 정도로 빛보다 빠르게 쏟아지는 정보가 홍수처럼 넘쳐납니다. 길거리를 다니는 사람들은 손에 든 스마트폰을 들여다보고 있습니다. 집에 있어도 TV보다는 컴퓨터 앞에서 모니터에 집중합니다. 모두 무엇인가 알고 싶고, 무엇인가 알아야 하기 때문에 스마트폰과 컴퓨터에 집중하고 있겠지요. 그렇게 얻은 수많은 정보들 중에서 좋은 정보, 나쁜 정보, 거짓 정보가 무엇인지 구분하기가 쉽지 않습니다. 일상생활에서 많은 양의 정보를 빠르게 습득하고 살아가듯, 주식시장도 다르지 않습니다. 아니, 주식시장은 더하죠. 그곳은 정보의 전쟁터입니다.

주식시장 참여자들은 정보 하나에 울고, 웃습니다. 기가 막힌 타이밍에 나온 호재로 주가가 폭등하기도 하고 어이없는 순간에 나온 악재로 하한가로 추락하기도 합니다. 남들보다 조금 더 빠르게 정보를 얻기 위해 '찌라시'를 구독하기도 하고, 거짓 정보에 시달리기 싫어서 정보와 담 쌓고 살기도 합니다. 또는 정보전에 뛰어들어 전장을 넘나들며 호재와 악재를 구별하는 재료 소믈리에 자격증을 취득해서 성공하는 투자자도 있습니다. 당신은 어느 쪽에 해당되나요?

맛있는 음식을 만들기 위해서는 신선한 재료를 사용해야 하듯, 주가의 상승에 재료는 매우 큰 영향을 미칩니다. 특히 단기적인 상승에는 그러합니다. 하루에 쏟아지는 수천 가지 정보 중에 어떤 정보가 유의미하고 주가를 끌어올리는 호재가 되는지 정확하고 빠르게 판별하기 위한 방법을 2부에서 소개합니다. 대중에게 공개되는 가장 중요한 정보인 증권사리포트, 뉴스, 공시뿐만 아니라 HTS 정보와 생활 속 정보를 어떻게 이용할지에 대해 알아봅니다. 또한 반영정보와 미반영정보라는 개념을 도입하여 무엇이 중요한 정보인지 생각해봅니다.

보통 주식투자의 기법을 기본적 분석과 기술적 분석으로 나누는데, 전자를 주로 이용하면 가치투자자, 후자를 주로 이용하면 차트 매매자라고 부릅니다. 하지만 최근에는 이런 분석만큼이나 매우 중요한 것으로 정보 분석을 꼽는 성공한 투자자들이 많습니다. 그 중요성이 매우 부각된 만큼, 이 책에서도 정보 분석을 본격적으로 다루는 것이 적절하다고 판단했습니다. 하루하루 바뀌는 주가의 단기 변동 이유를 생각하며, 이를 토대로 성공 투자에 다가가기를 바랍니다.

효과적으로 정보를 분석하는 방법

☑ MAIN POINT

정보 분석이 중요한 이유를 이해하고, 공개된 정보이지만 아직 주가에 반영되지 않은 미반영정보를 찾는다.

효율적 시장 가설과 랜덤워크 이론

오늘날 우리는 수많은 정보의 홍수 속에서 살아가고 있습니다. 산업 분야에서도 정보는 매우 중요하여 산업스파이 문제가 계속 대두되고 있습니다. 주식시장에서는 찌라시라는 이름의 수많은 정보들이 초보 투자자들의 주머니를 털어 가는 세력의 도구로 이용되고 있습니다. 과연 정보는 투자자에게 약일까요, 독일까요? 널리 알려진 두 이론을 통해 정보에 대해 어떤 자세를 가져야 할지 생각해봅시다.

첫째, 효율적 시장 가설입니다. 이는 주식시장의 가격은 이용 가능한 정보를 충분히 즉각 반영하고 있다는 것인데요. 즉, 어떤 투자자라도 정보를 기초로 한 거래에서는 초과 수익을 얻을 수 없다는 말입니다. 효율적 시장 가설은 정보의 범위에 따라 세 가지로 시장을 구분합니다.

약형 시장: 가격이나 수익 등 역사적 정보에 기초한 거래에 의해 초과 수익을 얻을 수 없음.

준강형 시장: 공식적으로 이용 가능한 정부에 기초한 거래에 의해 초과 수익을 얻을 수 없음.

강형 시장: 모든 이용 가능한 정보에 기초한 거래에 의해 초과 수익을 얻을 수 없음.

과거의 정보인지, 혹은 현재의 정보인지, 또는 공식적인지, 비공식적인 내부 정보인지에 따라 시장의 형태가 달라진다는 사실에 주목할 필요가 있습니다. 시장이 발전할수록 과거 정보뿐만 아니라 현재의 정보도, 공개정보뿐 아니라 비공개정보까지도 가격에 즉각 반영된다는 것이죠.(약형 시장 → 준강형 시장 → 강형 시장)

둘째, 랜덤워크 random walk 이론입니다. 주가는 술 취한 사람의 걸음걸이처럼 제멋대로 움직이므로 아무도 예측할 수 없다는 뜻입니다. 누구도 불규칙적으로 움직이는 주가를 예측할 수 없으므로 주식투자로는 수익을 얻을 수 없다고 강조했다는 점에서 효율적 시장 가설과 상통합니다. 실제로 미국에서 펀드매니저와 원숭이의 투자 대결 실험이 있었습니다. 펀드매니저는 여러 정보를 검토한 후 상승하리라고 판단한 종목을 선택했고, 원숭이는 종목이 그려진 다트판에 다트를 던져서 투자할 종목을 선택했습니다. 결론적으로, 원숭이가 이겼습니다.

이 두 이론이 검증된 사실이라면 주식투자를 할 이유가 없겠지요. 모든 정보가 가격에 반영되어 있고 주가는 만취한 사람의 걸음걸이처럼 오르락내리락하는 것이라면 말입니다. 하지만 주식시장은 책 속의 이론처럼 움직이지 않습니다. 이는 주식을 책으로만 배운 사람들이 성공할 수 없는 이유이기도 합니다.

그렇다면 위 가설에서 무엇을 깨달을 수 있을까요? 굳이 워런 버핏을 떠올리지 않더라도 성공한 투자자들은 많습니다. 그들은 효율적 시장 가설과 랜덤워크 이론이 현실적이지 않으며, 주식시장의 가격이 정보를 충분하고 즉각적으로 반영하지 못한다고 믿은 것은 아닐까요? 따라서 정보에 의해 수익을 낼 수 있기 때문에 정보란 무엇인지 공부해야 하는 것입니다.

주식시장에서의 정보는 불평등을 야기합니다. 개인 투자자는 기관이나 외국인보다 고급 정보에 접근하기가 어렵습니다. 그렇기 때문에 정보 분석을 소홀히 해서는 안 되는 것입니다. 근거 없는 찌라시 정보에 따라 투자하는 어리석음을 반복해서는 안 되며, 정보의 불평등을 인정하고 스스로 정보를 수집하고 분석하는 능력을 키워나가야 합니다.

공개정보와 미공개정보가 주가에 영향력을 끼친다?

여기서 말하는 미공개정보는 크게 두 가지 의미가 있습니다. 법적 의미의 미공개정보는 자본시장법에 따른 미공개 중요 정보를 뜻하는데, 이를 가지고 주식 거래를 하면 불법행위가 됩니다. 이 책에서 언급하는 또 다른 의미의 미공개정보는 이런 정보가 아닌, 모두에게 동시에 공개되지 않은 정보입니다. 대표적인 공개정보인 공시, 언론사 뉴스, 증권사리포트 등의 정보를 제외한 온갖 채널을 통해 전해지는, 공개되지 않은 정보를 말합니다. 흔히 말하는 찌라시, 주식 카페, 주식 블로그, 종목 토론방, 주식 스터디, 지인이 전달하는 소문 등의 정보가 이에 해당합니다.

공개정보와 미공개정보가 주가에 미치는 영향력은 매우 다릅니다. 그래서 미공개정보로 끝나는 정보인지, 공개정보로 확인될 정보인지 잘 구분해야 합니다. 미공개정보가 공개정보가 되는 순간, 굉장한 속도로 주가가 오르는 경우가 있습니다. 그래서 미공개정보가 공개정보가 되는 순간을 판단하는 것이 매우 중요합니다. 주식 격언 중에 "뉴스에 팔아라"라는 격언이 있는데, 무조건 팔아야 하는 것이 아니라 팔 것인지, 더 보유할지 하는 판단을 냉철하게 내려야 합니다.

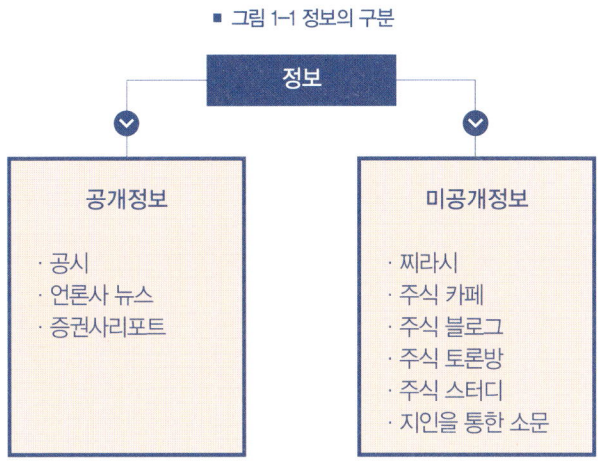

■ 그림 1-1 정보의 구분

이때의 판단 기준은 정보의 크기와 반영 정도, 반영 기간입니다. 정보 크기를 파악하기 위해서는 매일 상승률 상위 종목에 어떤 재료들이 영향을 미쳤는지 공부하는 것이 가장 좋습니다. 그러면 어떤 정보가 어느 정도의 주가 영향력이 있는지 나만의 데이터를 구축하게 될 것입니다. 정보 크기를 파악한 후에는 공개정보가 되기 전에 주가에 이미 어느 정도 반영되었는지, 앞으로 정보가 주가에 반영될 기간이 남아 있는지 고려해야 합니다. 특히 추가적인 재료 공개가 남아 있는지는 더욱 중요한 체크포인트입니다.

미공개정보는 공개정보에 비해 하이 리스크, 하이 리턴 high risk, high return 입니다. 미공개정보는 사실이 아닐 확률이 더 높지만, 사실인 경우 공개정보가 되어 수익이 클 수도 있습니다. 모두가 다 보는 공개정보는 미공개정보에 비해 로우 리스크, 로우 리턴 low risk, low return 입니다. 다만 정보에 대한 투자자들의 판단은 모두 다르기 때문에 공개정보이면서 아직 주가에 반영되지 않은 정보를 찾는다면 로 리스크, 하이 리턴의 효과를 거둘 수 있을 것입니다.

정보를 입수하는 것보다 중요한 것!

앞에서도 언급했지만, 반영정보와 미반영정보의 구분은 정보가 주가에 반영되었는지 여부로 구분합니다. 반영되었는지는 주가의 상승 여부를 통해 확인할 수 있습니다. 차트를 보면서 재료의 최초 생성 시기와 현재의 주가 상승 여부를 비교하여 아직 주가가 오르지 않았다면 미반영정보이고, 주가가 오른 상태라면 반영정보일 확률이 높겠지요.

주가에 이미 반영된 재료라고 판단되면 매집 세력의 유무를 확인합니다. 매집 세력을 확인하려면 기관이나 외국인 매매 동향 메뉴에서 지속적인 순매수 여부를 확인하거나 증권사 창구 분석을 통해 개인 세력의 움직임을 파악합니다. 초기 매집의 경우에 주가가 급등락하며 거래를 터뜨리기도 하지만, 보통 매집 중에는 주가 변동이 적고 거래량이 적습니다.

정보 분석에서 중요한 점은 미공개정보이지만 반영정보일 수도 있고, 공개정보이지만 미반영정보일 수도 있다는 것입니다. 물론 일반적으로 공개된 정보는 반영정보일 확률이 높고 미공개정보는 미반영정보일 확률이 높습니다. 주식투자자들에게 공개정보와 미공개정보보다 반영정보와 미반영정보의 구분이 훨씬 중요합니다. 초보 투자자들은 공개된 정보는 다 아는 정보라 생각하고, 미공개정보는 자신만이 아는 정보라 생각하여 바로 매수해버립니다. 그러나 합리적인 주식투자자가 되려면 정보를 어디에서 입수했는가가 아니라 정보의 주가 반영 여부, 즉 반영정보와 미반영정보를 확실히 구분하는 것이 중요합니다.

따라서 주가에 미반영된 정보를 찾는 것이 정보 분석을 하는 가장 큰 목적이며, 미공개정보에 비해 상대적으로 리스크가 적은 공개된 정보 중에서 미반영된 정보를 찾는 것이 1차적인 정보 분석 공부 방법입니다. 공시, 뉴스, 리포트 등 공개된 정보를 분석하여 반영정보인지, 미반영정보인지를 판단하고 미반영정보일 경우에만 매수하면 주식투자의 성공 확률을 높일 수 있습니다.

수집한 정보를 어떻게 구분할까?

수집한 정보를 개별 종목 정보와 시장 전체 정보로 구분할 수 있어야 합니다. 시장 전체 정보의 예로 미국에서 9·11 테러가 일어났을 때 미국 증시뿐만 아니라 아시아, 유럽 등 전 세계 증시가 폭락했던 것을 들 수 있습니다. 우리나라라면, 북한이 미사일 발사 또는 핵실험을 했을 때 증시가 폭락한 경우가 이에 해당합니다. 또는 최근 대북 리스크 감소라는 재료도 역시 이에 해당할 것입니다. 이와 같이 시장 전체에 영향을 미치는 정보인지, 또는 하나의 종목 또는

■ 그림 1-2 2001년 9·11 테러 당시 종합 주가 지수

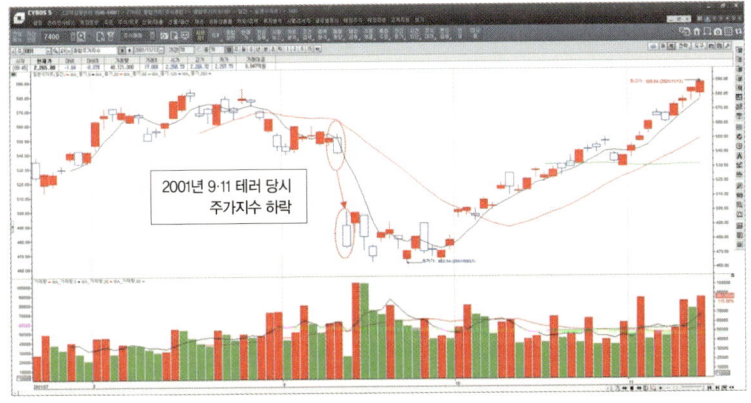

개별 산업에 국한된 정보인지 구분하는 게 중요합니다.

세계 금융시장의 연동성이 점점 커지고 있습니다. 정보화 시대가 더욱 가속화되면서 정보가 실시간으로 각국의 주가 지수에 빠르게 반영되기 때문입니다. 반면에 시장 전체의 움직임과 종목 움직임의 연동성은 점점 떨어지고 있습니다. 20년 전, 국내 증시는 하루에 상한가 100종목이 동시에 나오고 다음 날은 하한가 100종목이 나오는 등, 시장 전체의 급락과 급등에 따라서 종목의 상승과 하락이 우수수 나오는 쏠림 현상이 굉장히 심했습니다. 그런데 지금은 시장의 변동성이 크다고 해서 종목까지 전체적으로 같은 움직임을 보이지 않습니다. 이는 곧 지수의 변동성이 갈수록 낮아지고 있으며 개별 종목 재료가 더욱 중요해졌다는 의미입니다.

따라서 다른 나라, 특히 미국의 경제 지표 또는 주가 지수를 보면서 우리나라의 지수를 예측하려는 노력을 기울일 필요가 있습니다. 그리고 종목을 선정할 때 재무제표, 재료, 차트 등 3박자가 맞는 종목들로 최적의 포트폴리오를 구성하면 시장 전체 위험에서 조금은 안전할 수 있다는 것을 기억해야 합니다.

업종 정보의 성격은 개별 종목 정보와 시장 전체 정보의 사이라고 보면 됩니다. 과거에 비해서 업종의 중요성이 갈수록 높아지고 있습니다. 최근에는 수익률을 높이기 위해 시장 전체 정보보다 업종 정보에 대한 분석이 중요해졌습니다. 예를 들어 2024년에는 AI 확대 및 글로벌 전력 수요 증가 배경으로 전력, 전선 업종이 큰 수혜를 입었고,

2025년 상반기에는 글로벌 수출 증가로 인한 방산/우주항공 산업과 업종 전반적으로 실적이 턴어라운드된 조선업을 보면 이해가 빠를 것입니다.

　이러한 업종들의 흐름을 읽어내려면 특정 기간 동안 주가 움직임의 추세를 보면서 어떤 업종이 강한지 확인해야 합니다. 매일 업종 등락 현황이나 상승률 상위 종목의 흐름을 보면서, 업종 내 종목들의 동반 상승의 힘이 강하고 주도주 성격의 종목이 추세적으로 상승한다면 해당 업종에 관심을 가질 필요가 있습니다. 이렇게 포착된 업종은 증권사리포트 등을 통해 연구, 분석한다면 수익률 향상에 상당히 도움이 될 것입니다.

　마지막으로, 국내 주식시장의 시장 전체 위험 중 경험상 가장 중요한 네 가지가 있습니다. 첫 번째로 글로벌 경제 위기입니다. 과거 1997년 IMF, 2008년 미국 금융위기, 2012년 그리스 금융위기 등 다른 나라의

■ 그림 1-3 2008년 미국발 글로벌 금융위기 당시 종합 주가 지수

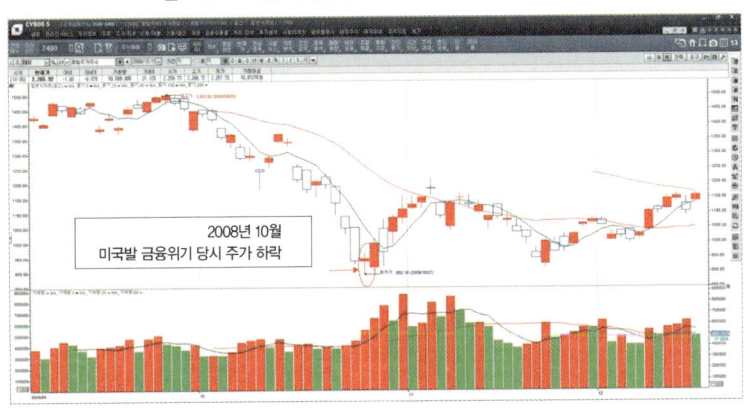

경제 위기에 의해 우리나라도 영향을 받아 주가가 하락하는 시장 전체 위험을 말합니다. 두 번째는 미국의 금리 인상이 글로벌 경기 위축과 우리나라 금리 인상으로 이어지는 위험입니다. 세 번째는 지정학적 리스크로, 우리나라의 경우 남북이 대치하는 상황으로 인한 리스크가 대표적인 예입니다. 과거 북한의 핵실험, 미사일 발사, 개성공단 폐쇄 등 남북 관계가 경색될 때 주가가 크게 영향을 받았던 것을 보면 알 수 있습니다. 물론 앞으로 북미 정상회담을 통한 북한의 핵 폐기와 종전선언 등 단계적인 비핵화가 계획대로 이루어진다면 지정학적 리스크가 크게 줄어들지 않을까 기대해봅니다. 네 번째는 천재지변에 의한 악재입니다. 2020년 2월과 3월, 코로나19가 발생하면서 글로벌 증시가 동반 하락하였고, 우리 증시도 큰 폭으로 하락했습니다. 물론 그 이후 세계 각국의 재정정책과 제로금리정책으로 유동성 장세가 시작되면서 강한 반등을 했지만, 새로운 바이러스 등 앞으로 또 다른 천재지변에 의한 시장리스크는 언제든지 발생할 수 있으니 주의해야 합니다.

정보 분석의 시작은 증권사리포트로!

☑ **MAIN POINT**

증권사리포트는 탑다운(top-down) 방식을 가르쳐주는 좋은 스승이므로, 리포트에서 시황 분석, 산업 분석, 종목 분석 등을 공부하여 내 것으로 만드는 방법을 알아보자.

증권사리포트는 좋은 스승이다

증권사에서 발행하는 리포트를 정보 분석에서 첫 번째로 소개하는 이유는 증권사리포트가 정보 분석 공부에 가장 좋은 스승이기 때문입니다. 초보 투자자들이 많이 하는 질문이 "주식 공부를 하고 싶은데 무엇을 해야 할지 모르겠어요"라는 것인데, 제가 추천하는 주식 공부 방법은 두 가지입니다. 하나는 시중에 나와 있는 주식 관련 입문서를 비롯하여 주식 관련 책을 보는 것이고, 또 하나는 증권사리포트를 보는 것입니다. 특히 증권사리포트에는 아래와 같은 양질의 정보가 포함되어 있습니다.

첫째, 글로벌 증시에 대한 내용입니다. 대부분 미국 증시에 관한 내용이 가장 많습니다. 경제 단위 크기에 따라 유럽 증시가 있고 일본, 중국 등 아시아 증시가 있습니다. 우리나라보다 후발국에 속하는 아시아 증시는 별로 중요하게 다루어지지 않습니다. 경험이 많은 투자자들은 HTS의 지수 차트만 봐도 글로벌 증시 상황을 파악할 수 있지만, 경험이 적은 초보 투자자들은 그렇지 않습니다. 따라서 증권사리포트에서 다루는 글로벌 증시 분석을 통해 왜 미국 지수가 떨어졌는지, 지금 글로벌 경제 동향은 어떤지 파악하는 것은 초보 투자자들이 글로벌 증시 상황을 아는 데 큰 도움이 됩니다.

■ 그림 2-1 증권사 리포트

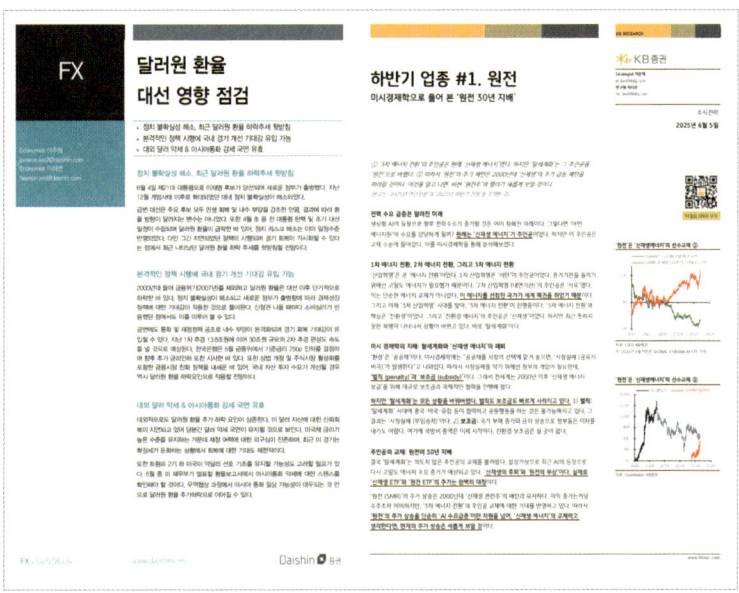

둘째, 국내 증시에 대한 내용입니다. 매매 동향을 통해 외국인과 기관이 어떻게 우리 증시를 바라보고 대처하고 있는지, 또 우리나라 금리는 어떻게 움직이는지, 원달러 환율은 어떤지, 지수 차트가 어떻게 흘러가고 있는지, 선물과 옵션 등 파생시장의 메이저 포지션은 어떤지 등 많은 정보를 알 수 있습니다. 증권사리포트에서 국내 증권사는 시황을 어떻게 보고 있는지 매일 살펴보다 보면 거시적인 시각으로 시장을 바라보는 능력이 높아질 것입니다.

이때 특히 중요한 것은 시황을 좋게 보고 있는지 여부입니다. 그에 대한 판단의 근거를 내 것으로 만들어나가야 합니다. 물론 국내 증권사의 시황에 대한 시각은 대부분 긍정적이라는 사실을 염두에 두고 리포트를 읽기 바랍니다. 하지만 자주 접하다 보면 미묘한 뉘앙스 차이를 읽어낼 수 있게 됩니다.

셋째, 산업 분석과 종목 분석에 대한 내용입니다. 예전의 증권사 리포트는 산업 분석과 종목 분석을 각각 다루는 경우가 많았지만, 최근에는 산업 분석을 통해 톱픽 top-pick, 최우수 종목까지 소개하는 탑다운 방식의 리포트가 늘어나고 있습니다. 예를 들어 반도체업종이 어떤 상태이고 음식료업종은 어떤 상태인지 설명하며, 그중에 톱픽 종목은 무엇인지 알려줍니다. 이를 통해 산업과 종목을 보는 증권사 애널리스트의 안목을 배울 수 있습니다. 다만, 종목 분석의 경우 매도보다는 매수에 치중된 리포트가 훨씬 많다는 한계점을 인식하고, 리포트의 행간의 의미에 주목하기 바랍니다.

주식시장은 살아 있는 유기체의 집합이며, 매일이 생방송입니다. 이미 쓰여진 주식 관련 책에서는 결코 얻을 수 없는 실전적인 지식 습득이 가능하다는 점에서 증권사리포트를 좋은 스승으로 여기고 매일 읽어나가길 권합니다. 이를 통해 매일 주식을 공부하는 성실함을 지켜나갈 수 있을 것입니다.

주식시장의 상황은
어떤지 분석하자

　시황은 말 그대로 주식시장의 상황을 의미합니다. 증권사리포트의 시황은 구체적으로 어떤 내용을 담고 있는지 알아보겠습니다. 먼저 글로벌 경제의 연동성이 매우 높아진 시대이므로, 해외 증시 중에서도 상대적으로 중요도가 높은 국가의 증시에 대한 정보를 중요하게 다룹니다. 요즘에는 해외 주식에 직접 투자하는 사람도 많지만, 해외 주식에 투자하지 않는다 해도 해외 증시 정보는 중요합니다. 해외 증시, 국가 간 환율 등의 정보는 국내 증시의 움직임과 밀접한 관련이 있기 때문입니다.

　해외 증시와 관련한 시황을 자주 읽으면 해외 증시와 환율이 국내 증시에 미치는 영향을 이해하는 데 많은 도움이 됩니다. 미국을 비롯한 글로벌 금리가 인상되는 시기에는 금리에 대한 전망도 많이 나옵니다. 미국의 금리 인상이 우리나라의 금리 인상에 어떤 영향을 미치는지, 원달러 환율에 어떤 영향을 미치는지, 좋은 공부가 될 것입니다.

　다음으로 해외 상품 선물 시장 등을 분석하기도 합니다 오일, 금, 구리, 농수산 선물 등을 분석하면 수혜 업종이나 피해 업종이 자연스럽게 도출되는 경우도 있습니다. 특히 유가의 움직임은 다른 상품보다 매우 비중 있게 다루어집니다.

■ 그림 2-2 증권사 시황

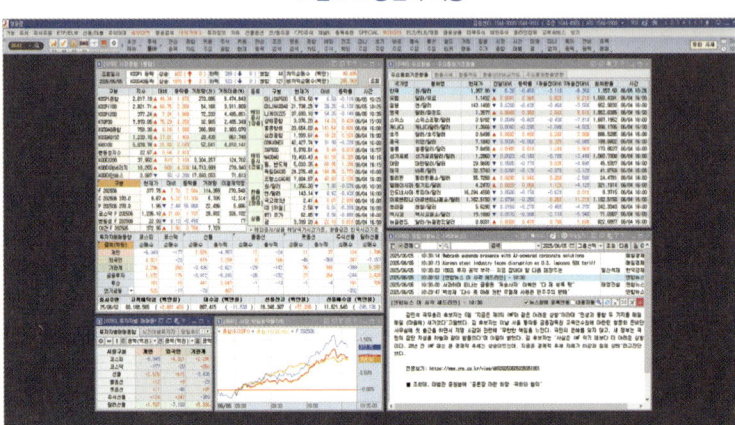

국내 증시의 투자 주체별 매매 동향을 통해 기관이나 외국인이 시장을 바라보는 시각을 설명하기도 합니다. 증권사에 따라서는 추세지표 등을 이용한 기술적 분석을 토대로 저항선과 지지선을 설정하고, 예상되는 국내 증시의 저점과 고점을 제시하는 경우도 있습니다. 채권 시장과 외환 시장의 지표 등 여러 경제 지표를 통해 국내의 경기 상황을 진단하고 예측하며, 경제 정책을 다루기도 합니다. 또한 선물옵션 만기일을 앞두고는 메이저들의 포지션을 분석함으로써 갑자기 등장할 변동성을 경고하기도 합니다.

이처럼 증권사리포트는 국내외의 여러 변수를 통해 국내 증시의 방향을 종합적으로 판단합니다. 여러 증권사의 리포트를 꾸준히 비교·분석하며 읽는다면 증권사별 국내 증시에 대한 시각을 알 수 있고, 시황을 보는 눈을 키워나갈 수 있습니다. 참고로 증권사리포트는 특성상 강한 확신을 가지고 분석하기보다는 확률적으로 분석합니다. 그래서 보기에 따라서는 모호한 표현들로 가득하여 한 번만 보고 판단하기는 쉽지 않습니다. 꾸준하게 리포트를 읽어나가면서 행간을 읽을 수 있는 능력을 키워 스스로 증시를 바라보는 안목을 갖추어나가야 합니다.

종목 분석보다 산업 분석에 더 주목해야 하는 이유

일반적으로 산업 분석을 한 후 그 산업의 톱픽 종목을 지목하는 경우와 일반 종목 분석만 하는 두 가지 방식이 있습니다. 최근에는 산업 분석과 더불어 톱픽 종목을 선정하는 형식으로 양질의 리포트가 많이 나오고 있습니다. 강세장의 가장 큰 특징 중 하나가 대장 테마주에서 주도주가 흐름을 이어나가는 것이기 때문입니다. 따라서 증권사 리포트를 볼 때는 종목 분석보다 산업 분석에 더 관심을 가져야 합니다. 유망 산업과 산업 내 톱픽 종목 찾기를 연습하는 것이 정말 중요

1999~2000	SK텔레콤과 새롬기술 등을 중심으로 한 신기술주
2005~2007	HD현대중공업(현대중공업)과 OCI(동양제철화학)을 중심으로 한 중공업과 대체에너지주
2009~2011	기관이 주도한 차화정 장세의 주역인 자동차주, 화학주, 정유주
2017~2018	반도체주, 전기차주, 제약바이오주, 대북관련주
2020~2021	코로나관련주, 제약바이오주의 대세 상승장
2022~2023	이차전지주의 대세 상승장
2024~2025	현재 진행 중인 AI시대의 반도체주, 로봇주 그리고 조선주, 방산주 등

하지요.

강세장을 앞에서 이끄는 주도주는 보통 대장 업종 또는 테마에서 형성됩니다. 과거의 기억을 떠올려 보면 앞 장의 표와 같이 정리해볼 수 있습니다.

다만 과거의 상승장에서는 주도주가 탄생하면 처음부터 끝까지 장을 이끌었던 경우가 많았는데, 최근의 흐름은 약간 달라졌습니다. 정보가 주가에 미치는 속도가 빨라져서 주도 테마주가 좀 더 빠르게 바뀌는 것은 아닌가 싶습니다. 따라서 주도 테마주 내에서의 종목 분석도 중요하지만, 현재 주도주가 언제 끝나고 다음엔 언제, 어떤 주도주가 나올지 주도주 분석이 더욱 중요하다고 봅니다.

스스로 종목을 선정하는 방법

종목 분석 리포트는 관심 종목과 추천 종목으로 구분할 수 있습니다. 관심 종목은 현재 주가 대비 목표가가 없거나 낮은 주가를 제시한 종목으로, 관심 또는 중립 의견에 대한 정보를 담고 있으며 경우에 따라서는 매도 의견을 제시하기도 합니다. 추천 종목은 현재 주가 대비 목표 주가가 높아서 보통 매수 의견에 대한 정보를 담고 있습니다. 증권사마다 의견이 다를 수 있으므로, 종목 분석 리포트를 읽고 특정 종목에 관심이 생겼다면 다른 증권사의 의견을 함께 살펴보는 것이 좋습니다. 과거에는 대부분의 종목 리포트가 매수 리포트였다면, 최근에는 조금씩 매도 리포트가 늘어나고 있습니다.

특히 외국계 증권사의 매도 리포트가 주가에 미치는 영향이 크다는 점을 기억해야 합니다. 외국계 증권사의 매도 리포트는 경우에 따라 달라지지만, 단기적으로 악재 효과가 나오면서 주가가 급락한 후 시간이 흐르면서 그 주가를 회복하는 패턴이 자주 등장하고 있습니다. 즉, 증권사들의 목표가 또는 적정가는 단순한 추정치에 불과하므로 크게 중요한 정보로 받아들일 필요는 없습니다.

오히려 종목 자체보다 종목 선정 이유와 종목 분석 방법에 관심을 가지는 것이 중요합니다. 증권사리포트를 보는 이유는 공부를 하기 위해서입니다. 리포트를 통해 추천해주는 종목으로 수익을 내는 것도 중요하지만, 종목 선정 방법을 배우고 이를 토대로 스스로 종목을 선정하는 투자자가 되어야 하는 것이지요. 수학 문제를 푸는 것에 비유한다면, 종목만 보는 것은 문제의 해답 자체를 외우는 셈이고 종목 선정 이유와 종목 분석 방법에 관심을 갖는 것은 문제 풀이 방법을 논리적으로 이해하는 것과 마찬가지겠지요.

증권사리포트 종목을 매수 종목으로 선정할 때 주의할 사항은 무엇일까요? 증권사리포트는 공개된 정보이므로 반영정보인지, 미반영 정보인지 분석하여 판단해야 합니다. "뉴스에 팔아라"라는 주식 격언은 반은 맞고 반은 틀리다고 봅니다. 뉴스에 정보가 공개되었는데 미반영정보라면 이 격언은 거짓이겠지요. 그러나 뉴스에 정보가 공개되었는데 이미 반영된 정보라면 참이 되는 것입니다. 다시 말해, 정보가 공개될 때 무조건 팔라는 것이 아니고 공개된 정보가 주가에 반영되었는지 확인한 후에 주가에 반영된 정보일 경우에만 팔라는 뜻으로 해석해야 합니다. 이렇듯 정보를 확인할 때는 반드시 공개와 미공개, 반영과 미반영 여부를 구분해야 하며, 이는 증권사리포트의 종목 분석을 볼 때에도 당연히 적용됩니다.

증권사리포트의 종목 분석을 볼 때 실적 시즌인지 아닌지에 따라 다르게 볼 필요가 있습니다. 실적 시즌에는 대형주들의 실적이 나오면 대부분의 증권사들이 실적에 대한 분석을 리포트로 내기 때문에 중복 추천이 굉장히 많습니다. 반면 비실적 시즌에 특정 종목에 대해 여러 증권사의 리포트가 나오는 경우가 있는데, 우호적인 리포트가 다수라면 기업에 좋은 변화가 일어나리라는 징조일 수 있습니다.

또한 대형주에 대한 종목 리포트는 단기 주가에 미치는 영향이 미미합니다. 대신, 소형주에 대한 종목 리포트는 단기, 특히 리포트 당일의 주가에 큰 영향을 미치게 됩니다. 따라서 중장기 투자자는 소형주의 리포트가 좋게 나오면 매수 타이밍을 늦추어야 하며, 반대로 단기 매매자는 빠르게 매수 타이밍을 잡아야 합니다. 단기 매매의 경우에는 증권사 창구 분석을 통해 리포트 전후로 특정 창구에서 매수·매도가 집중되었는지 확인할 필요가 있습니다.

또한 증권사리포트의 종목 리포트가 매매에 도움이 된다고 판단된다면, 장마감 후에 추적 조사를 통해 종목 추천 적중률이 높은 애널리스트를 비교 검색해서 데이터화하는 것도 투자 방법 중 하나입니다. 이 세상에는 많은 투자 기법이 있으며, 그중에 나한테 잘 맞는 투자 기법을 찾아 나가는 것이 성공 투자의 출발점이 될 것입니다.

뉴스를 제대로 검색하자

☑ **MAIN POINT**

인터넷 사이트를 통해 뉴스를 검색하고 해석하는 능력을 키우고, 뉴스를 이용한 매매 전략에 대해 공부해보자.

뉴스 찾아보기

이번에는 공개된 정보 중 뉴스 검색에 대해서 알아봅시다. 뉴스를 생성하는 기관을 언론사라고 부릅니다. 예전에는 종이 신문이나 TV에서 뉴스를 접했지만, 인터넷 시대가 열리면서 최근 뉴스 이용자들의 90%가 인터넷으로 뉴스를 접한다고 합니다. 또한 그중 75%가 포털사이트의 뉴스 섹션을 이용한다고 하니 네이버를 비롯한 포털사이트의 사회적 기능이나 역할이 매우 커졌음을 알 수 있습니다. 포털사이트에서 뉴스를 검색하는 경우의 단점은 3류 찌라시 언론사의 뉴스를 사용자가 직접 구분해야 한다는 것입니다. 물론 주류 언론사가 항상 옳다는 것은 아니지만, 신뢰성이 높다는 것은 부인할 수 없는 사실입니다. 다만, 일반 뉴스와 달리 주식투자자는 경제 뉴스를 검색하는 경우가 많으므로, 경제 전문 언론사들에 대해서도 미리 파악해둘 필요가 있으며, 어떤 언론사의 경제 또는 산업 분석의 내용이 좋은지 체크해두어야 합니다.

관심 종목 또는 관심 테마에 대한 뉴스 검색 순서는 사람마다 다를 수 있지만, 효율적인 뉴스 검색 순서는 다음과 같습니다. 먼저,

사용하고 있는 각 증권사 HTS의 종합시황뉴스에서 1차로 검색합니다. 예를 들어, 상승률 상위 종목에 한미반도체가 나왔으면 HTS의 종합 시황뉴스에서 한미반도체를 입력하거나 클릭해서 어떤 정보가 영향을 미치고 있는지 검색합니다. 이러한 과정을 통해 핵심 키워드인 '한미반도체와 HBM'을 도출하면 HBM 관련주에 관심을 가질 것입니다.

그다음에 포털사이트에서 세분된 검색어를 넣어 2차로 검색합니다. '한미반도체, HBM'을 포털사이트에서 검색하니 테크윙이 검색됩니다. 한미반도체 → HBM → 테크윙으로 이어지는 연결 고리를 찾아낸 것이죠. 중요한 점은 핵심이 되는 키워드를 통해 빠르고 효율적으로 정보를 찾는 능력을 길러야 한다는 것입니다.

포털사이트를 통한 뉴스를 검색했다면 반드시 뉴스의 사실 여부를 확인해야 합니다. 뉴스와 뉴스가 아닌 것을 구분하고, 뉴스라면 출처를 확인하여 언론사의 신뢰도를 고려합니다. 특히 최근 들어 광고와 홍보성 기사를 싣는 인터넷 언론 매체들이 우후죽순으로 생기고 있기 때문에 돈을 받고 쓰는 기사인지, 사실관계를 쓴 기사인지 확인해서 기사의 진위 여부를 가려야 합니다. 또한 포털사이트에서 검색할 때 검색 결과가 블로그, 뉴스, 카페, 웹사이트 중에서 어느 카테고리에 포함된 내용인지 확인할 필요가 있습니다.

특히 기사의 내용이 시황이나 업종보다 종목에 관한 뉴스일수록 주의해야 합니다. 특히 매수 판단에 결정적인 역할을 한 재료라면 더

■ 그림 3-1 포털사이트 뉴스 검색

| N | 한미반도체 hbm |

매일경제 · B4면 TOP · 2025.01.23. · 네이버뉴스

한미반도체·테크윙…HBM 핵심장비 수혜株 기지개 [MBN GOLD 증시기상도…
하지만 최근 **한미반도체**, 피에스케이홀딩스, **테크윙**, 디아이 등 주요 **HBM** 핵심 장비 수혜주들 주가 흐름이 달라지고 있다. 올해 **HBM** 전용 장비의 본격적인 공급과 업황에 대한 기대감이 반영되면서 주가가 빠르게 회복하고 있다. 메모리 업황 전체는 아직 다운 사이클…

조이스경제 · 3주 전

엔비디아 이슈…한국증시 반도체 · HBM주 '장중 활짝'
또 **HBM** 관련주 중 **한미반도체**(+3.46%), 와이씨켐(+4.51%), 디아이티(+2.87%), **테크윙**(+2.54%), 고영(+2.04%) 등도 급등 또는 상승 거래 중이다. 같은 시각 온디바이스 AI 관련주에선 오픈엣지테크놀로지(+1.75%), 텔…

국제뉴스 · 2024.12.03.

한미반도체·테크윙 등 HBM株 상승…미국, 中 반도체장비 수출…
한미반도체 로고 **HBM** 관련주가 상승세다. 3일 오전 9시 27분 기준 디아이는 2.45%(270원) 상승한 1만 1280원에, **테크윙**은 3.51%(1200원) 상승한 3만 5400원에, 엠케이전자는 2.24%(140원) 상승한 6380원에, 미래반도…

비즈니스포스트 · 2주 전

D램 가격 상승세에 반도체주 기대, 하나증권 "SK하이닉스 한미반도체 한…
사진은 젠슨 황 엔비디아 최고경영자가 20일 컴퓨텍스 2025에서 SK하이닉스 부스를 방문해 전시된 **HBM**에 사인하는 모습. <연합뉴스> 관련 종목으로는 SK하이닉스, **한미반도체**, 한화비전, **테크윙**, 브이엠, 피에스케이홀딩스, 에스티아이, 오픈엣지테크놀로지 등을 제시…

욱 그러합니다. 시황이나 업종에 관한 뉴스는 조금 사실이 아닌 부분이 있어도 투자 성패에 직접적으로 큰 영향을 미치지는 않습니다. 그런데 종목에 대한 뉴스는 그 종목을 매수할지 여부에 직접적인 영향을 주게 됩니다. 종목에 대한 뉴스가 사실이 아니라면 큰 손실을 입으며 투자에 실패하게 됩니다.

따라서 뉴스에 나온 종목의 정보를 사실이라고 단정 짓지 말고, 여러 뉴스를 종합적으로 고려해서 사실 유무를 판단해야 합니다. 공개된 정보를 찾아볼 때 정확하고 효율적으로 찾아내고, 뉴스를 사실이라고 단정 짓지 않는 두 가지 습관만 들여도 정보 분석에 큰 도움이 될 것입니다.

미래를 예측하고 싶다면 꼭 확인해야 할 정보

각종 산업별 협회나 전문 사이트에 직접 들어가서 정보를 확인하는 방법은 뉴스 검색보다 더 난이도가 있지만 상황에 따라서 더 유용한 정보를 찾을 수 있습니다. 이 경우에 종목을 선정하는 데 의외의 꿀팁을 얻을 수 있음은 물론이고, 업종 동향을 파악하는 데 많은 도움이 됩니다. 앞에서 설명한 뉴스 검색이 특정 종목의 상승 또는 하락 등 특정 이슈가 생겼을 때 그 내용을 알아보기 위해 사용하는 방법이라면, 각종 전문 사이트의 방문은 평소에 시간 날 때마다 지속적으로 하는 것이 좋습니다.

가장 먼저 강조하고 싶은 점은 청와대와 행정부 각 부처의 사이트를 통해 정부 정책을 참고하고 각종 통계 관련 사이트를 통해 국가 경제를 거시적으로 바라봐야 한다는 것입니다. "정부 정책에 반하지 말라"는 주식 격언이 있듯이, 정부 정책을 정확히 파악하는 것은 향후 업종의 동향을 예측하는 데 도움이 됩니다. 또한 통계청이나 한국은행 등의 각종 지표를 확인하면 우리나라 경기를 파악하고 미래를 예측하는 판단 근거로 활용할 수 있습니다.

다음으로 업종별 정보를 확인할 수 있는 사이트가 있습니다. 게임 전문 순위 사이트에서 최근 게임 동향을 파악한다거나, 에너지 경제 신문에서 에너지 가격과 동향을 확인하고 원자재 가격 정보 사이트에서 원자재 가격 등을 살펴보는 것은 업종 동향을 파악하는 데 도움이 됩니다. 또한 업종 내에서 관심 종목을 선정하여 해당 종목을 매수하는 이유와 시점을 결정할 때 판단 근거로 사용할 수 있습니다.

예를 들어 에너지 경제 신문에서 정부의 그린 뉴딜정책과 세계 각국의 신재생에너지 산업 지원을 확인하였다면, 우리나라 풍력발전 산업이 성장할 수 있다는 생각을 할 수 있고, 풍력 관련주에 관심을 갖고 매수하여 수익을 낼 수 있습니다.

이처럼 각종 전문 사이트에서 정보를 수집하고 분석하다 보면 미처 알지 못했던 정부의 정책이나 통계 자료를 확인할 수 있고, 산업이나 종목 정보를 접하게 됩니다. 이를 계속 연습하면 정보 검색과 분석 능력이 향상되고, 큰 수익을 안겨주는 매수 종목을 선택할 수 있는 실력이 생길 것입니다.

가끔 도움이 되는 정보도 있다

인터넷 뉴스 등 공개정보 이용법에 대해 설명했다면, 이제는 카페, 블로그, 종목 게시판 등의 미공개정보 이용법에 대해 이야기해 보겠습니다. 정보를 검색할 때 포털사이트에서 검색어를 치면, 블로그, 뉴스, 연관 검색어, 카페, 지식백과 등 여러 가지 카테고리의 결과가 뜹니다. 그중 뉴스는 공개된 정보입니다. 물론 카페나 블로그, 종목 게시판도 공개된 정보이긴 하지만, 언론사의 뉴스처럼 모든 사람이 보는 것이 아니라 블로그의 이웃이나 카페의 회원, 종목 게시판 이용자 등 소수의 사람이 보는 것입니다. 또한 언론사의 뉴스에 비해 신뢰도가 높은 편은 아닙니다. 그래서 카페, 블로그, 종목 게시판을 공개정보와 구분 짓기 위해 미공개정보로 분류한 것입니다. 여기서 미공개란 '혼자만 아는 비밀은 아니지만 우리끼리만 안다'는 의미로 이해하면 됩니다.

주식 관련 카페나 블로그, 포털사이트의 종목 게시판에 올라온 정보가 종목의 매수·매도를 결정할 때 중요할까요? 가끔은 그렇습니다. 1장에서 설명했던 것처럼 공개된 뉴스, 공개된 증권사리포트,

공개된 공시는 신뢰도가 매우 높지만 주가에 반영되었을 확률도 그만큼 높습니다. 대부분의 투자자들이 공시, 리포트, 뉴스를 보면서 투자하기 때문입니다. 많은 사람이 동시에 보는 정보이므로 이미 주가에 반영된 부분이 많습니다. 따라서 공개정보에서 미반영된 부분을 찾아 수익을 내는 것이 우리의 숙제입니다.

주식 카페나 주식 블로그는 오래될수록, 투명할수록 좋습니다. 꾸준하게 글이 올라오고 운영자들이 신상을 공개한 곳일수록 신뢰도가 높습니다. 카페 주인이나 파워 블로거들 중 전문가, 성공 투자가를 자칭하며 순진한 네티즌들을 상대로 사기를 친 사례가 너무나 많습니다. 아무도 믿지 않는다는 마음으로 글쓴이의 의도를 파악하여 진위를 가릴 수 있는 안목 또한 필요합니다. 주식 카페나 주식 블로그에서 종목 분석에 대한 글을 읽다 보면 흙 속의 진주처럼 좋은 글을 접하는 경우가 있습니다. "세 사람이 길을 가면 그중에 반드시 스승이 될 만한 사람이 있다"라는 말처럼, 누구든지 내 스승이 될 수 있다고 생각한다면 글 하나가 주식 인생을 바꾸어놓는 계기가 되기도 합니다. 다만 종목 자체에 관심을 갖기보다는 종목을 분석하는 방법에 더 관심을 가져야 합니다.

종목 게시판은 상장 주식 중 전 종목을 확인할 수는 없지만 상한가를 비롯한 당일 급등 종목이나 매수 관심 종목, 보유 종목은 들어가보는 것이 좋습니다. 대표적인 종목 게시판으로는 팍스넷과 네이버 종목 게시판이 있는데, 안티들은 부정적인 반대 글을, 찬티들은 긍정적인 찬성 글을 열심히 올립니다. 안티는 이미 매도했는데 주가가 올라서 배가 아프거나, 사고는 싶지만 원하는 가격대가 아니어서 악성 글을 올려 가격을 떨어뜨리려 글을 올릴 것입니다. 찬티는 보유 중인 종목을 더 비싼 가격에 팔고 싶거나, 중장기적으로 주가 상승을 바라며 글을 올리겠지요. 이런 글을 자세히 살펴보면, 그 종목에 세력이 있는지 확인하는 데 도움이 됩니다. 또한 합리적인 추론이 가능한 정보, 현재는 미공개정보이지만 향후 공개정보로 전환될 호재 또는 악재가 숨어 있는 경우도 있으니 주의하시기 바랍니다.

뉴스를 이용한 매매 전략

뉴스를 검색하면서 재료 공부를 오래 하다 보면 호재와 악재에 대해 어느 정도 윤곽이 잡힐 것입니다. 대표적인 호재는 실적이 좋아지는 경우로, 실적 호전, 흑자 전환, 어닝 서프라이즈 earning surprise 등이 있습니다. 또 원재료 가격 하락, 판매 가격 인상 또는 환율의 우호적인 변동 등도 이유입니다.

여러 호재 중에 가장 파괴력이 있는 대형 호재는 신약 개발, 신소재 개발, 신기술 개발, 신사업 진출 등입니다. 주식투자자들이 '새로움'에 얼마나 높은 가치를 부여하는지 알 수 있습니다. 아마도 겪어보지 않은 일, 가보지 않은 길에 대한 예측 불가능성, 측정 불가능성 때문이겠지요. 대표적으로 신약 개발 호재를 주가 상승 모멘텀 momentum 으로 하는 제약바이오주의 경우에는 재무제표는 매년 영업적자가 지속되는데도 시가총액은 1조 원 이상을 형성하고 있는 종목이 많다는 것을 알 수 있습니다.

또 다른 대형 호재는 외국 자본을 유치하거나 최대 주주가 변경되는 경우입니다. 모두 지분과 관련된 재료로, 주식투자에서 지분

분석이 중요함을 알 수 있습니다. 지분 투자 혹은 지분 변경 등이 있을 때 주가가 급등락하는 경우를 흔히 볼 수 있는데, 특히 최대 주주 변경이나 중국 혹은 미국 자본 유치가 높은 재료 가치를 누린 적이 많습니다.

■ 그림 3-2 HTS 뉴스창

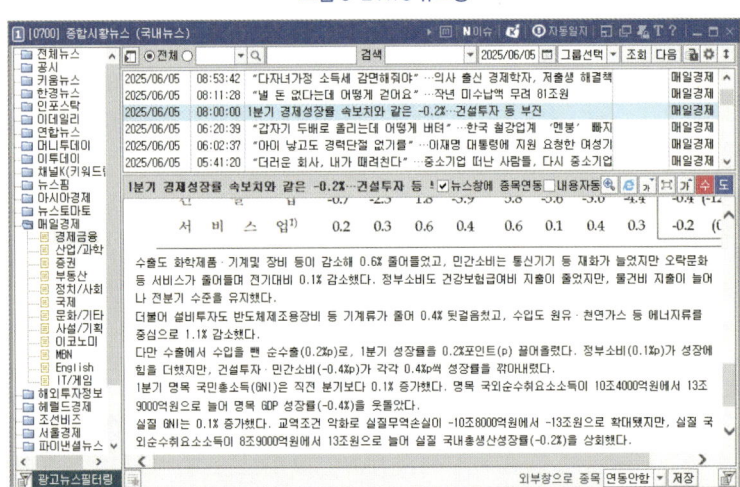

뉴스를 이용할 때는 후속 재료가 나올 것인지 여부를 늘 염두에 두어야 합니다. 후속 재료가 나온다면 스케줄 매매가 가능한 종목이 됩니다. 증권회사의 유·무상증자 일정, 각 산업의 세미나 및 행사, 신규 상장 예정일, 정치나 외교 일정 등 각종 일정을 확인하여 스케줄 매매를 미리 준비해야 합니다. 스케줄 매매 시 주의할 점은 일정이 확정되었는지, 미리 주가에 반영되고 있는지 여부를 확인하는 것입니다.

이 두 가지를 고려하여 예정된 스케줄이 확정되었을 때 선취매했던 종목을 좀 더 보유할지, 즉시 매도할지를 결정합니다.

또한 증권사리포트와 공시를 이용할 때와는 달리 **뉴스는 "아무도 믿지 말라"라는 격언을 떠올려야 합니다. 정보의 최초 생성자는 누구이며, 총알받이 또는 설거지를 위한 정보는 아닌지, 다양한 루트를 통해 거듭 교차 확인하며 정보의 정확성을 확보하도록 합니다.** 객관적인 사실과 주관적인 의견을 정확하게 구분하고, 객관적인 사실을 기반으로 주관적인 판단을 내리는 연습을 합니다. 이러한 과정을 통해 스스로 판단하는 현명한 투자자로 거듭날 수 있습니다.

마지막으로 스케줄 매매가 아닌 실시간 뉴스 매매 시에는 정확성보다 신속성이 생명입니다. 따라서 속보를 이용한 뉴스 매매는 HTS의 기능을 이용하고, 또한 지정가보다 시장가 매수·매도가 더 효과적일 경우가 많다는 것을 기억해야 합니다. 물론 고위험, 고수익의 관점에서 위험을 얼마나 감수할 수 있는지는 매매 전에 결정해야 합니다. 뉴스 매매 시 1등주를 놓쳤다면 2등주나 3등주 매매를 고려할 수 있지만, 상한가 폭 확대 이후에는 1등주 매매의 승률이 가장 좋습니다. 소형주의 경우 호가 공백을 고려한다면 소량 매매만이 가능합니다.

4장
실전 투자에 유용한 공시 검색

☑ **MAIN POINT**

전자공시시스템과 공시 정보, 사업보고서 구성 항목에 대해 알아보고 실전 투자에 유용한 공시 검색법과 기사로 나오는 공시를 배워보자.

4가지 공시 정보를 알아보자

전자공시시스템 DART, Data Analysis, Retrieval and Transfer System 은 상장법인 등이 기업의 주요 사업 정보를 공시 서류를 통해 금융감독원에 제출하고 투자자 등 이해관계자 주주, 채권자, 투자자 등가 제출 즉시 인터넷을 통해 조회할 수 있도록 하는 종합적 기업공시 시스템을 말합니다. 공시란 일정한 내용을 공개적으로 게시하여 일반에게 널리 알리는 것을 뜻하므로 공개정보에 속하며, 그중에서도 가장 신뢰성이 높고 주가 반영도가 높은 정보입니다. 따라서 초보 투자자가 공부를 할 때는 공시부터 꼼꼼히 살펴보는 훈련을 해야 합니다.

먼저, 공시 정보의 종류에 대해 알아봅시다. 전자공시시스템에 접속하면 상단에 정보를 검색하는 곳이 있어서, 이 메뉴를 통해 기업의 다양한 공시를 검색해볼 수 있습니다. 공시는 대분류상 정기 공시, 주요 사항 보고, 발행 공시, 지분 공시, 기타 공시 등으로 구성되어 있습니다.

우선, 정기 공시에서는 일정한 기간에 기업의 사업 내용, 재무 상황, 경영 실적 등을 정기적으로 공시합니다. 기본적이며 가장 중요한

■ 그림 4-1 DART 메인 화면

공시라고 볼 수 있습니다. 투자자 입장에서는 재무제표를 포함한 기업의 기본 정보를 알 수 있기 때문입니다. 정기 공시는 사업보고서, 반기 보고서, 분기 보고서 등으로 구성됩니다. 사업보고서는 연간 보고서의 개념으로, 1년에 1회 공시됩니다. 분기 보고서는 분기마다 나오는 것이 아니라 1, 3분기에만 나옵니다. 2분기에는 반기 보고서가 나오고 4분기는 사업보고서가 나오기 때문입니다. 즉, 분기 보고서 → 반기 보고서 → 분기 보고서 → 사업보고서 순으로 공시됩니다. 물론 연간 보고서가 가장 중요하지만, 가장 최근에 나온 보고서 또한 중요합니다.

다음으로 발행 공시는 증권을 공모하기 위한 공시로, 신규 상장을 떠올리면 됩니다. 증권을 발행하여 투자자를 모집하기 위해 투자 내용 등을 알리는 정보를 포함하고 있습니다. 신규 상장주나 공모주 투자에 관심 있는 투자자에게는 중요한 내용입니다. 증권 신고서 _{증권 모집 매출 전} → 투자 설명서 _{신고서 효력 발생 시} → 증권 발행 실적 보고서 _{발행 완료 시} 등의 단계별로 공시됩니다.

세 번째로, 주요 사항 보고는 경영 활동과 관련된 사항 중 회사의 존립, 조직 재편성, 자본 증감 등 투자 의사 결정에 중요한 영향을 미치는 사실이 발생했을 때 공시합니다.

마지막으로, 지분 공시는 상장 주식 등의 변동 정보를 신속하게 공시하게 하여 기업의 내부자_{임원·주요 주주}의 미공개정보 이용을 예방하고, 적대적 M&A에 대한 합리적 경영권 방어 등 기업 지배권 시장의 투명성을 제고하고 투자자를 보호하기 위한 공시입니다. 이는 주식의 대량 보유 상황 보고서와 임원·주요 주주 특정 증권 등 소유 상황 보고서 등으로 구분됩니다.

이런 공시 서류에 대한 뉴스가 작성되거나 증권사리포트에서 이를 분석하는 경우가 많은데, 뉴스나 리포트만 보고 공시를 소홀히 하면 문제가 발생할 수 있습니다. 1차 가공을 거친 뉴스나 리포트 분석이 잘못되었을 때 누가 책임을 질까요? "아무도 믿지 말라"는 관점에서 보면 신뢰도가 가장 높은 공시가 모든 정보 중에 가장 중요하다고 할 수 있습니다.

가장 중요한 정기 공시의 보고서 살펴보기

위에서 언급한 여러 공시 중에 가장 중요한 것이 정기적으로 공시되는 보고서입니다. 보고서의 구성 항목 중에서는 재무제표가 가장 중요한데, 재무제표는 4부의 가치 분석에서 다룰 예정이므로 여기에서는 재무제표를 제외한 정보에 대해서 설명하겠습니다.

개요와 연혁에서는 회사의 설립과 사업 내용, 계열회사 등을 개괄적으로 다룹니다. 기초적인 개요이므로 가볍게 읽으면 되고, 중요 사업 내용과 계열회사 등을 빠르게 파악하면 됩니다. 자본금 변동 사항은 우량주일수록 자본금 변동이 거의 없으며, 감자와 유상증자가 반복적으로 등장하는 회사는 주의할 필요가 있습니다. 주식의 총수에서는 자사주 등 주식 발행 현황을 파악하고 배당에 관한 사항에서는 시가배당률과 배당금 등을 확인합니다. 특히 배당주 투자를 선호하는 중장기 투자자는 배당금을 늘리거나 시가배당률을 높게 유지하는 회사에 주목해야 합니다. 사업의 내용 부분은 재무 사항 다음으로 보고서에서 가장 중요합니다. 기업의 사업 구성, 속해 있는 산업의 강점과 약점, 기업의 강점과 약점이 서술되어 있습니다. 또한 설비 능력과 원재료,

■ 그림 4-2 삼성전자 분기보고서

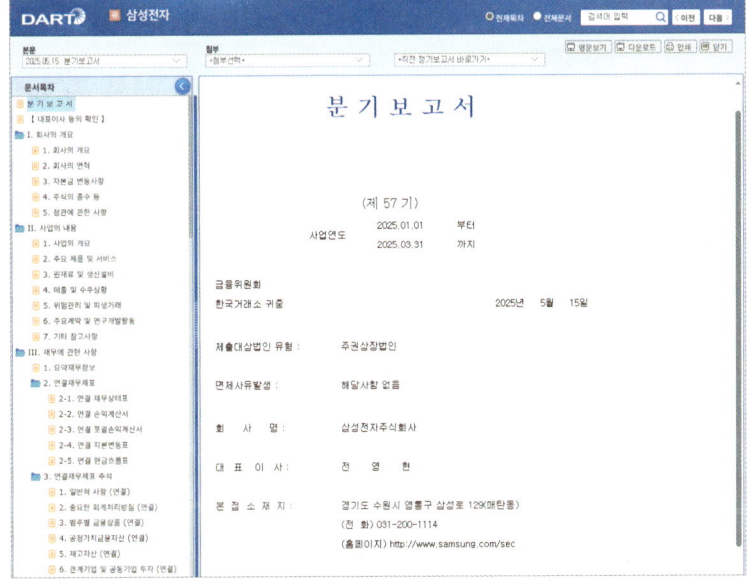

매출 구성이나 조직도, 경쟁 회사 등 다양한 정보도 포함되어 있습니다.

재무제표는 공부하지 않으면 의미 없는 숫자가 나열된 표에 불과합니다. 하지만 사업의 내용은 여러 번 읽으면 충분히 이해할 수 있고 이를 토대로 여러 산업을 이해하고 그 산업에 속해 있는 기업의 위치 등을 판단할 수 있으므로 꼼꼼히 살펴보는 습관을 들이기 바랍니다.

주주에 관한 사항을 살펴보면 기업의 지분 관계를 파악할 수 있으며, 지분 경쟁 가능성이 있는지, 자녀에 대한 지분 승계 과정이 끝났는지 등도 알 수 있습니다.

공시 중에 가장 중요한 공시는 정기 공시의 보고서이며, 보고서에서 특히 중요한 부분은 사업의 내용과 재무에 관한 사항입니다.

공시를 검색하는 방법이 있다

강연회나 스터디를 할 때 DART 사이트에 가봤는지 확인해보면, 의외로 많은 사람이 공시를 직접 찾아본 적이 없다고 답해서 깜짝 놀라곤 합니다. 그러므로 반드시 DART 사이트와 친해지시기 바랍니다. 전자공시시스템 사이트에는 '대한민국 기업 정보의 창 DART'라고 적혀 있는데, 창을 들여다보면 풍경을 볼 수 있듯 DART를 통해 기업의 모습을 볼 수 있습니다. 균형 잡힌 주식 공부, 투자 수익을 내기 위한 가격 분석, 가치 분석, 정보 분석 중 가치 분석의 기반이 되는 재무제표, 기타 기업이 공시하는 중요한 정보를 얻기 위해서는 반드시 DART라는 창을 통해 보이는 풍경을 열심히 살펴봐야 합니다. 풍경을 보기 위해서는 각 메뉴를 이해해야 합니다.

DART 홈페이지의 상단에는 최근공시, 공시서류검색, 공시정보활용마당, 기업개황, 공모게시판, 최근정보보고서, 최근삭제보고서 등 여러 기본 메뉴가 있습니다. 다양한 메뉴를 클릭하여 사이트에서 제공하고 있는 기능과 내용을 확인하면서 사이트 활용에 친숙해지도록 합니다.

최근공시 메뉴에서 전체 또는 시장별로 설정하여 시간순으로 검색하면 날짜별로 볼 수 있습니다. 일괄적으로 올라오는 게시물을 확인하면 증권회사 공시가 많기 때문에 이를 빼고 봐야 합니다. 공시 읽기에 익숙지 않은 투자자들은 매일 시간별로 업데이트되는 전체 기업의 공시를 보는 것이 현실적으로 매우 힘듭니다. 적어도 매수 관심 종목을 선정했다면 공시 내용을 차근차근 확인하면 어떨까요? 중요 공시를 확인하면서 안 좋은 내용이 많으면 매수하지 않고 좋은 내용이 많으면 매수하면 되겠지요.

■ 그림 4-3 통합검색 화면

　　마지막으로 공시를 검색할 때는 통합검색 메뉴를 활용하는 것이

==좋습니다.== 통합검색에 특정 단어, 여론에 오르내리는 주제 등을 검색하면 그 단어가 언급된 종목들이 나열됩니다. 예를 들면 대북 관련주가 크게 움직였던 시기에 '철도', '지하자원', '가스관', '남북경협' 등 이슈가 된 검색어를 포털사이트뿐만 아니라 DART 사이트에서 검색하면 남들보다 발 빠르게 관련 종목을 찾아냈을 수도 있었을 겁니다. 정보 검색의 핵심은 신속성과 정확성이므로, 가장 먼저 DART 사이트의 통합검색 메뉴를 활용하는 것은 매우 좋은 매매 전략 중 하나입니다.

기사에서 볼 수 있는 중요 공시

앞부분에서 다룬 지분 공시, 발행 공시, 정기 공시 등은 전자공시시스템 사이트에서 규정한 항목이지만, 지금부터 설명하는 것은 기사 등으로 다시 재료화되는 공시입니다. 기사로 나오는 공시가 중요한 이유는 모든 공시가 기사화되는 것이 아니고, 주식시장에서 더 중요하다고 판단되는 가치 있는 공시만 선정하여 기사화되기 때문입니다. 그리고 공시 내용이 기사화될 때 주가에 더 강한 영향을 미치겠지요. 아래에는 주로 기사화되는 공시의 종류를 설명하겠습니다.

첫 번째, 조회 공시 요구가 있습니다. 조회 공시 요구는 일종의 시장 감시 시스템으로, 주가가 갑자기 급등했을 때 한국거래소에서 투자자를 보호하기 위해 주가에 영향을 미칠 만한 현저한 시황 변동이 있었는지 상장법인에 확인하여 공시하도록 한 제도입니다. 상한가가 30%로 변경된 이후로 급등주가 많이 나오지 않아서 급등하는 주식은 시장의 주목을 더 많이 받게 되었기 때문에 최근에는 많이 등장하는 공시입니다. 조회 공시 요구를 받게 되면 상장법인에서는 정해진 기간 내에 답변 공시를 해야 합니다.

보통 '주가 급등 사유가 없음'이라는 답변이 많아서 특정 사유 없이 주가가 하락하는 경우가 많습니다. 반면 특정 사안을 진행 중이거나 검토 중이라는 답변과 함께 확정 시 재공시한다는 내용이면 스케줄 매매가 가능하므로 재료가 어떤 식으로 나오는지 지속적으로 검토해볼 필요가 있습니다. 특히 최대 주주 매각이 진행 중인 경우라면 주의해서 볼 필요가 있습니다.

두 번째, 단일 판매, 공급 계약 체결 공시가 있습니다. 여기서 판매란 물건을 파는 것을 말하고, 공급 계약이란 서비스를 공급하는 것을 말합니다. 일정 기간 여러 건을 판매하여 매출이 늘어난 것은 따로 공시하지 않고 분기마다 정기 보고서의 재무제표에 매출액으로 반영되지만, 단일 건의 대규모의 판매와 공급 계약의 공시가 따로 나오는 경우에 투자자는 매출액 대비 규모와 계약 기간 등을 살펴봐야 합니다. 단일 판매 공시에서 매출액 대비 판매 금액의 규모가 중요한 이유는 다음과 같습니다. 예를 들어 A와 B라는 회사에서 100억 원 규모의 판매 계약을 하는데, A사의 연간 매출액이 1조 원일 경우 연간 매출액 대비 1%밖에 안 되므로 중요하지 않은 공시입니다. 이와 달리 B사의 연간 매출액이 200억 원이라면 연 매출의 50%에 해당하므로 매우 중요한 공시이며 호재라 할 수 있습니다.

계약 기간을 살펴봐야 하는 이유는 건설업종 등은 수년간 장기로 계약하는데 공급 계약 금액을 n분의 1로 나누어 연간 매출 규모를 계산해야 하기 때문입니다. 이와 같은 이유로 단일 판매, 공급 계약 체결

공시를 볼 때는 매출 규모와 계약 기간을 꼭 확인해야 합니다.

세 번째, 주식 등의 대량 보유 상황 보고서가 있습니다. 이 공시는 투자자가 대량으로 주식을 보유하게 되어 보유 지분이 전체 주식의 5%가 넘으면 의무적으로 해야 합니다. 단일 종목에 대한 대량 취득, 처분에 관한 정보를 신속하게 공시함으로써 시장의 투명성을 제고하는 한편, 기존의 대주주에게 적대적인 M&A 시도를 공시하게 하여 기업 지배의 공정한 경쟁을 유도하는 데 그 목적이 있습니다. 투자 목적에 따라 단순 투자 목적일 경우 약식으로 작성하고, 경영 참가가 목적일 경우에는 일반 양식으로 작성합니다.

네 번째, 임원 및 주요 주주 회사의 주식을 10% 이상 보유한 주주의 특정 증권 등에 대한 소유 상황 보고서입니다. 임원 또는 주요 주주가 된 날부터 5일 이내에 본인이 소유하고 있는 특정 주식의 소유 현황을 공시해야 하며, 변동이 있는 경우에도 그 내용을 공시해야 합니다. 회사의 내부 정보를 잘 알고 있는 주요 관계자들의 주식 보유 현황은 주가 변동에 영향을 미칠 수 있으므로 조금이라도 수량이 달라지면 공시를 해야 합니다.

다섯 번째, 최대 주주 관련 공시입니다. 주식회사의 의결권은 주주에게 있는데, 1인당 1표가 아니라 1주당 1표의 권리를 주기 때문에 최대 주주는 주식회사에서 가장 많은 의결권을 가지게 되고 주주총회에서 많은 것을 결정하는 매우 중요한 위치에 있습니다. 따라서 최대 주주 변경 재료는 최대 주주가 누구인지에 따라 주가에 미치는 영향이 달라집니다. 기업의 가치를 증대할 만한 사람이라고 판단되면 주가에 큰 영향을 미치게 되겠지요. 예를 들면 대기업의 자금 또는 미국이나 중국 등의 자금이 들어와서 최대 주주가 바뀌면 주가는 상승할 확률이 높습니다.

마지막으로 액면 병합과 액면 분할 공시가 있습니다. 액면 병합과 액면 분할은 기업 가치에는 전혀 영향을 미치지 않지만 주가에는 영향을 미치는 대표적인 사례입니다. 예를 들어 5천만 원의 자본으로 액면가 5,000원의 주식을 1만 주 발행한 상태에서 액면가 5,000원을 500원으로 액면 분할하면 1만 주였던 주식 수가 10만 주로 늘어납니다. 이처럼 액면 분할을 하게 되면 주식 수가 늘어나면서 1주당 가격이 변하지만, 실질적으로 기업의 가치에는 아무 영향을 주지 않습니다. 일반적으로 우량주의 경우 주가가 지나치게 높이 형성되어 주식 거래가 부진해져 거래를 활성화할 때 사용됩니다. 2018년에 삼성전자가 액면가를 5,000원에서 100원으로 분할한 것이 시장에서 큰 이슈가 되었지요. 액면 병합은 액면 분할과 반대입니다. 이 두 가지 모두 기업의 근본적인 가치가 바뀌는 것은 아니지만 주가에는 영향을 미치는 경우가 있으므로 잘 판단해야 합니다.

이외에도 기사로 나오는 중요 공시에는 무상증자, 유상증자, 무상감자, 유상감자, 기업 합병, 기업 분할 등이 있으나 이론적으로 어려운 내용이 포함되어 있으므로 다음 장에서 자세히 설명하겠습니다.

공시에서 어렵고도 중요한 증자, 감자, 합병, 분할

 **MAIN POINT**

공시에 나오는 개념 중 가장 어렵다고 할 수 있는 대표적인 단어인 증자, 감자, 합병, 분할을 이해하고 주가에 어떤 영향을 미치는지 알아보자.

증자는 시장에서 반드시 악재일까?

　기업의 공시 내용 중 중요하지만 이해가 어려운 증자와 감자, 합병과 분할에 대해서 알아보겠습니다. 먼저 증자란 주식을 발행해 회사의 자본금을 증가시키는 것을 말합니다. 기업은 신주 발행을 통해 자기자본을 조달하거나 자금을 차입하여 타인자본 부채을 조달하는데, 증자는 자기자본 조달입니다. 자기자본 조달은 타인자본 조달에 비해 낮은 부채 비율을 유지하고 이자 지급 의무가 없다는 점에서 재무 건전성이 확보되는 장점이 있습니다. 반면, 주식수가 증가하여 기존 주주 가치가 희석되는 것이 단점입니다.

　증자는 크게 둘로 나뉘는데, 하나는 자본의 증가와 함께 현금 납입으로 실질적으로 재산이 증가하는 유상증자이고, 다른 하나는 자본 계정 내에서 숫자만 바뀌어 자본금이 증가할 뿐 기업 가치에는 전혀 변동이 없는 무상증자입니다. 유상증자는 유상으로 신주를 발행하여 회사의 자본을 증가시키는 방법으로, 자본의 증가와 함께 현금 납입으로 실질적인 자산도 증가합니다. 무상증자와 달리 유상증자는 기업의 가치에 영향을 미치는 것이지요. 따라서 유입된 자금

■ 그림 5-1 유상증자 기업 공시

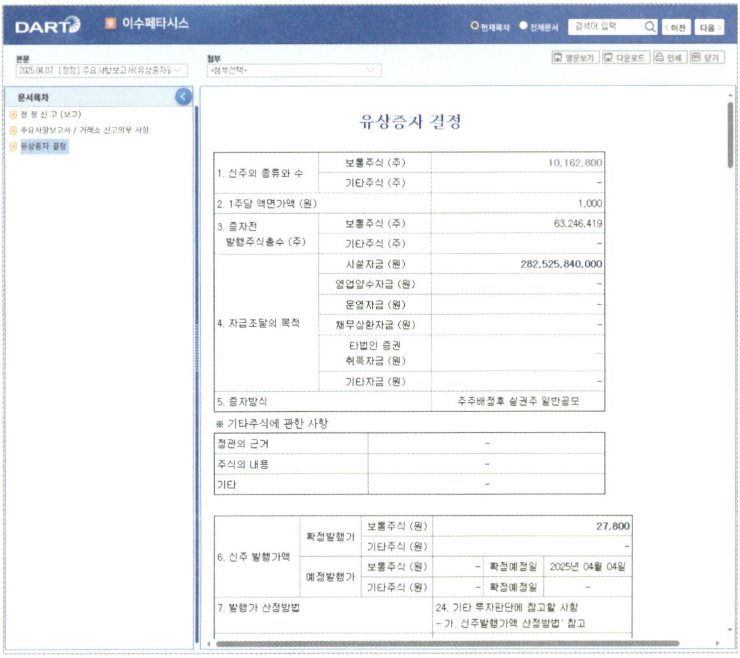

유상증자 결정

1. 신주의 종류와 수	보통주식 (주)	10,162,800
	기타주식 (주)	-
2. 1주당 액면가액 (원)		1,000
3. 증자전 발행주식총수 (주)	보통주식 (주)	63,246,419
	기타주식 (주)	-
4. 자금조달의 목적	시설자금 (원)	282,525,840,000
	영업양수자금 (원)	-
	운영자금 (원)	-
	채무상환자금 (원)	-
	타법인 증권 취득자금 (원)	-
	기타자금 (원)	-
5. 증자방식		주주배정후 실권주 일반공모

※ 기타주식에 관한 사항

정관의 근거	-
주식의 내용	-
기타	-

6. 신주 발행가액	확정발행가	보통주식 (원)	27,800		
		기타주식 (원)	-		
	예정발행가	보통주식 (원)	-	확정예정일	2025년 04월 04일
		기타주식 (원)	-	확정예정일	-
7. 발행가 산정방법			24. 기타 투자판단에 참고할 사항 - 가. 신주발행가액 산정방법' 참고		

이 어디에 쓰이는지에 대해 확인하는 것이 중요합니다.

통상 유상증자는 설비 자금 및 운전 자금 조달, 부채 상환, 재무 구조 개선, 경영권 안정 등을 목적으로 합니다. 이 중에서 부채를 상환하거나 재무 구조를 개선하기 위한 증자는 주가에 부정적인 영향을 미치는 경우가 많습니다. 반면 설비 자금을 위해 증자하는 경우는 미래를 위한 포석으로 해석됩니다. 제품에 대한 수요가 증가할 것으로 예상되어 설비를 증설하는 것이기 때문입니다.

유상증자의 이유와 함께 주목할 부분이 유상증자의 대상입니다.

그 대상이 일반 대중이면 일반 공모, 기존 주주이면 주주 배정, 특정한 사람 또는 기업에 배정하면 제3자 배정이라고 합니다. 기업 공개를 할 때 보통 일반 공모를 하는데 상장 이후에는 일반 공모는 거의 없고 보통 주주 배정 유상증자를 합니다. 예외적으로 유상증자 청약률이 100% 미만일 경우 미발행분만큼 일반 공모를 하는 경우가 있습니다.

누구에게, 왜 파는지 잘 살펴봐야 하는 이유는 경험적으로 유상증자에 대해 시장이 반응하는 포인트가 있기 때문입니다. 보통 주주 배정 유상증자 공시가 나오면 평균 10% 이상 주가가 하락합니다. 기존 주주 입장에서는 추가 납입을 하는 것이 부담일 수 있고, 이는 신규 매수 희망자도 마찬가지이므로 기존 주주는 매도에 나서고 신규 매수 희망자는 매수를 보류할 것입니다. 그래서 수급상 당연히 주가가 하락하는 것입니다. 다만 설비 증설 등의 뚜렷한 이유가 있다면 호재로 작용하는 경우가 있습니다.

반면 제3자 배정 공시가 주가에 호재로 작용하기 위해서는 증자 금액과 제3자가 누구인지가 중요합니다. 최대 주주가 변경되는 제3자 배정 유상증자가 공시된다면 제3자에 대한 시장의 판단에 따라 호재인지 여부가 결정될 것입니다.

유상증자의 재료 가치는 호재와 악재의 이중성을 가지고 있습니다. 유상증자가 호재로 작용하는 대표적인 경우는 아직 재료로서 반영되지 않고 기업 성장에 기여할 수 있는 제3자로 최대 주주가 변경되는 것입니다. 반면 유상증자가 악재로 작용하는 대표적인 경우는 재무 구조 개선 등의 목적으로 주식을 팔아서 빚을 갚는 주주 배정 유상증자라고 기억하면 됩니다.

유상증자와 달리 무상증자는 잉여금의 자본 전입을 통해 신주를 발행하여 주주에게 무상 배정하는 것을 말합니다. 쉽게 생각하면 유상증자는 돈 받고 주식을 발행하고, 무상증자는 공짜로 주식을 발행하는 것입니다. 공짜로 주식을 발행하므로 제3자 배정 무상증자는 있을 수 없으며, 기존 주주에 대한 무상증자만 가능합니다. 또한 외부의 돈이 들어와 주식을 발행하는 유상증자와 달리 무상증자는 회계상으로는 자본금이 증가하지만, 이는 자본 계정상의 숫자 이동일 뿐 실제 기업 가치에는 전혀 변화가 없습니다.

그렇다면 기업 가치에 영향을 미치지 않는 무상증자는 주가에도 영향을 미치지 않을까요? 투자자의 심리에 영향을 주어 주가에 영향을 미치게 됩니다. 무상증자 공시에서 가장 중요한 것은 1주당 신규 배정 주식 수가 얼마나 되느냐입니다. 당연히 클수록 좋겠지요. 무상증자 신주 발행 규모가 클수록 공짜로 받는 주식 수가 늘어나고, 주가가 싸 보이는 효과가 커지기 때문입니다. 물론 받는 주식 수가 늘어나는 만큼 권리락이 커져서 기업의 실질 가치에는 전혀 영향이 없습니다.

무상증자의 경우, 주가에 영향을 미치는 일정도 중요한 부분입니다. 무상증자 공시가 나오는 시점부터 신주 배정 기준일, 권리락일, 신주 상장일 등에 주가의 변동이 있을 수 있기 때문입니다. 신주 배정일까지 주식을 보유해서 무상증자 신주 물량을 받을지, 아니면 권리락일 오전에 시총이 가벼워지면서 주가 탄력을 보일 때 공략할지 등 스케줄 매매를 하려면 관련 일정을 잘 체크할 필요가 있습니다. 또한 무상증자를 받았다면 신주권 상장일 전후로 매물 부담으로 인해 주가가 하락할 확률이 높다는 것도 기억해야 합니다.

무상증자는 기업 가치에는 전혀 영향이 없지만, 시장에서는 대체로 호재로 인식하여 단기적인 주가 흐름에 긍정적인 영향을 미칩니다. 무상증자를 하는 이유가 주가에 긍정적인 영향을 미치기 위해서라고 생각할 수 있고, 회사에 잉여금이 많다는 뜻으로 해석되므로 기업의 재무 구조가 튼튼하다는 신호로 받아들일 수 있기 때문입니다. 또한 공짜 효과와 착시 효과 등 투자자의 심리에 긍정적인 영향을 미치는 것도 이유입니다.

자본금을 줄이는 감자

감자는 증자와 반대로 자본금을 줄이는 것을 말합니다. 증자와 달리 정상적인 상황이 아닐 때 감자를 하므로 개념이나 회계 처리 이해가 어려운 반면, 자주 등장하는 경우는 아니라고 볼 수 있습니다. 회사가 주식수를 줄여 자본을 감소시킬 때 주식의 대가를 주주에게 지급하는지 여부에 따라 유상감자와 무상감자로 구분됩니다. 쉽게 생각하면 유상감자는 주식수를 없애는 것에 대한 보상이 따르고, 무상감자는 보상이 없습니다.

유상감자는 주주들에게 돈을 지불하기 때문에 실질적으로 자산 규모가 줄어들므로 실질적 감자라고 하는데, 대주주가 자금이 필요하거나 기업의 규모를 축소 또는 합병할 때 이용됩니다.

무상감자는 주주들에게 아무런 보상을 하지 않기 때문에 자본금은 감소하지만 자산은 변하지 않으므로 명목적 감자라고 합니다. 일반적으로 자본금을 감소시켜 자본 잠식에서 벗어나기 위해 하는 것으로, 회사가 계속 적자이거나 재무 구조가 좋지 않은 경우가 많습니다. 예를 들면 10:1 무상감자인 경우에 10주를 보유한 주주는 아무 보상 없이 1주만 가지게 되며, 1,000원짜리 주식이 1만 원짜리가 됩니다. 무상증자와 정확히 반대되는 개념이므로 주가가 비싸 보이는 착시 효과와 주식 수가 줄어드는 본전 심리, 회사의 재무 구조가 취약하다는 신호 효과 등으로 주가가 하락할 확률이 높습니다.

즉, 무상증자와 무상감자는 모두 기업 가치에 큰 영향은 미치지 않지만, 무상증자는 호재일 경우가 많고 무상감자는 악재일 경우가 많습니다. 무상증자는 주가가 싸 보이는 착시 효과가 있고 자본잉여금이 많다는 긍정적인 신호로 보이고, 무상감자는 주가가 비싸 보이는 착시 효과와 자본 잠식 등의 이유로 시행했다는 부정적인 신호로 보입니다. 여기에 더해 무상감자를 시행한 후에는 또 다른 악재인 유상증자를 하는 경우가 많으므로 더욱 주의할 필요가 있습니다.

합병에서 중요하게
봐야 할 것

    증자와 감자가 서로 반대되는 개념이라면 합병과 분할 또한 반대되는 개념입니다. 먼저 합병이란 둘 이상의 기업이 상법의 규정에 따라 신설 합병 또는 흡수 합병의 방법으로 하나의 기업이 되는 것을 말합니다. 합병의 핵심은 시너지 효과로, 시너지가 나온다면 1+1이 2보다 커지겠지요. 합병과 유사한 기업 인수도 시너지 효과를 위한 것입니다. 다만 인수는 합병과 마찬가지로 두 개의 기업이 합쳐 하나의 기업이 되지만, 다른 한쪽이 존속합니다. 인수는 A가 B의 지분을 인수하는 것이기 때문에 모회사와 자회사의 관계가 되어 B는 B대로 남아 있게 됩니다. 이와 달리 흡수 합병은 A+B=A, 신설 합병은 A+B=C인 구조이므로 B는 사라집니다. 현실적으로 상장기업의 경우 시너지 효과를 높이기 위해서 신설 합병보다 흡수 합병을 더 많이 이용합니다. 합병의 성패 여부는 피합병 기업의 기업 가치와 시너지 효과에 따른 것입니다.

    합병에서 중요한 것은 합병 비율입니다 피합병 기업의 주주들에게 합병 기업의 주식을 얼마나 줄 것인지를 말합니다. 이 비율에 따

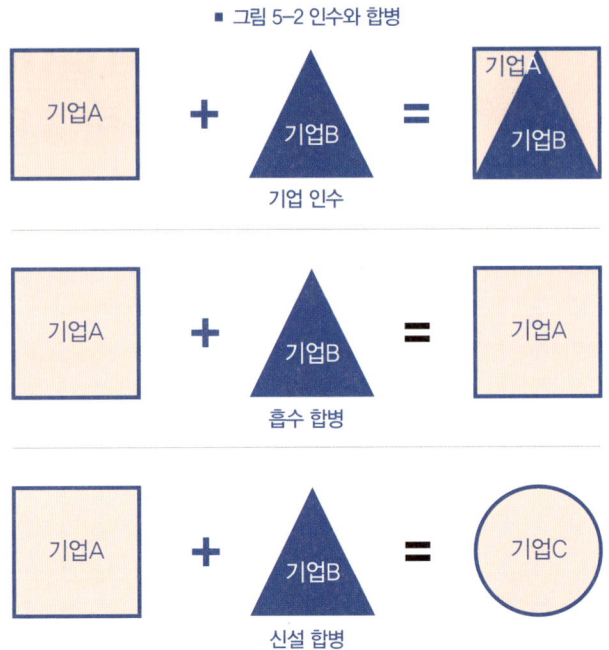

■ 그림 5-2 인수와 합병

라 합병 기업이 더 유리한지, 피합병 기업이 유리한지가 결정되며, 이는 주가에 반영됩니다. 또한 시너지 효과는 명목일 뿐, 실질적으로 기업의 대주주가 경영권을 강화할 목적으로 활용하는 경우가 많으므로 합병의 목적을 주의 깊게 살펴볼 필요가 있습니다.

인적 분할 시 꼭 알아야 할 3가지

합병과 분할 중 주가를 움직이는 재료로 더 중요한 것은 당연히 분할입니다. 최근 주식시장에서 합병보다 기업 분할이 잦은 빈도로 공시되고 있는데, 분할에 대해 정확히 이해한다면 매수 포인트와 타이밍을 잡아낼 수 있습니다. 분할에는 물적 분할과 인적 분할이 있습니다. 물적 분할은 기존 회사가 신설된 회사의 주식을 전부 소유하는 기업 분할 방식을 말합니다. 기업이 물적 분할을 하면 A기업과 B기업으로 분할되고, A기업은 B기업을 100% 소유한 모회사가 되는 것이지요. 기존 주주의 지분 구조에는 아무 변동이 없습니다. 물적 분할의 포인트는 바로 분할되는 B기업입니다. 물적 분할의 주요 목적은 사업부 독립이나 매각인데, 분할 전 사업부를 B기업이라는 별도의 법인으로 독립시키는 의도를 파악해야 합니다. 사업부를 우량 기업으로 키워서 매각하려는 목적인지, 특정 사업부의 지속적인 적자로 인해 존속 기업에 좋지 않은 영향을 미친다고 판단하여 적자를 내는 사업부를 별도 기업으로 만드는 것인지에 따라 향후 주가에 미치는 영향이 달라지니 주의하기 바랍니다.

물적 분할과 달리 인적 분할은 기존 주주가 지분 비율대로 존속 기업 A와 신설 기업 B의 지분을 동시에 갖게 됩니다. 상장기업의 주주가 기업 분할 전에 한 종목의 주식을 갖고 있었다면, 분할 후에는 두 종목의 주식을 갖게 되는 것이지요. 인적 분할을 하는 주요 목적은 경영권 강화를 위한 지주회사의 설립입니다. 지주회사의 형태를 쉽게 설명하자면 지주회사가 A, B의 기업을 소유하고 대주주는 지주회사를 소유하는 구조입니다. 대주주는 A, B의 주식을 개별적으로 갖고 있지 않고 지주회사만 소유함으로써 경영권을 안정적으로 확보할 수 있습니다.

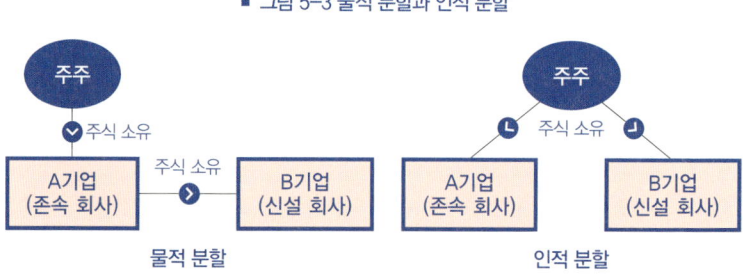

■ 그림 5-3 물적 분할과 인적 분할

인적 분할이 시행될 때 통상적으로 알아야 할 사항은 다음과 같습니다.

첫 번째, 존속 기업의 자본이 감소합니다. 물적 분할에서는 A기업이 B기업을 100% 지배하고 주주는 A기업만을 소유하기 때문에 자본 감소가 없습니다. 반면 인적 분할은 주주가 A와 B의 지분을 동시에 소유하기 때문에 자연스럽게 자본이 감소하지만, 악재는 아닙니다.

두 번째, 현물 출자에 의한 유상증자를 하게 됩니다. 대주주는 지주회사의 지분을 많이 소유해야 합니다. 그러기 위해 대주주의 사업회사 지분을 지주회사에 현물 출자하고 그 대가로 지주회사 주식을 발행하는 것입니다. 그 결과, 대주주는 지주회사의 지분율이 높아지고 지주회사는 사업회사의 지분이 늘어남으로써 지주회사 구조를 완성하게 되므로, 이 경우 유상증자는 자연스러운 것이지 악재가 아닙니다.

세 번째, 거래 정지 기간이 있습니다. 거래 정지 기간에는 시장의 변화에 대응할 수 없기 때문에 투자자 입장에서 거래 정지는 리스크입니다. 거래 정지 제도는 유상증자와 무상증자에는 없고 기업 분할이나 합병 또는 주식 분할에는 있습니다.

인적 분할의 투자 포인트는 존속 회사와 신설 회사 중 어디에 투자할 것인지 선택하는 것입니다. 기존 주주의 경우 분할 후 두 회사의 주식을 모두 보유하게 되겠지만, 결국 한 회사를 선택해야 한다면 대개는 사업회사인 신설 회사가 훨씬 좋은 투자 대상입니다. 가장 큰 이유는 지주회사의 주가가 상승할 경우 최대 주주는 상속, 증여 시에 세금을 많이 내기 때문입니다. 최근 기업 분할했던 종목을 전수 조사해보면 사업회사의 주가가 오른 경우가 많다는 것을 알 수 있습니다. 과거 기업 분할 종목의 주가 움직임과 기업 분할 목적을 생각해본다면 지주회사보다 사업회사의 선택이 확률적으로 올바른 선택일 것입니다.

HTS를 제대로 활용해서 정보를 얻자

☑ **MAIN POINT**

증권사리포트가 좋은 스승이라면 HTS는 좋은 친구이므로, 여러 메뉴를 통해 어떤 정보를 얻을 수 있는지 이해하고 연습하자.

시간대별 매매의 차이점

누구나 HTS를 이용하지만 HTS를 잘 활용하는 투자자는 많지 않습니다. 이번에는 HTS에서 얻을 수 있는 정보에 대해서 설명하겠습니다. HTS에서 많은 정보를 얻기 위해서는 여러 메뉴를 이용하면서 그 기능을 이해해야 하는데, 가장 기초적인 주문이나 시간대별 매매 구분에 대해서도 모르는 투자자들이 의외로 많습니다. 그러므로 매매의 기초가 되는 시간대별 매매에 대해 알아보겠습니다.

우선, 주문의 종류 중에 가장 많이 사용되는 시장가와 지정가를 알아봅시다. 말 그대로 시장가는 시장의 현재 가격이고, 지정가는 매수 및 매도를 체결하기 위해 내가 직접 가격을 지정하는 것을 말합니다. 그 숨은 뜻은 무엇일까요? 쉽게 말하면, 시장가 매수 또는 매도는 무조건 사거나 팔겠다는 의사를 표시하는 셈입니다. 투자자들은 자신의 성향과 시장의 상황에 따라 시장가와 지정가 사이에서 선택하게 됩니다. 예를 들어 재료가 갑자기 나왔는데 시간을 다투어 빠르게 매수 또는 매도해야 하는 긴급한 상황이라면, 지정가가 아닌 시장가로 주문을 넣어야 합니다. 반대로 중장기로 접근하면서 천천히 모아가는 투자를 한다면 싸

■ 그림 6-1 HTS 현재가창

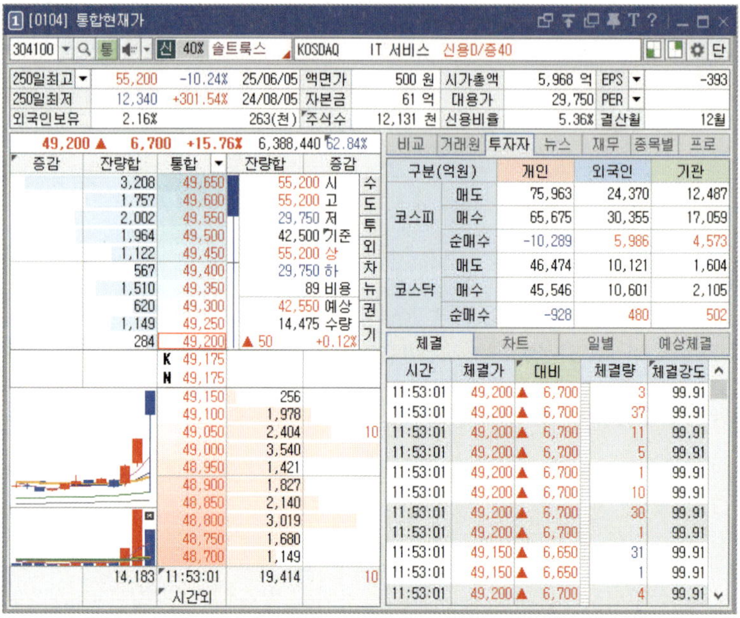

게 살수록 좋으므로 저점에 지정가 매수 주문을 넣으면 되겠지요.

체결 동향이나 분 차트를 보면서 매매하다 보면 시장가 매수나 매도가 갑자기 나오는 경우가 있습니다. 이때는 갑자기 나온 재료가 있는지 반드시 확인할 필요가 있습니다. 단타 매매의 최고봉은 '현재가창'을 보고 매매하는 것이라는 말이 있습니다. '현재가창'을 매일 보다 보면 쉽게 이 말에 수긍할 것입니다.

다음으로, 장전 동시호가와 장마감 동시호가를 통해 얻을 수 있는 정보를 알아보지요. 동시호가는 동시에 부르는 가격이라는 뜻입니다. 장전이 붙으면 주식 개장 전에 동시에 부르는 가격, 즉 시초가 결정을 위한 가격입니다. 그렇다면 장전 동시호가를 통해 알 수 있는 정보는 무엇일까요? 장전 동시호가가 실시간으로 반영된 예상 체결가를 살펴보며 오늘 장의 상승과 하락이 예상되는 종목과 업종 그리고 테마주를 포착할 수 있습니다. 포착된 정보를 통해 예상 체결가가 높은 종목을 직접 시장가로 공략할지, 동일 테마주 내에 숨어 있는 종목을 저점 지정가로 간접 공략을 할지 전략을 세울 수 있습니다.

장마감 동시호가의 경우에는 차트를 통해 일봉의 패턴을 분석하며 내일 시초가가 상승할 확률이 있는 종목을 찾아보고 마땅한 종목이 결정되면 정보 검색을 통해 종가 베팅 여부를 결정합니다. 특히 직장인 투자자는 장이 열린 시간에 시장에 집중할 수 없기 때문에 단기 매매를 선호한다면 시초가 공략 또는 종가 공략 등이 장중 시간을 통한 매매보다 유리할 수 있습니다.

세 번째, 장전 시간외종가와 장후 시간외종가를 통한 정보를 알아보겠습니다. 시간외종가는 종가로만 거래가 된다는 것이 중요합니다. 장전 시간외종가는 어제의 종가로 거래되며, 장후 시간외종가는 오늘의 종가로 거래됩니다. 예를 들면 필라델피아반도체 지수가 큰 폭으로 상승해서 삼성전자나 SK하이닉스의 갭 상승이 예상된다면, 장전 시간외종가로 매수하여 시초가 갭 상승으로 무위험 차익을 얻을 수 있습니다. 단, 시간 우선의 원칙이 적용되므로 누구보다 빠르게 넣어야 합니다. 초보 투자자에게는 쉽지 않은 방법이니 이해만 하면 됩니다. 과거에는 이를 이용한 매크로 프로그램을 사용하던 세력도 있었지만,

■ 표 6-1 주식 거래 시간에 따른 구분

정규시간		09:00 ~ 15:30
동시호가	장시작 동시호가	08:30 ~ 09:00
	장마감 동시호가	15:20 ~ 15:30
시간외종가	장전 시간외종가	08:30 ~ 08:40 (전일 종가로 거래)
	장후 시간외종가	15:40 ~ 16:00 (당일 종가로 거래)
시간외 단일가		16:00 ~ 18:00 (10분 단위로 체결)

NXT (넥스트레이드)	정규시장	08:00~20:00
	PRE마켓	08:00~08:50
	AFTER마켓	15:30~20:00

지금은 기술적으로 적용하기가 불가능해졌습니다.

장후 시간외종가는 종가의 변동이 심해서 차트가 변했거나 시장가가 아닌 지정가로 낸 주문이 체결되지 않았을 때 주로 이용합니다. 종가 베팅의 연장선에서, 종가가 결정된 상태인데 차트가 예뻐졌거나 갑작스럽게 정보가 나오는 경우에 매수 주문을 넣는 경우도 있습니다.

마지막으로 시간외 단일가를 통한 정보를 알아보겠습니다. 투자자에게 추가로 매매 거래 기회를 제공하기 위해 장 종료 후 오후 4~6시에 10분 단위로 체결이 이루어지는 것인데, 하루에 총 12회 매매가 이루어집니다. 당일 종가 기준으로 ±10% 다만, 당일 상하한가 이내의 가격에서 거래가 이루어집니다. 정규 시간이 끝나고 갑자기 재료가 나오는 경우, 또는 종가보다 더 높은 가격에 매수하고 싶거나 더 낮은 가격에 매도하고 싶을 때 거래합니다. 시간외 단일가에서 상승하면 그다음 날 상승할 확률이 높기 때문에, 상승률 상위 종목의 재료를 꼼꼼히 찾아볼 필요가 있습니다.

2025년 3월에는 대체주식거래 플랫폼 넥스트레이드 NXT, Nextrade 라는 새로운 주식거래소가 출범했습니다. 기존 한국거래소 KRX 와 함께 운영되는 두 번째 시장입니다. 넥스트레이드는 KRX에 비해 거래 시간·수수료·주문 방식 측면에서 투자자에게 더 많은 기회를 제공하며, 시장 효율성과 경쟁 체제 도입 면에서 큰 의미가 있습니다. 넥스트레이드에 등록이 된 종목들은 오전 8시부터 오후 8시까지 실시간 매매가 가능합니다.

옥석을 구별해주는 정보가 있다

정보 분석에서 가장 중요한 포인트는 시간의 제약으로 모든 정보를 볼 수 없기 때문에 그중에서 옥석을 구분하여 중요 정보만 분석해야 한다는 것입니다. 중요한 정보만 추려서 볼 수 있는 가장 좋은 방법은 당일 상승한 종목의 정보를 확인하는 것입니다. 주식시장에서 중요한 정보란 주가에 영향을 미치는 것이기 때문입니다. 과거에는 상한가 종목이 매일 30여 종목이라 상한가 종목만 분석해도 중요 정보를 파악하고 시장의 흐름을 읽어낼 수 있었지만, 이제는 상한가 종목이 하루에 몇 종목 나오지 않으므로 상승률 상위 종목을 살펴보아야 합니다.

일간 상승률 TOP30 종목을 매일 분석하면서 동일 업종 종목과 동일 테마주 종목을 묶는 연습을 하다 보면 오늘 테마주의 상승 흐름이 보이기 시작하고, 며칠에 걸쳐 흐름을 따라가다 보면 시장의 흐름과 테마주의 추세를 읽을 수 있게 됩니다. 이 종목이 왜 올랐는지, 이 테마는 왜 단체로 올랐는지, 종목 또는 테마의 상승 이유를 공개정보 뉴스, 증권사리포트와 그 밖의 미공개정보 카페, 블로그, 종목게시판 등에서 찾는 것입니다. 테마주 내에서 상승 종목이 하나만 있으면 개별 종목 재료로

■ 그림 6-2 순위 분석

[0181] 순위분석 - 전일대비등락률상위 (통합)

전일대비등락률상위 | 시가대비등락률상위 | 예상체결등락률상위 | 당일거래상위 | 전일거래상위 | 거래대금상위

◉전체○코스피○코스닥 ◉상승률○상승폭○보합○하락률○하락폭 ☑상하한포함 거래대금 전체. 조회

종목 ETF+ETN+스 거래량 전체조회 신용 전체조회 가격 전체조회 시가총액 전체조회 ☑자동

순위	분	신	종목명	현재가	대비	등락률	매도잔량	매수잔량	거래량	체결강도	횟수
1	증		제이에스티나	2,625	↑ 605	+29.95		312,010	1,239,463	54.91	5
2	증		지엔코	2,025	↑ 465	+29.81		238,838	3,163,253	93.03	4
3	증		내츄럴엔도텍	3,455	▲ 735	+27.02	28,750	4,172	2,703,694	92.66	1
4	신		우리산업홀딩스	3,265	▲ 630	+23.91	8,485	27,694	2,051,678	104.77	2
5			좋은사람들	1,178	▲ 224	+23.48	88,809	208,993	50,085,843	83.54	2
6	열		녹십자홀딩스2우	43,950	▲ 8,950	+25.57	2,566	147	23,940	0.00	5
7	주		전진바이오팜	4,110	▲ 695	+20.35	2,165	2,659	1,539,242	85.86	3
8	신		일신석재	2,695	▲ 460	+20.58	363,891	620,161	72,335,351	103.71	2
9	신		아이언디바이스	4,170	▲ 645	+18.30	25,105	44,683	6,283,588	91.71	3
10	증		아이티센글로벌	14,240	▲ 2,210	+18.37	2,493	4,555	2,878,981	118.28	2
11	신		성광벤드	32,000	▲ 4,900	+18.08	78,060	31,312	3,575,675	144.21	3
12	증		시선AI	6,120	▲ 950	+18.38	14,374	16,347	6,877,744	87.61	3
13			코나아이	69,700	▲ 10,700	+18.14	83,557	14,141	6,792,532	98.63	7
14	신		유니테스트	12,530	▲ 1,740	+16.13	4,417	45,010	5,660,474	60.09	2
15	신		솔트룩스	48,500	▲ 6,000	+14.12	6,543	14,862	6,766,073	96.75	3
16	신		매커스	15,980	▲ 2,010	+14.39	7,341	1,191	630,899	142.08	3
17	신		계룡건설	22,850	▲ 2,880	+14.42	21,432	30,489	4,131,203	102.07	1
18	신		쿠콘	31,350	▲ 3,850	+14.00	29,480	11,339	4,141,469	94.87	3
19			와이씨켐	26,050	▲ 3,150	+13.76	32,400	8,686	520,112	242.03	2
20	신		한전산업	12,965	▲ 1,565	+13.73	14,387	43,106	12,659,385	88.07	2
21	신		심텍	20,550	▲ 2,480	+13.72	106,241	22,580	1,591,803	166.98	3
22	신		에코아이	12,160	▲ 1,320	+12.18	6,095	14,321	2,925,097	108.05	4
23	증		카티스	2,705	▲ 300	+12.47	6,600	13,088	2,005,744	80.53	3
24	신		노루홀딩스	21,300	▲ 2,340	+12.34	65,220	4,748	840,844	66.39	2
25			케이씨티	4,000	▲ 470	+13.31	24,370	28,917	7,800,589	99.52	2
26	신		한신기계	3,560	▲ 385	+12.13	23,661	55,874	11,963,576	93.73	1
27	신		NHN	22,000	▲ 2,320	+11.79	6,047	6,750	408,865	209.60	3
28	신		한전기술	68,300	▲ 7,200	+11.78	34,928	15,108	1,840,221	133.08	2
29	신		태광	21,150	▲ 2,100	+11.02	119,512	29,167	1,455,420	173.85	4
30	증		코난테크놀로지	37,100	▲ 3,450	+10.25	11,603	10,831	2,515,403	90.70	3

혼자 상승한 것이고, 여러 개라면 테마주 재료로 전체적으로 상승한 것이라고 생각하면 됩니다. 테마주가 상승했다면 테마주 중에서 강한 종목을 직접 공략할지, 아직 안 오른 종목을 찾아 간접 공략할지, 자신의 투자 스타일과 상황에 따라 결정합니다.

상승률 TOP30 종목 중 특정 종목의 상승 재료를 찾는 방법은 우선 뉴스, 리포트, 공시 등의 공개정보를 검색해보고, 공개정보가 없다

면 미공개정보를 찾아보는 것입니다. 해당 종목 게시판, 블로그, 카페의 정보를 포털사이트에서 찾는 것이지요. 물론 미공개정보는 재료의 신빙성 여부 등을 교차 확인하는 과정을 거쳐야 합니다.

상승률 상위 종목 분석에는 시간의 개념이 포함되어 있습니다. 당일 트레이딩을 위해서는 장중 상승률 상위 종목 분석이 중요하고, 스윙swing 등 단기 매매를 위해서는 일간 분석이 중요합니다. 또한 투자 기간을 오래 두는 투자자라면 월간 상승률 상위 종목이나 연간 상승률 상위 종목을 분석하여 잔파도가 아니라 굵직한 추세를 파악할 수 있을 것입니다.

■ 그림 6-3 상승률 TOP30 종목 분석 사례 (네이버카페 '밸런스투자아카데미' 참고)

2부 정보 분석 어떻게 해야 할까? 173

현재 누가 사는지
알아야 한다

"주식은 수급이다"라는 말이 있습니다. 수급은 수요와 공급을 뜻하는 말입니다. 매수하려는 수요가 매도하려는 공급보다 많으면 주가가 오르지요. 많은 투자자들이 주식 분석을 하는 것도 수요자가 공급자보다 많아서 앞으로 주가가 오를 만한 종목을 찾기 위해서입니다. 가치투자자들이 가치 분석을 하는 이유는 현재 가치에 비해 주가가 저평가되어 있는 종목을 찾아내는 것이고, 재료 매매자들이 정보를 분석하는 이유는 미반영정보의 종목을 찾는 것이며, 차티스트들이 차트를 분석하는 이유는 차트가 매력적인 종목을 찾기 위해서입니다. 즉, 여러 가지 이유로 앞으로 수급이 좋아질 것 같은 종목을 찾는다는 말입니다. 그런데 매매 동향의 분석은 앞으로 수급이 좋아질 것 같은 이유, 즉 "왜 사야 하는가?"를 알기 위해서가 아니라 "현재 누가 사는가?", 즉 현재 수급의 주체를 알기 위해서 하는 것입니다.

먼저 개별 종목이 아닌 시장 전체의 매매 동향을 살펴봅시다. 개인, 기관, 외국인의 매수 주체 중 외국인의 매수세가 중요합니다. 첫째, 외국인은 개인보다 경제를 판단하는 시야와 정보력 면에서 크게 앞서 있습니다. 둘째, 외국인 자금은 대체로 중장기 투자의 성격이기 때문에 순매수 자금이 국내에 새롭게 유입되는 자금일 확률이 높습니다. 개인이 사고파는 자금은 내국인의 예수금이고, 기관이 사고파는 자금도 펀드에 가입한 내국인 개인 또는 법인의 돈입니다. 개인과 기관의 경우 순매수가 나오면 순매도로 돌아설 확률이 높고, 반대로 순매도는 언젠가 순매수로 전환될 가능성이 높습니다.

■ 그림 6-4 투자자별 매매 동향

[2780] 투자자별 매매동향 - 프로그램 투자자별 매매종합 (통합)

업종투자자누적순매수 | 당일매매현황 | 투자자별누적순매수 | 투자자별일별매매 | 종목별투자자 | 프로그램투자자별매매 | 프로그램투자자

코스피 금액(억원) 코스닥 금액(억원) 조회 투자자구분 안내

시장구분		개인	외국인	기관계	금융투자	보험	투신	기타금융	은행	연기금등	사모펀드	기타법인
코스피	매도	83,135	27,803	14,424	4,744	466	1,074	166	51	6,785	1,137	1,527
	매수	72,513	33,955	19,115	8,613	318	1,277	100	93	7,561	1,153	1,340
	순매수	-10,622	+6,151	+4,691	+3,869	-148	+203	-66	+42	+776	+16	-187
코스피 차익	매도	0	0	131	131	0	0	0	0	0	0	0
	매수	0	0	1,449	1,374	0	0	0	0	56	19	0
	순매수	0	0	+1,317	+1,243	0	0	0	0	+56	+19	0
코스피 비차익	매도	384	25,051	858	20	172	187	102	2	125	250	180
	매수	344	28,713	642	12	45	281	1	23	105	174	155
	순매수	-40	+3,661	-216	-8	-127	+94	-101	+21	-20	-76	-26
코스닥	매도	53,336	11,511	1,982	819	54	355	14	10	393	337	696
	매수	52,685	11,751	2,445	1,192	72	380	20	8	406	366	643
	순매수	-650	+241	+463	+373	+18	+25	+7	-2	+13	+29	-53
코스닥 차익	매도	0	0	25	25	0	0	0	0	0	0	0
	매수	0	0	3	3	0	0	0	0	0	0	0
	순매수	0	0	-21	-21	0	0	0	0	0	0	0
코스닥 비차익	매도	317	11,275	141	7	13	40	10	0	33	38	195
	매수	325	11,474	99	8	4	22	0	2	35	28	184
	순매수	+7	+198	-42	+1	-9	-18	-9	+1	+2	-10	-11

그러나 외국인은 기관 또는 개인과 달리 국내에 국한되어 투자하지 않고 전 세계의 투자처에 자금을 배분하여 어느 국가에 중장기적으로 투자할지 결정하므로 자금의 성격이 다릅니다. 물론 단기적인 헤지펀드 hedge fund도 있지만, 그조차도 국내 개인이나 기관의 투자에 비추어 보면 중장기로 볼 수 있습니다. 이런 이유로 해외에서 유입되

는 외국인 순매수는 국내 증시의 수급에 좋은 영향을 미치며, 외국인이 추세적인 순매수를 이어나가는 장은 강세장일 확률이 높습니다. 즉, 매우 높은 확률로 외국인들의 자금이 장기적으로 유입될 때 대세 상승장이 되는 것입니다.

그렇다면 외국인들이 언제 순매수하는지 알면 좋겠지요? 첫 번째는 국내 주식시장의 전망이 좋다고 판단될 때이고, 두 번째는 환율입니다. 원화 가치가 낮을 때 주식을 매수해서 원화 가치가 높을 때 팔면 주가 상승으로 인한 수익과는 별개로 환차익이 발생하기 때문입니다.

그러므로 종합적으로 매매 동향의 주식시장에 미치는 긍정적인 영향은 외국인 〉기관 〉개인의 순이라고 할 수 있습니다.

다음으로 개별 종목별 매매 동향을 체크할 때는 외국인이나 기관이 많이 매수한 종목, 또는 외국인과 기관이 동시에 순매수한 종목은 쌍끌이 순매수라 하여 좋은 신호로 봅니다. 특히 쌍끌이 순매수가 들어온 종목은 주의 깊게 살펴봐야 합니다. 외국인과 기관이 동시에 순매수하는 종목을 찾는 것은 HTS를 통해 얻을 수 있는 고급 정보 중 하나이며, 잘 다듬으면 훌륭한 매매법으로 발전시킬 수도 있음을 명심해야 합니다.

외국인이나 기관의 매매 동향을 볼 때는 연속 일수와 순매수 규모를 확인하는 것이 중요합니다. 매수와 매도를 반복하는 것이 아니라 추세적으로 매수하는 연속성이 있을수록, 적은 금액이 아닌 큰 금액으로 매수할수록 주가에 긍정적인 영향을 미칠 것입니다. 이처럼 연속 일수가 많은 경우 증권사 창구 분석을 통해 매수 주체의 증권사 창구를 찾을 수 있고, 매수 주체가 된 증권사에서 매도할 경우 빠르게 대처할 수 있습니다. 그리고 연속적으로 매수하는 주체가 있을 경우에는 해당 종목은 하방경직을 확보하는 경우가 확률적으로 높습니다. 이는 외국인이나 기관의 순매수 종목뿐 아니라 세력이 들어온 종목도 유사합니다.

코스피200 종목을 보면 알 수 있는 것!

우리나라 주식시장에는 거래소와 코스닥이 있습니다. 거래소가 코스닥보다 훨씬 규모가 크고 값이 비싸므로, 거래소가 코스닥에 비해 시가총액이 큽니다. 당연히 거래소 지수가 경제를 나타내는 지수로서 더 중요하며, 거래소의 대표 선수 200종목으로 구성된 것이 코스피200입니다.

코스피200은 거래소 전 종목 중 시가총액이 높고 거래량이 많으며 업종을 대표하는 200종목을 선정해 지수화한 것을 말합니다. 이 지수는 선물 및 옵션의 거래 대상이 됩니다. 외국인과 기관은 현·선물 차익 거래가 많으므로 코스피200 지수를 살펴보는 것은 지수 예측에 매우 중요하며, 선물 옵션 등 파생상품을 거래하는 투자자에게는 더욱 중요합니다. 물론 여기에는 ETF 투자자도 포함될 것입니다.

코스피200에 포함된 종목의 주가 움직임이나 시가총액 순위 변동을 보면 현재 주가 움직임이 좋은 업종과 좋지 않은 업종을 알 수 있습니다. 예를 들어 삼성전자와 SK하이닉스의 주가가 많이 상승했을 때는 반도체 업종이 좋고, 시가총액 상위 대장주들을 따라 반도체 장

■ 그림 6-5 시가총액 상위 종목

순위	종목명	현재가	전일대비	등락률	거래량	거래비중	시가총액	시가총액비	체결강도
1	삼성전자	59,200 ▲	1,400	+2.42%	23,557,418	10.87	350,442,565	15.23%	163.55
2	SK하이닉스	226,500 ▲	9,000	+4.14%	4,416,384	7.83	164,892,536	7.16%	128.04
3	삼성바이오로직	1,026,000 ▼	8,000	-0.77%	58,499	0.47	73,024,524	3.17%	55.70
4	LG에너지솔루션	291,000 ▲	2,500	+0.87%	189,350	0.43	68,094,000	2.96%	110.59
5	한화에어로스페	909,000 ▲	64,000	+7.57%	512,137	3.55	42,992,247	1.86%	213.82
6	KB금융	106,500 ▼	1,400	-1.30%	1,234,095	1.02	40,625,714	1.76%	106.36
7	삼성전자우	48,450 ▲	950	+2.00%	1,289,849	0.48	39,533,972	1.71%	175.77
8	현대차	189,500 ▲	3,500	+1.88%	871,673	1.29	38,801,597	1.68%	128.22
9	HD현대중공업	424,500 ▼	3,500	-0.82%	431,525	1.45	37,684,188	1.63%	86.27
10	기아	92,800 ▲	3,200	+3.57%	1,080,104	0.77	36,904,020	1.60%	155.79
11	셀트리온	162,200 ▲	1,700	+1.06%	438,566	0.55	36,077,490	1.56%	125.31
12	NAVER	190,900 ▲	5,400	+2.91%	851,773	1.26	30,245,625	1.31%	143.63
13	신한지주	59,300 ▼	600	-1.00%	1,034,525	0.47	29,403,434	1.27%	77.26
14	두산에너빌리티	45,000 ▲	2,350	+5.51%	31,937,997	11.20	28,825,252	1.25%	90.95
15	삼성물산	162,100 ▲	4,300	+2.72%	650,268	0.81	27,553,198	1.19%	94.40
16	한화오션	78,000 ▲	1,200	+1.56%	3,276,759	2.00	23,900,245	1.03%	115.70
17	현대모비스	253,500 ▲	3,500	+1.40%	130,841	0.25	23,574,256	1.02%	121.56
18	HD한국조선해양	323,500 ▼	4,000	-1.22%	224,443	0.57	22,895,103	0.99%	82.17
19	삼성생명	113,100 ▲	4,300	+3.95%	414,146	0.36	22,620,000	0.98%	136.15
20	HMM	21,800 ▼	750	-3.33%	2,583,923	0.44	22,345,861	0.97%	59.83

비주의 주가도 오를 것임을 예상할 수 있습니다.

관심이 있는 업종이 있다면, 업종별 톱픽 종목의 움직임을 파악할 때도 코스피200종목의 분석은 유용합니다. 시가총액이 높은 종목과 주가 상승률이 높은 종목으로 업종별 톱픽 종목을 파악할 수 있기 때문입니다. 즉, 대다수의 업종별 톱픽 종목은 코스피200종목이라고 생각하면 됩니다. 예를 들어 반도체 산업의 삼성전자, 2차전지 산업의 LG에너지솔루션, 인터넷 산업의 네이버, 바이오 산업의 삼성바이오로 직스, 자동차 산업의 현대차 등이 각 업종을 대표하는 종목이 된 것은 업종 내 시가총액 1위이기 때문입니다.

마지막으로 코스피200에 편입되거나 제외되는 종목은 주가에 영향을 받게 됩니다. 시가총액이 상승하여 코스피200에 신규 편입되는 종목은 기관과 외국인이 매수해야 하기 때문에 편입이 거론될 때부터 편입 초기까지는 쌍끌이 순매수가 들어옵니다. 그러나 일정 물량을 확보한 후에는 비중을 조절하는 경우가 있습니다. 반대로 코스피200에서 제외되는 종목은 기관과 외국인이 매도하므로 주가가 단기간 흘러내리지만, 매도가 끝난 후에 악성 매물 해소가 원인이 되어 의외로 주가가 급등할 경우도 있으니 주의해야 합니다. 주식시장에서 모든 현상은 동전의 양면과 같아서 다각적으로 검토할 필요가 있습니다.

7장
생활 속에서 얻는 정보 활용법

 **MAIN POINT**

일상생활에서 뉴스, 소비, 업무, 지인을 통해 정보를 얻었을 경우, 이를 주식 투자에 이용하는 방법을 알아보자.

뉴스 볼 때
주의할 것!

앞에서 설명한 증권사리포트, 뉴스, 공시, HTS 등의 활용은 주식투자자가 능동적으로 주식투자에서 성공하기 위해 자료를 수집하는 방법입니다. 그런데 일상생활을 하면서 수동적으로 접하게 된 정보가 더 중요한 경우가 있습니다. 이를 생활 속의 정보라고 하는데, 일상생활에서 정보를 얻는 채널은 크게 세 가지로 나눌 수 있습니다. 뉴스와 소비 그리고 업무 활동입니다.

먼저 뉴스를 통한 정보를 알아보겠습니다. 누구나 일상생활에서 매일 뉴스를 접하게 됩니다. 주식투자자는 방송이나 신문 기사 또는 온라인 콘텐츠 등을 통해 뉴스를 접했을 때 주식투자와 연관 짓는 연습을 항상 해야 합니다. 특정 뉴스를 들었을 때 창의력과 통찰력을 갖고 주식투자와의 관련성을 계속 생각해야 한다는 뜻입니다. 창의력과 통찰력이 없어서 처음 본 뉴스를 주식투자와 연관 짓기 힘들더라도 슬퍼할 필요는 없습니다. 처음 본 뉴스를 연상법으로 주식투자와 연결 짓기는 쉽지 않지만, 실제 상승률 상위 종목 분석을 통해 재료 가치가 컸던 뉴스를 나중에 확인하는 공부를 해나가다 보면 특정 뉴스가 주가에 영향을 미치는 크기를 가늠할 수 있게 됩니다.

예를 들면 디지털 뉴딜과 그린 뉴딜 등의 정부 정책에 관한 뉴스가 나오면 정부 정책 관련주를 찾아볼 수 있습니다. 또 사회 뉴스에서는 코로나 바이러스가 확산된다는 소식에서 마스크, 진단 키트, 백신, 치료제 등 코로나 관련주를 떠올릴 수 있습니다. 소비 뉴스에서는 최근 유행하는 화장품이나 의류, 음식료와 관련된 내용을 보면서 유통주나 소비 관련주 중에 관련 종목을 확인해봅니다. 문화 뉴스를 보면서는 영화, 공연, 뮤지컬, 드라마, 음악 같은 대중문화 또는 관련 연예인 가십 등의 정보에서 엔터주를 떠올릴 수 있습니다. 이런 뉴스와 주가의 연결 고리를 모르는 투자자는 무턱대고 연상법을 통해 새롭게 관계를 찾아내는 것이 힘들겠지만, 미리 특정 뉴스와 특정 테마주의 연결 고리를 안다면 쉽고 빠르게 대처할 수 있을 것입니다.

소비 활동을 통해서도 정보를 얻는다?

　우리는 살면서 생산 활동과 소비 활동을 합니다. 생산 활동을 하지 않는 사람은 있을 수 있지만, 소비 활동을 하지 않는 사람은 아무도 없을 것입니다. 소비 활동을 통해 쉽게 얻는 정보 중에 주식투자와 관련된 고급 정보가 있다는 생각은 투자 성과를 높이는 무기가 될 것입니다. 실제 미국의 할머니 투자 클럽, 가정주부 투자 클럽 등 실생활을 통해 얻은 정보로 투자에 성공한 사례는 굉장히 많습니다. 또한 저도 오랜 주식투자 경험 중에 소비 활동을 통해 소비 관련주에 관한 좋은 정보를 얻을 수 있었습니다.

　주식투자자로서 일상생활에서 소비할 때 제품이나 서비스를 제공하는 회사가 상장기업인지 관심을 두는 것이 첫걸음입니다. 예를 들어, 떡볶이를 파는 동네 분식집이 아무리 장사가 잘되더라도 상장기업은 아닙니다. 하지만 마트에서 라면을 샀는데 라면이 맛있고 잘 팔리는 히트 상품이라면 그 라면이 상장기업에서 만든 상품인지 관심을 가져야 합니다. 상장기업인 라면 제조회사는 농심, 삼양식품, 오뚜기 등이 있고 비상장기업은 한국야쿠르트가 있습니다. 우리가 소비하는 제품을 만드는 제조 기업 또는 서비스 기업이 상장기업인지 아닌지 미리 알고 있다면 바로 떠올리는 연습이 더욱 잘되겠지요.

또한 아직 소비하지 않았더라도 마트나 백화점에서 히트 상품으로 떠오르는 상품에 주목해야 합니다. 히트 상품인지 아닌지는 어떻게 알 수 있을까요? 우선 진열대를 보면 알 수 있습니다. 마트나 백화점도 물건을 많이 팔아야 돈이 남기 때문에 잘 팔리는 제품은 눈에 잘 띄는 위치에 진열합니다. 다른 하나는 주변의 사용 평가나 후기 등 가족, 친구, 직장 동료 등 주변 사람들의 평이나 입소문을 통한 것입니다. 이런 경우 히트 상품을 상장기업에서 만들었는지 확인합니다.

영화나 드라마를 볼 때도 히트할 것 같은 예감이 든다면 관련 엔터주를 찾아봐야 합니다. 영화를 봤는데 재미있으면 그 영화의 제작사가 상장기업인지 찾아볼 필요가 있습니다. 마찬가지로 드라마를 보고 관련 주식을 연상할 수 있어야 합니다. 또는 가수들의 노래를 들을 때도 마찬가지입니다. 아이돌 그룹 BTS가 미국 시장에 진출하고 세계적인 가수로 성장하면서 소속사인 '하이브'에 대한 관심이 당연히 높아졌고, 하이브는 상장 이후 엔터주 1위로서 시가총액 11.8조 원 정도를 형성하고 있습니다. 이처럼 영화, 드라마를 보거나 가수들의 노래를 들을 때 관련 기업을 찾아보며 관련 종목을 매수할지 판단하는 것이 좋습니다. 물론 적당한 인기몰이가 아니라 크게 히트를 해야 됩니다.

이와 같이 소비를 통해 얻은 정보에서 히트 상품과 관련된 종목이

==**관심 종목으로 선정되었다면 다음으로 히트 상품의 매출 비중을 확인해야 합니다.**== 예를 들어 매출 1조 원인 회사에서 10억 원짜리 히트 상품이 나왔다면 매출 비중은 0.1%밖에 안 됩니다. 매출이 0.1% 늘어났다고 해서 주가가 2~3배나 오를 리가 없습니다. 하지만 100억 원 매출 회사가 100억 원짜리 히트 상품을 만들면 주가가 2배 이상 상승합니다. 매출이 2배 증가했기 때문에 영업이익, 당기순이익도 당연히 그 이상 증가할 테고 주가에도 큰 영향을 줄 것입니다. 간단한 논리입니다. 이것이 히트 상품의 매출 비중을 확인해야 하는 이유입니다.

실질적이고 정확한 분석이 가능한 정보

본인이 속해 있는 회사와 업무를 통해 주식투자와 관련된 정보를 얻는 경우에 의외의 종목을 발굴할 수 있습니다. 자신의 업무가 포함된 관련 업종이 주식시장 내에서 자신이 가장 잘 알고 있는 업종이기 때문입니다. 물론 법적 제한 대상인 내부 정보가 아닌 것에 한합니다. 성형외과나 피부과 의사는 어떨까요? 외국의 보톡스를 사용하다가 국내에서 새롭게 만든 보톡스를 사용한 후 효과에 만족하여 성장 가능성을 예상했다면, 제조사인 메디톡스의 주식을 살 수도 있고 휴젤의 주식을 매수할 수도 있을 것입니다. 소형 마트나 편의점을 운영하는 주식투자자라면 어느 회사 라면의 판매량이 늘고 있는지, 어느 회사 과자가 갑자기 히트를 치는지 누구보다 빨리 알 수 있습니다. 삼양식품의 '불닭볶음면'이나 하이트진로의 '테라' 등이 주가에 영향을 미친 히트 상품의 대표적인 사례들입니다. 이처럼 업무를 통한 정보는 오히려 증권가의 애널리스트보다 현업종사자가 더 실질적이고 정확한 분석이 가능하다는 장점이 있습니다.

또한 업무상 만나는 주변 사람들과의 대화에서 투자 힌트를 얻을 수도 있습니다. 모임에 가서 여러 가지 정보를 듣거나, 거래처에서 만나는 직원, 사장의 정보를 듣고 업종의 상황이나 업종 내 회사들의 상황을 파악해볼 수 있습니다. 주로 대외적으로 영업 활동을 많이 하는 경우 다양한 정보를 많이 알고 있지만, 이런 정보에 문제점이 하나 있습니다. 사람들은 자신이 속한 업종에서 종목 선정을 하지 않는 심리가 있다는 점입니다. 한마디로 남의 떡이 더 커 보이기 때문입니다. 본인이 속한 분야를 너무 잘 알기 때문에 다른 투자자에게는 좋아 보이는 종목도 업종 종사자에게는 매력이 떨어지는 것입니다. 본인이 잘 알고 있는 종목을 이야기하면 "에이, 그거 사면 뭐 해"라며 시큰둥해 하고, 반대로 잘 알지 못하는 종목에는 "그래? 좋은데?" 하며 끌리는 심리가 있습니다.

생활 속의 주식투자 정보가 반영되거나 매수 결정까지 이르는 속도는 뉴스, 소비, 업무의 순입니다. 뉴스 정보가 가장 빠르게 반영되고, 다음으로 소비를 통한 정보, 그리고 업무를 통한 정보의 순서로 반영되는 거죠. 뉴스의 경우 다수에게 빠르게 전파되는 완전 공개정보로 종목에 직접 영향을 미치는 긴급한 뉴스의 경우에는 1분 안에 매수를 결정해야 되는 경우도 있습니다. 심지어는 뉴스가 뜨자마자 10초 안에 매수를 결정하고 시장가로 매수 버튼을 눌러야 하는 경우도 있습니다. 다음으로 소비를 통한 정보는 완전 공개정보는 아니지만 소비자들은 다 아는 정보라서, 소비자들의 입소문을 타는 정도의 시간이 지나면 주가에 반영될 것입니다. 업무를 통한 정보는 반영되기까지 가장 시간이 오래 걸립니다. 이는 업무를 통한 정보는 관련 종사자들이 가장 먼저 아는 정보이기 때문입니다. 생활 속의 주식투자 정보의 반영 속도는 다수가 아는 정보일수록 빠르게 반영되는 심리와 논리가 숨어 있습니다.

지인이 주는 정보는 4가지를 확인하자

　주변의 투자자들에게 보유 종목의 매수 이유를 확인해보면 의외로 지인의 추천이라고 답하는 비율이 굉장히 높습니다. 그런데 좀 더 구체적으로 질문해보면 지인의 근거는 단순히 얼마까지 오를 테니 묻지도 따지지도 말고 빨리 사야 한다는 카더라통신이 대부분입니다. 이런 답변을 들으면 그런 투자는 정말 절대로 안 된다고 말하곤 합니다. 주식투자에 있어서 제가 가장 좋아하는 말은 "이것 또한 지나가리라"와 "아무도 믿지 말라"입니다. 이 두 가지만 지켜도 주식투자 성적은 중간은 갑니다. "이것 또한 지나가리라"는 글귀를 가슴에 새겨서 시장을 대하면 시장의 급등락 변동을 잘 이겨낼 수 있고, "아무도 믿지 말라"는 글귀를 머리에 새겨서 투자할 때는 남에게 의존하지 말고 분석도 직접 하고, 판단도 직접 내리며, 책임도 직접 지는 현명한 투자자로 거듭나야 합니다.

　지인을 통한 정보는 기본적으로는 믿으면 안 되는 정보이지만, 믿을 수 있는 지인이고 추천에 근거가 있으며 매우 좋은 재료라는 판단이 든다면 다음과 같은 내용을 확인해봐야 합니다.

우선, 최대한 관련 정보를 찾습니다. 정보를 준 지인은 재무제표 가치, 차트 가격, 재료 정보 중 재료를 말하면서 종목을 추천했겠지요. 재무제표나 차트를 말하면서 주식을 추천하는 경우보다는 재료를 말하면서 추천하는 경우가 훨씬 많기 때문입니다. 특히 잘 알려지지 않은 재료로 추천하는 경우가 많은데, 지인이 알려주는 재료는 대부분 미공개정보이기 때문에 교차 확인하여 사실 유무를 정확히 판단해야 합니다.

둘째, 세력의 유무를 확인합니다. 더 이상 떨어지지 않는 하방경직성을 확보하고 있는지, 차트가 예쁜지 확인하고, 나아가 창구 분석까지 하면서 세력이 있는지 확인합니다. 세력은 차트를 중요하게 생각하기 때문에 세력이 있는 종목은 차트가 예쁩니다. 그리고 주식을 싸게 매수하려고 노력하기 때문에 하방경직성이 확보된 종목이 많습니다. 반면 지인에게 들었을 때 이미 주가가 많이 올랐다면 매집 이후 주가를 올리고 팔아먹는 단계일 수 있으니 주가의 위치를 함께 살펴봐야 합니다.

셋째, 삼박자로 분석해야 합니다. 재료를 찾으면서 정보 분석을 하고, 세력의 유무를 확인하면서 차트로 가격 분석을 했다면, 삼박자 분석법의 마지막인 재무제표 보면서 가치 분석을 해야 합니다. 이 경우 재무제표에서 영업 적자가 있는 기업은 피하는 것이 좋습니다. 특히 한 달 이상 중장기로 보유할 종목이라면 영업 적자가 있는 기업은 절대 매수하면 안 됩니다. 이것만 지켜도 주식투자를 하면서 깡통계좌가 되는 일은 없습니다. 깡통계좌는 보유 종목이 상장 폐지되었을 경우에 발생하고, 상장 폐지가 되는 회사들은 재무제표가 매우 불량한 경우가 대다수이기 때문에 재무제표를 반드시 확인한 후에 적자 기업을 피하는 습관을 가지시기 바랍니다.

마지막으로 생활을 통해 얻은 정보를 주식투자에 이용할 때 가장 주의할 점은 법적인 미공개중요정보를 이용해서 주식투자를 하면 절대 안 된다는 점입니다. 여태까지 앞에서 설명했던 미공개정보와 지금 설명하는 법적인 미공개중요정보는 다른 개념입니다. 법적인 미공개중요정보는 투자자의 투자 판단에 중대한 영향을 미칠 수 있는 정보로서 DART, 방송 및 신문 등을 통해 공개되기 이전의 것입니다.

자본시장법 제174조 미공개중요정보 이용 행위 금지에서는 미공개중요정보를 이용한 불공정행위를 금지하고 있습니다. 위반 시 1년 이상의 유기징역과 부당이득금의 4~6배의 벌금이 부과되며, 부당이득 규모에 따라 최대 무기징역까지 가중처벌을 받을 수 있습니다.

여기서 내부자는 보통 상장법인의 대주주나 임직원 등 회사의 내부에서 직무와 관련하여 당해 법인의 미공개중요정보를 알게 된 자를 말합니다. 또한 준내부자는 상장법인과 계약 당사자, 예를 들면 매매계약 중개인, 유상증자 참여자 등입니다. 정보 수령자는 내부자로부터 직접 미공개중요정보를 받은 자를 말하는데, 2, 3차 정보 수령자도 부당이득에 대한 과징금 처벌 대상입니다. 만약 불법적인 미공개중요정보를 알았을 경우에는 주위에 전달하지도 말고 투자에도 절대로 이용해서는 안 된다는 사실을 잊어서는 안 됩니다.

주가의 등락을
함께하는 테마주

> ☑ **MAIN POINT**
>
> 테마주를 포착하기 위해 정리하고 분석하는 방법을 알아보고, 전기차 관련주와 엔디/미디어 관련주 통해 테마주 분석의 실제 사례를 연습해보자

테마주 어떻게 포착하고 분석할까?

정보 분석을 통해 한 종목을 포착하고 매매 종목으로 선정하는 것은 매우 중요합니다. 그런데 테마주의 포착과 분석이 더 중요할 때도 있습니다. 그래서 정보 분석의 마지막 장에서는 테마주에 대해 다루어보려 합니다.

테마주란 주가에 영향을 미칠 수 있는 하나의 재료에 공통으로 연결되어 주가의 등락을 함께하는 종목군을 말합니다. 주식시장에서 통상 테마주는 급등락이 심한 위험군으로 분류되어 애초에 매매를 기피하는 사람들이 많습니다. 그러나 저는 탑다운 방식으로 시장을 바라볼 수 있고 현재 시장에서 가장 주목받는 분야가 무엇인지 파악하는 도구로 매우 유용하게 활용하며 매매에 활용하고 있습니다. 하나의 재료로 여러 종목이 테마를 형성하여 주가가 움직인다는 것은 많은 사람들의 주목을 받고 있다는 반증이기도 하니까요.

주식시장의 주요 흐름을 대변하는 테마주에 접근할 때 핵심은 하나의 재료로 형성되는 시기를 포착하고 해당 테마의 강도를 예측하는 것입니다. 테마가 형성되는 시기를 포착하는 방법으로는 다음의 세 가지가 있습니다.

첫 번째, 동일 업종의 흐름을 보면서 포착하는 방법입니다. 예를 들어 반도체 관련주, 금융주, 건설주, 게임주 등 업종 전반적인 산업 현황이 좋아진다면 동일한 사업을 진행하는 업종군의 종목들이 같은 주가 흐름에 따라 움직입니다. 이 경우에는 특히 시가총액 기준으로 업종 대장주가 먼저 움직이고, 그 이후에 졸개주들이 따라가는 패턴을 보입니다.

두 번째, 일간/주간/월간 등 기간 상승률 종목을 분석하면서 포착하는 방법입니다. 저는 과거에 주식을 시작할 때부터 상한가 종목을 매일 분석하여 해당 시기에 어떤 종목이 시장의 관심을 받는지 유추했습니다. 몇 년 전부터 상한가 종목이 줄어들면서는 매일 상한가 및 상승률 TOP30을 분석하고 있고, 기간별로 동일 업종이나 유사한 사업 내용을 가진 종목들이 테마를 형성하여 움직이는지 살펴봅니다. 이러한 방법으로 테마주를 포착하면 테마주에 포함된 종목의 주가 흐름의 강도와 상승이 추세적으로 지속되는 기간 등을 고려하여 테마주를 예측할 수 있습니다.

세 번째, 특정한 사건이나 현상에 따라 테마주가 형성되는 것을 미리 예측하는 방법입니다. 테마주는 정치, 사회, 문화, 계절, 날씨, 이벤트 등 다양한 사건이나 현상에 의해 형성됩니다. 테마주의 원인이 되는 사건이나 현상은 정해진 시기에 반복적으로 발생하기도 하고 일시적인 이슈에 의해 갑작스럽게 나타나기도 합니다. 예를 들어 대통령

임기에 따른 대선 관련주, 4년마다 열리는 스포츠 이벤트 월드컵, 올림픽 관련주 등이 정해진 스케줄에 따라 반복되는 경우이고, 일시적 이슈에 의한 대표적인 사례로 바이러스 질병이 발병하면 뜨는 백신 관련 테마주 등이 있습니다.

테마주 매매는 이렇게!

　테마주가 포착되면 다음 단계로 유사한 업종, 사업 내용 또는 재료에 따라 비슷한 주가 움직임을 보이는 종목을 테마주로 묶어 HTS상에서 관심 종목으로 정리해야 합니다.

　테마주를 포착하여 종목을 정리할 때는 동일 업종의 경우에는 증권사나 여타 증권 정보 제공업체 등에서 분류한 것을 참조하여 관심 종목에 등록하고 그 후 계속 업데이트하면 됩니다. 동일 업종이 아닌 테마주의 경우에는 포털사이트에서 카페나 블로그 등의 테마주 정리를 검색하는 방법과 증권사리포트 중 산업 리포트 등을 참조하는 방법이 있습니다.

　또한 DART에서 통합검색으로 키워드를 입력하여 숨겨진 종목을 검색하는 방법도 있습니다. DART의 사업보고서 내에는 아직 노출되지 않은 정보가 있는 경우가 많으며, 그런 내용을 찾기 위해서는 많은 시간과 노력이 필요합니다. 해당 키워드를 찾아내고 테마주로 편입될 가능성이 있는지 예측한 후 검증 과정을 통해 발굴해낸다면 선취매 할 기회를 찾아낼 수도 있는 좋은 방법 중 하나입니다. 이렇게 테마주를 찾은 후 관심 종목을 등록할 때 종목이 너무 많을 경우 카테고리를 세분해서 등록한다면 종목들의 주가 상관관계를 명확히 관찰할 수 있어서 실전 매매에 더욱 도움이 됩니다.

여기서 명심해야 할 사항은 관심 종목으로 정리해놨다고 끝이 아니라는 것입니다. 테마주는 시장의 반응에 따라 형성되는 것이므로 그에 따라 수시로 업그레이드해야 합니다. 새로운 종목이 발생하면 편입시키고, 삭제시킬 종목은 삭제해야 합니다. 또한 최초 등록 시에는 시가총액 순으로 정렬하는 것이 좋지만, 테마주의 움직임이 강해지면 상승률로 재정렬해서 수시로 업데이트해야 합니다. 이렇게 해야 수시로 바뀌는 대장주와 졸개주의 변화를 확인할 수 있습니다. 특히 과거에는 대장주가 한번 형성되면 졸개주들이 계속 대장주의 눈치를 보면서 움직이는 경우가 많았지만, 최근에는 정보가 실시간으로 반영되면서 대장주와 졸개주의 위치가 자주 바뀌곤 합니다.

그렇다면 테마주 매매는 어떻게 해야 할까요? 먼저 관심 종목으로 분류된 테마주들의 흐름을 보면서 일시적인 움직임인지, 추세적인 움직임인지를 상승 기간과 주가 상승 각도로 파악합니다. 만약 강한 강도의 테마주라고 판단되면 대장주와 졸개주 중에 어떤 종목을 공략할지 결정해야 합니다. 이는 투자 성향과 스타일에 따라 달라집니다. 손절매에 능한 단기 트레이더라면 일시적이고 급등락이 심한 대장주 위주의 매매를 선호할 것이고, 종목과 시장 분석에 능한 중장기 투자자라면 중장기 추세적인 테마주를 선별하고 아직 주가가 많이 오르지 않고 상대적으로 급등락이 적은 종목을 선호할 것입니다.

대장주일수록 매매 수익이 크지만 손해도 커지는 한편, 아직 움직이지 않은 흙 속의 진주를 찾으면 안정적인 주가 흐름이 나올 수 있으니 주식투자의 기본인 하이 리스크, 하이 리턴의 법칙을 명심하기 바랍니다.

실전투자!
로봇 관련주

　수년 전 《성장주에 투자하라》라는 책을 쓰면서 그 책에 미래의 성장산업 중 하나로 로봇산업을 꼽으며 탑픽 종목으로 레인보우로보틱스를 선정했습니다. 그로부터 얼마 후 주식투자 강연회에 초대를 받아서 성장산업과 탑픽 종목에 대해 강의했는데 역시 로봇산업의 레인보우로보틱스를 설명했습니다. 제가 미래의 성장산업에 로봇산업을 선정하고 그 탑픽으로 레인보우로보틱스를 골랐던 데는 명확한 기준이 있습니다. 미래의 성장산업이 되려면 현재 우리가 제공받지 않는 상품이나 서비스가 미래에는 우리가 모두 원하고 제공될 확률이 높아야 한다는 기준입니다. 예를 들면 우리나라 주식시장 역사상 단기간 가장 큰 폭의 상승을 보인 종목 중 하나가 1999년도에 이동통신사인 'SK텔레콤'과 무료 전화 서비스를 개발한 '새롬기술'이었는데요, 그전까지는 우리의 손에 아직 핸드폰이 들려있지 않았고 전화를 무료로 한다는 것은 상상할 수도 없었지만, 우리의 미래에 우리는 핸드폰을 모두 가지게 된다는 것을 알게 되는 순간 그 산업은 최고의 성장산업이 되고 주가는 폭발할 수 있습니다.

지금 로봇산업이 그러합니다. 과거에 로봇산업은 산업용 로봇 분야가 발전을 이끌었지만 수년 전부터 서비스 로봇 나아가 이제 휴머노이드 로봇의 시대가 왔습니다. 특히 AI의 발전으로 사람처럼 걷고 움직이는 로봇에서 나아가서 사람처럼 생각하고 느끼는 로봇의 시대가 코앞으로 다가온 것입니다. 이것이 제가 우리나라 휴머노이드 로

■ 표 8-1 로봇 관련주

로봇	휴머노이드	레인보우로보틱스, 두산로보틱스, 보스턴다이나믹스 등	
	산업&협동로봇	레인보우로보틱스, 두산로보틱스, 나우로보틱스 등	
	방산로봇	LIG넥스원, 한화에어로스페이스, 현대로템, 퍼스텍, 포메탈 등	
	수술로봇	고영, 미래컴퍼니, 큐렉소 등	
	서비스로봇	에브리봇, 로보로보, 클로봇 등	
	지능형로봇	뉴로메카, 씨메스, 위세아이텍 등	
	부품	C감속기	에스피지, 에스비비테크 등
		C모터	로보티즈, 하이젠알앤엠 등
		C엔코더, 제어기	알에스오토메이션, 아진엑스텍 등
대기업	삼성전자	레인보우로보틱스, 에브리봇, 알에스오토메이션 등	
	LG그룹	엔젤로보틱스, 베어로보틱스, 로보티즈, 로보스타 등	
	SK그룹	유일로보틱스, 씨메스, 에스엠코어 등	
	현대차그룹	보스턴다이나믹스, 클로봇 등	
	두산그룹	두산로보틱스 등	
	포스코그룹	포스코DX, 포스코ICT, 뉴로메카 등	

봇 1세대 기업인 레인보우로보틱스에 관심을 가졌던 이유입니다. 그 당시 레인보우로보틱스의 시가총액이 3,000억 원대였는데, 현재 시가총액이 5조 원 이상으로 15배 이상 급등했습니다. 그 가장 큰 이유는 삼성전자의 인수 재료였습니다. 이렇듯 우리나라 최고의 대그룹에서 로봇산업에 진출하고 있고 로봇 관련주의 주가가 10배가 넘게 뛰었습니다.

하지만 아직 우리 집에 우리 손에 휴머노이드 로봇이 있지 않습니다. 로봇산업의 성장은 이제 시작점이란 의미이고 로봇의 부품들에 의한 카테고리, 대그룹과의 관계에 의한 카테고리로 구분해서 테마를 정리하고 로봇 관련주가 강해지는 순간 '로봇 시대'를 대비해야 할 것입니다.

실전투자!
의료기기 관련주

수년 전 모 방송국에 섭외를 받아서 정기출연을 한 적이 있었는데 '소확주'라는 소중하고 확실한 주식을 한 종목 선정하는 코너를 해달라는 부탁을 받고 종목을 고민한 적이 있습니다. 그때 1호로 소개한 종목이 '클래시스'였습니다. 클래시스는 그 당시 시가총액이 8천억 원 정도였는데 지금 4조 원이 되었으니 3~4년 만에 5배가 올랐는데요, 제가 클래시스를 1호로 선정한 이유는 다음과 같습니다.

저는 재무제표에서 영업이익률을 가장 중요한 수치로 보고 두 번째는 매출액 성장률을 봅니다. 그런데 클래시스는 영업이익률이 50%였고 매출액 성장률이 100%였습니다. 성장성과 이익 두 마리 토끼를 잡는 종목이 좋아 보일 수밖에 없었을 것입니다.이에 더해 우리들의 젊어지고자 하는 욕구에 걸맞은 '항노화'라는 단어가 유행하면서 피부과 성형외과에 의료기기를 제공하는 회사의 매출이 급증했고, 외국인들의 '의료관광' 나아가 우리 의료기기의 해외수출이 성장하는 시기였기 때문에 의료기기산업의 탑픽 종목으로 '클래시스'를 선정할 수 있었던 것입니다.

현재까지 의료기기산업은 내국인의 '항노화'를 위한 소비지출, 외국인의 '의료관광' 그리고 아시아권을 넘어서는 미국과 유럽으로의 수출에 힘입어 성장에 성장을 거듭하고 있습니다. 그것을 아주 직관적으로 이해할 수 있는 것은 코스닥 시가총액 상위를 검색해 보는 것입니다. '리쥬란'의 파마리서치, '슈링크'의 클래시스, '보톡스'의 휴젤이 나란히 코스닥 시가총액 상위 10위에 이름을 올리고 있다는 것입니다.

이 책에도 쓰여 있지만 제가 강조하는 8테크 주식 기법 중에 하나인 '생활 속의 종목 발굴법'은 생활 속에서 히트상품을 찾고 그 상품을 만든 기업에 투자하는 것으로 초보자에게 아주 쉽고 투자성과도 뛰어난 기법입니다. 피부과에 가면 사람이 너무 많고 대기시간이 길다고 느껴질 때, 피부관리랑 전혀 상관없다고 생각했던 지인이 매주 정기적으로 피부과에서 관리를 받고 있다는 사실을 알았을 때, 우리나라 최고 우수한 인재들이 의과대학을 진학하고 전공과를 선

■ 표 8-2 의료기기 관련주

미용기기	파마리서치, 에이피알, 클래시스, 휴젤, 달바글로벌, 비올, 원텍, 메디톡스, 대웅제약, 휴메딕스 등
의료 AI	루닛, 뷰노, 딥노이드, 제이엘케이 등
원격진료	케어랩스, 비트컴퓨터, 유비케어, 이지케어텍, 인성정보 등
체외진단	랩지노믹스, 휴마시스, 바디텍메드, 녹십자엠에스, 에스디바이오센서 등
치아치료	덴티움, 덴티스, 디오, 나이벡, 레이, 바텍 등

택할 때 피부과를 선호한다는 것을 알았을 때, 주식투자자라면 의료기기산업에 대한 공부를 반드시 하셔야 합니다. 표와 같이 의료기기산업 내에서도 소테마로 구분하여서 자세히 공부하시면 제2의 클래시스, 제2의 파마리서치와 같은 텐베거 종목을 찾을 수 있습니다.

1장 기술적 분석이 왜 필요할까

2장 주가는 수급에 의해 결정된다

3장 기술적 분석의 기본, 봉차트

4장 주가 움직임을 예측할 수 있다

5장 차트 분석을 하는 결정적 이유

6장 과거를 알아야 현재도 보인다

7장 주가는 속여도 거래량은 못 속인다?!

8장 슈퍼개미가 추천하는 4가지 차트!

 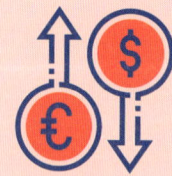  

3부

가격을 제대로 분석하는 방법

"가격은 늘 옳지 않고, 가격은 늘 옳다."

가격 비교 사이트 전성시대입니다. 자동차, 호텔, 컴퓨터, 휴대폰, 전자제품, 화장품 등 모든 제품과 서비스에 대해 가격을 비교해볼 수 있습니다. 비슷한 물건을 최대한 싸게 사기 위한 노력이 가격 비교 사이트 전성시대를 불러온 이유겠지요. 가치는 비슷한데 가격이 천차만별인 걸 보면 가격이 늘 옳지는 않은가 봅니다. 반대로, 시장에서 정해진 가격을 받아들일 수밖에 없어서 줄이라도 서서 제일 싼 것을 찾고 있는 것을 보면 가격이 늘 옳은 것 같기도 합니다.

아파트를 알아보러 다닌 경험이 있다면 집값에 대해 두 가지 고민을 했을 것입니다. 하나는 주변의 비슷한 아파트와 비교해서 싸게 나온 편인가? 또 다른 하나는 최근 몇 년 동안 집값이 어떻게 변했는가? 아파트를 살 때 주변 환경이나 교통 등의 가치를 평가하기도 하지만 주변 아파트 시세와 과거의 시세 변동을 검토하는 것을 보면, 부동산 시장에서는 가치도 중요하지만 가격도 매우 중요한 모양입니다.

주식시장에서 돈 버는 방법은 하나밖에 없습니다. 내가 산 가격보다 더 비싼 가격에 사주는 바보에게 주식을 파는 것입니다. 어느 종목을 얼마에 사서 얼마에 팔지 결정하는 게임에서 가격의 중요성을 강조하다니, 아이러니합니다. 하지만 시장에서 꽤나 찬밥 신세인 가격을 생각하면서 가격의 중요성을 강조하는 데 지면을 할애했습니다. 봉, 이동평균선, 거래량 등의 기본 지표를 공부하여 추세 분석과 패턴 분석을 어떻게 할지 설명합니다.

3부의 마지막 장에 개인적으로 선호하는 차트를 넣은 것은 이 책의 집필 방향을 나타냅니다. 책 전체에서 기본적인 내용을 설명하는 동시에 개인적인 취향을 강조했습니다. 누구나 꼭 알아야 하는 기본을 공부하고, 그 이후에 각자 취사 선택할 순간이 되었을 때 이 책에서 보았던 제 개인적인 취향들이 참고자료가 되길 바랍니다.

기술적 분석이
왜 필요할까

☑ **MAIN POINT**

경제학에서 발전한 경기 변동과 경제 성장의 흐름을 주식시장과 접목시켜서 기술적 분석의 필요성과 장점에 대해 알아보자.

기술적 분석이란?

기술적 분석이란 주가와 거래량 등의 각종 데이터를 기반으로 산출된 지표를 통해 주가를 분석하고 예측하는 방법입니다. 쉽게 말해 과거의 주가를 분석해서 미래의 주가를 예측하는 것이죠. 과연 오늘의 주가를 분석함으로써 시시각각 변하는 내일의 주가를 예측할 수 있을까요? 랜덤워크 이론은 주가의 움직임은 술 취한 주정뱅이의 걸음걸이와 같아서 예측이 불가능하기 때문에 주가를 분석하는 것은 의미가 없다고 주장합니다. 또한 효율적 시장 가설은 시장은 효율적이어서 이용 가능한 모든 정보는 이미 주가에 반영되어 있으므로 아무리 분석해도 수익을 낼 수 없다고 경고합니다. 주가에 모든 정보가 즉시 반영되거나 주가의 움직임이 예측 불가능하다면 당장 주식투자를 그만두어야 합니다. 아니면 이런 이론을 지지하는 시장 수익률을 추종하는 펀드에 간접 투자를 하든지 말이죠.

하지만 워런 버핏을 비롯해 성공한 주식투자자들은 많습니다. 그들은 분명 주식시장에서 수익을 허용하는 빈틈을 찾아냈습니다. 가치분석, 정보 분석, 가격 분석 등 자신만의 분석 방법을 통해 수익을 낼 수 있는 노하우를 만들어낸 것이죠. 3부에서는 주식의 가격인 주가 분석을 통해 그 빈틈을 찾아보려 합니다.

가격 분석의 필요성을 실감하려면 과거 주가의 분석이 무슨 의미가 있는지 알아야 합니다. 과연 과거의 주가에서 무엇을 찾을 수 있을까요? 과거의 주가를 통해 추세의 확률 또는 패턴의 확률을 찾아낼 수 있습니다. 주가는 굉장히 불규칙하게 변동하지만 불규칙 속에서 규칙을 찾아내는 것이 기술적 분석입니다. 기술적 분석에서 가장 중요한 두 가지 용어는 추세와 패턴입니다. 추세와 패턴을 찾아내는 이유는 과거 불규칙한 주가에서 규칙을 만들고 그 규칙의 확률을 계산해내기 위해서입니다. 예를 들면 상승 추세가 하락 추세보다 주가 상승의 확률이 더 높다든지, 역헤드앤숄더 Inverse Head & Shoulders 패턴이 나오

■ 그림 1-1 HTS 차트의 기술적 분석 지표

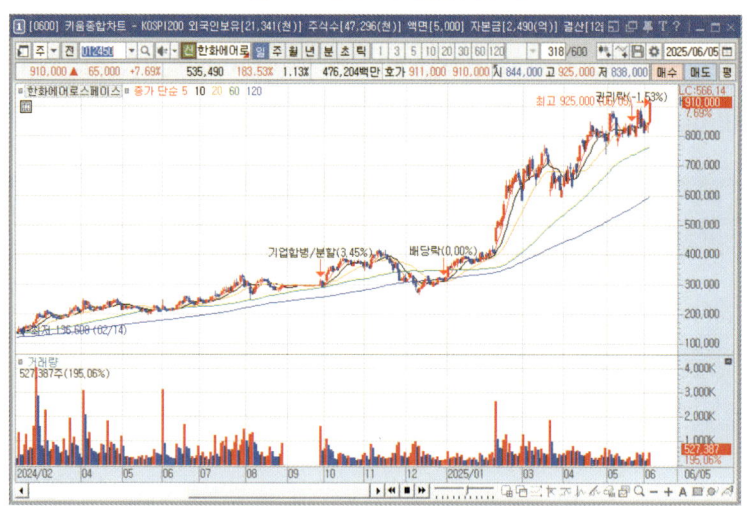

면 주가 상승 확률이 더 높다든지 하는 식으로, 자신만의 추세와 패턴 분석을 통해 접근하면 주식 매매에 도움이 될 것입니다. 주식투자는 확률 게임이라고 하는데, 51%의 확률을 가진 기법만 찾아내도 성공한 투자자가 되기에 부족함이 없습니다. 과거 가격의 움직임을 통해 미래 가격의 움직임을 100%가 아닌 51% 확률로 예측하려 노력하는 것이 기술적 분석의 진정한 목표가 아닐까 생각해봅니다.

한편, 주가 변동의 또 다른 중요한 의미를 생각해볼까요? 개별 주가가 합쳐지면 한 나라의 지수가 됩니다. 예를 들면 우리나라 거래소의 종목을 합산하여 평균 낸 것이 코스피지수입니다. 즉, 지수는 개별 종목의 평균이며 한 나라의 경제를 반영합니다. ==통상적으로 주가 지수는 경기의 선행 지표이며, 주가가 변동한다는 것은 지수가 변동한다는 뜻이고, 지수가 변동한다는 것은 한 국가의 경기가 변동한다는 의미입니다.== 그런데 경제 또는 경기의 변동은 경기 변동론, 경제 성장론 등의 이름으로 오랫동안 경제학에서 다루어진 분야입니다. 주가 변동이 술 취한 아저씨의 걸음걸이처럼 아무 의미 없는 것이 아니라는 거죠. 한 나라의 경제가 변하고 그 변화에 따라 주가가 영향을 받아 움직이기 때문입니다. 이처럼 주가 변동의 원인 중에 하나를 경기 변동에서 찾는다면 주가의 움직임을 술 취한 아저씨의 걸음걸이로만 치부하는 것은 지나친 비약인 셈입니다.

그렇다면 동전 던지기를 해서 앞면이나 뒷면이 나올 확률과 내일의 주가가 상승하거나 하락할 확률은 똑같이 50%일까요? 동전 던지기는 확률이 2분의 1인 독립 사건입니다. 먼저 나온 결과가 앞인지 뒤인지는 그다음 동전에 아무 영향을 미치지 않기 때문입니다. 그러나 내일의 주가가 상승하거나 하락할 확률은 오늘의 주가에 전혀 영향을 받지 않는 독립 사건이 아닙니다. 예를 들어, 오늘 강한 상한가로 마감한 종목에서 내일 갭 상승이 나올 확률이 굉장히 높다는 사실을 경험 많은 투자자라면 모두 압니다. 갭 상승 이후에 추가로 상승하든, 매물 폭탄에 하락하든 하겠지만, 평소에 비해 굉장히 크게 주가가 변동하면서 거래량이 폭발할 것을 예측할 수 있습니다. 즉, 어제의 상한가 마감이 오늘의 주가에 큰 영향을 미친 것이지요. 이처럼 오늘의 주가는 어제의 주가에 영향을 받습니다. 매일 변하는 주가는 동전 던지기처럼 각각의 날이 독립적일 수 없고, 과거의 주가는 현재에, 현재의 주가는 미래에 영향을 미칩니다. 이는 기술적 분석을 해야 하는 가장 큰 이유입니다.

주가는 경기보다 6개월 앞선다?!

경제가 성장하는 데는 총수요 측면, 화폐적 측면, 기술이나 생산성 혁신 측면 등 다양한 이유가 있습니다. 총수요 측면이란 재정 지출을 늘리거나 정부의 조세 지출을 낮춤으로써 국가 경제의 총수요를 늘려서 경제가 성장하는 것입니다. 이러한 재정 정책은 정부가 적극적으로 경제를 성장시키기 위해 개입하는 경우에 흔히 나타납니다. 화폐적 측면이란 금리를 낮추거나 화폐 유통량을 늘림으로써 경제가 성장하는 것입니다. 이러한 금융 정책은 재정 정책에 비해 정부가 덜 적극적으로 경제에 영향을 미치게 됩니다.

사실 총수요나 화폐적 측면보다 중요한 것은 기술이나 생산성 혁신입니다. 과거의 산업혁명부터 최근의 4차산업혁명까지, 세계의 경제를 퀀텀 점프Quantum Jump하게 만든 것은 일시적인 재정 정책이나 금융 정책이 아닌 기술 혁신에 의한 장기적인 경제 성장입니다. 이것을 주식시장과 연결시켜 생각해본다면, 국내총생산이나 금리 등의 경제 지표가 주식시장에 큰 영향을 미치는 변수이기는 하지만 더 궁극적이고 장기적인 변수는 4차산업혁명과 같은 기술 혁신이므로 미국 등 선진국들의 산업 구조 변화나 신기술 등을 자주 확인해야 합니다. 특히 세계 증시 중에 거의 유일하게 중장기 우상향을 지속해오고 있는 미국 증시의 상승 원인을 여러 가지로 볼 수 있지만, 그중에서도 세계의 기술 혁신을 주도하는 미국의 기술력이 중요할 것입니다.

다음으로 경기 변동을 살펴보면 경제학에서는 경기 변동의 파동은 확장 호황, 후퇴, 수축 불황, 회복의 네 국면으로 구성되어 있다고 합니다.

■ 그림 1-2 경기 변동의 네 국면

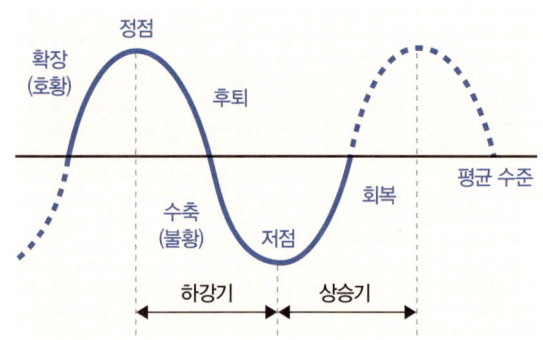

경기 변동을 표현하는 그래프를 보면 주가 그래프가 상승과 하락을 반복하는 것을 알 수 있습니다. 즉, 경제학에서 말하는 경기와 흔히 말하는 주가 지수가 매우 유사한 개념인 것이죠. 주가 지수를 경기의 선행 지표라고 하는 이유이기도 한데, 통상적으로 주가 지수가 경기보다 6개월 정도 먼저 움직인다고 합니다.

경기 변동은 주기적이고 순환적인 현상이지만 그 변동의 폭은 일정하게 반복되지 않습니다. 네 국면으로 구성된 하나의 파동이 주기적으로 나오는데, 그 이유와 주기의 기간에 따라 다음과 같이 네 가지로 나눌 수 있습니다.

첫 번째, 단기 파동인 키친 파동 Kitchin cycles 은 통화 공급이나 금리 및 재고 투자 등의 원인으로 약 40개월을 주기로 나타납니다.

두 번째, 중기 파동인 쥐글라 파동 Juglar's waves 은 설비 투자가 원인으로 약 9~10년을 주기로 나타납니다. 투자된 설비가 10년 후 노후화되면서 경제 위기가 찾아온다고 보는 것입니다.

세 번째, 장기 파동인 쿠즈네츠 파동 Kuznets cycles 은 인구 변동이 원인으로 20~25년 주기로 나타납니다.

네 번째, 장기파동인 콘드라티예프 파동 Kondratiev cycles 은 기술 혁신, 전쟁 등의 원인으로 약 40~60년 주기로 나타납니다.

네 가지 경기 변동의 주기가 실제 경기 변동의 주기와 일치하지 않는 것은 너무도 당연합니다. 그러나 주식투자자로서 이 이론에 주목할 부분은 한 파동이 어떤 원인에 의해 어느 정도 주기를 형성하는지는 상황에 따라 달라질 수 있지만 호황, 후퇴, 불황, 회복이라는 네 국면으로 한 파동이 이루어진다는 점입니다. 경제학자로서 어떤 원인이 경기를 변동시키는 데 중요한 역할을 하는지 생각해보면, 경기의 선행지표인 주가 지수의 움직임을 더 쉽게 이해하고 추리할 수 있을 것입니다.

시장의 흐름을 읽는 4가지 방법

경기 변동의 여러 이유 중에서 금리와 실적이라는 변수를 대입하여 설명한 책이 우라가미 구니오의 《주식시장 흐름 읽는 법》입니다. 경제학의 경기 변동 이론과 이 책의 내용을 비교해서 읽어보면 주식투자자에게 매우 유용할 것입니다. 저자는 주식시장도 경기 변동과 마찬가지로 네 국면으로 구성된 파동에 따라 움직인다고 강조하고 있습니다. 주식시장의 파동을 만드는 원인으로 금리와 실적을 제시하고, 두 변수의 변화에 따라 주식시장의 상승과 하락이 반복된다는 것이지요.

저자가 제시한 네 국면은 금융 장세, 실적 장세, 역금융 장세, 역실적 장세입니다.

첫 번째, 금융 장세는 금리가 하락하고 실적은 아직 좋지 않지만 증시는 상승하는 유동성 장세로, 쉽게 말해 돈으로 움직이는 장세이기 때문에 주식시장이 전반적으로 상승합니다.

두 번째, 실적 장세는 금리가 완만히 상승하면서 기업의 실적이 급격히 좋아지는 국면으로, 증시는 상승하고 특히 실적이 좋은 우량 회사들이 동반 상승합니다.

세 번째, 역금융 장세는 금리가 크게 상승하고 기업의 실적은 완만히 좋아지는 장세로, 주식시장이 전반적으로 하락합니다.

네 번째, 역실적 장세는 금리와 실적이 크게 하락하는 국면으로, 증시는 하락하고 불량 기업들이 속출해 시장에서 퇴출되기도 합니다.

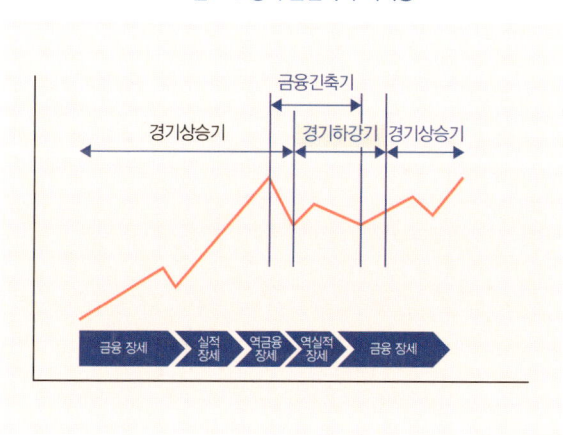

■ 그림 1-3 경기 순환과 주식시장

이 네 국면을 정확히 이해하면 각 국면에 맞는 시기에 적절한 투자 전략을 세울 수 있습니다.

예를 들면 금리 상승 시기에는 무조건 안 좋은 것이 아니라 금리가 완만하게 상승하는지, 아니면 급하게 상승하는지, 또는 금리 상승 시기에 기업이 실적이 급격히 좋아지고 있는지, 아니면 완만히 좋아지는지에 따라 실적 장세와 역금융 장세로 구분됩니다. 따라서 최근의 금리 인상 시기에 중요한 것은 기업의 실적 증가가 금리 인상을 따라가는지 여부라고 할 수 있습니다. 이러한 시기에는 시장이 전체적으로 돈에 의해 움직이는 금융 장세보다 기업의 실적을 중시하는 투자 전략이 필요하다고 생각합니다.

반드시 알아야 하는 삼박자 투자법

제가 강조하는 삼박자 분석법이란 가치와 가격, 정보를 모두 중요하게 분석하는 것입니다. 이 중에 하나라도 분석을 빠뜨리게 되면 곤란한 상황에 빠질 위험이 있습니다. 싸게 사서 비싸게 파는 것이 주식투자의 핵심으로, 사고파는 기준이 되는 수치는 결국 주식의 가격입니다. 주식 가격의 움직임을 분석하는 기술적 분석을 전혀 하지 않는다면 싸게 사서 비싸게 파는 거래를 할 확률이 낮아지게 됩니다. 가격 분석 기술적 분석을 가치 분석이나 정보 분석과 비교해보면 다음과 같은 장점이 있습니다.

첫째, 국내 주식시장뿐 아니라 해외 주식시장 선물, 옵션, 해외 선물, 외환시장 등 가격으로 거래되는 모든 시장에 적용할 수 있습니다. 실제 일본의 봉차트가 처음 발전한 곳이 쌀 시장인 것처럼, 가격으로 거래되는 모든 시장에 기술적 분석이 적용될 것입니다.

둘째, 투입 대비 산출 비율이 매우 효율적입니다. 가치 분석을 하기 위해 DART 사이트에서 재무제표를 꼼꼼히 살펴보거나 정보 분석을 위해 오늘 급등한 종목의 재료를 체크하다 보면 하루가 모자랄 정도로 시간이 많이 듭니다. 그러나 가격 분석을 위해 차트를 보는 데는 그리 시간이 걸리지 않습니다. 차트는 과학이 아니라 예술이라는 말이 있습니다. 예술작품인 그림을 보듯이 차트 보는 연습을 하면 아주 짧은 시간에 차트를 분석할 수 있습니다. 이를 위한 공부법으로 HTS의 자동 돌려 보기 기능을 추천합니다. 하루에 3초씩 2,000종목을 보면 100분입니다. 100분이 무리라면 10분만 투자해도 주식시장에서 가장 중요한 코스피200 종목을 볼 수 있습니다. 매일 10분씩 투자해서 코스피200의 차트를 몇 달 이상 꾸준히 보면 차트를 예술작품처럼 보는 눈이 생길 것입니다.

셋째, 단기 매수·매도 타이밍을 잡는 유일한 분석 도구입니다. "주식투자는 타이밍"이라는 말이 있습니다. 가치 분석과 정보 분석으로 매수 종목을 선정할 수는 있지만, 선정된 매수 종목을 얼마나 유리하게 저가로 살지는 가격 분석으로 해결할 수밖에 없습니다. 보유하고 있는 종목을 매도하는 경우에도 가격 분석을 통해 고가에 매도하려 노력해야 합니다. 0.1%의 수수료를 아끼려 노력하듯 얼마에 사고팔지 노력해야 하는 것이죠. 투자 시간이 길어지고 금액이 커질수록 중요한 일입니다.

주가는 수급에
의해 결정된다

> ☑ **MAIN POINT**
>
> 경제학의 기본 이론인 수요 공급의 법칙으로 주가의 형성 원리를 이해하고, 차트에 투자자들의 심리가 반영되어 있음을 알아보자.

가격이 중요하다

　경제학의 아버지인 애덤 스미스는 1776년에 쓴 《국부론》에서 보이지 않는 손인 가격의 중요성을 강조합니다. 모든 사람이 개인의 이기심에 따라 행동하면 가격이 결정되고 가격의 자동 조절 기능에 의해 수요와 공급이 균형을 이루는데, 이 균형은 합리적인 자원의 배분 상태라고 설명합니다. 결국 국가의 부를 증가시키기 위해서는 개인이 자유롭게 판단하도록 자유방임하고, 정부는 최소한의 개입만 해야 한다는 결론에 도달합니다. 물론 애덤 스미스가 죽은 후 200년 넘게 경제학은 수많은 이론을 통해 정부 개입의 필요성을 설명하고 있습니다. 하지만 시장 경제에서 가격의 중요성은 미시경제학의 근간이 되는 개념입니다.

　주식시장에서 가격의 중요성은 어떤가요? 일반 시장에서의 가격보다 훨씬 중요합니다. 일반 시장의 가격은 수요자와 공급자에게 영향을 미치는 시장 조절의 도구이지만, 주식시장에서는 시장 조절의 도구에 더하여 투자자의 수익과 손실을 확정시키는 척도가 됩니다. 주식투자자의 궁극적인 목적은 수익 창출이며 수익은 싸게 사서 비싸게 팔 때 발생한다는 것을 생각해본다면 가격이 얼마나 중요한지 이해할 수 있습니다.

저는 삼박자 투자의 필요성을 강조하기 위해 그 근거로 다음의 공식을 만들었습니다.

<u>오늘의 주가 = 특정 시점의 가치 ± 미반영정보</u>

가치 분석은 특정 시점에서만 가능합니다. 가치 분석을 위한 데이터는 실시간으로 바뀌는 정보가 아니기 때문입니다. 그런데 주가는 매일 바뀌지요. 그 이유는 아직 주가에 반영되지 않은 미반영정보가 계속 반영되기 때문입니다. 그런데 미반영정보는 어떻게 주가에 영향을 미치게 될까요? 매수나 매도 주문으로 영향을 미치게 되겠지요. 즉, 매일 실시간으로 매수와 매도 주문이 미반영정보를 반영하면서 주가가 변하는 것입니다. 매수와 매도에 의한 주가 결정 시스템은 경제학에서 수요와 공급에 의한 가격 결정 시스템, 즉 수요 공급의 법칙과 일맥상통한다고 보면 됩니다.

수요와 공급에 영향을 주는 것

"주가는 수급에 의해 결정된다"라는 주식 격언이 있는데, 여기서 수급은 수요와 공급의 줄임말로 주식의 가격도 일반 재화나 서비스처럼 주식시장의 수요자와 공급자가 만들어낸 균형점에서 양과 가격이 결정된다는 뜻입니다. 이렇게 중요한 가격이 결정되는 원리를 설명한 수요 공급의 법칙을 주식시장에 접목시켜서 알아보겠습니다.

■ 그림 2-1 수요 공급의 법칙

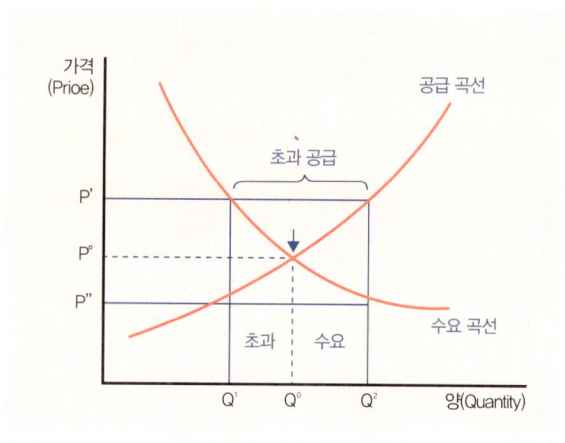

수요 공급의 법칙에 따르면, 가격이 올라가면 수요량은 감소하고 공급량은 증가합니다. 또 가격이 내리면 수요량은 증가하고 공급량은 감소합니다.

예를 들어 백화점에서 100만 원짜리 가방을 30만 원으로 가격을 내렸다고 가정해봅시다. 100만 원일 때 하루 10명의 소비자가 구매했다면 30만 원에 팔면 하루 100명이 살 것입니다. 그래서 백화점 주변은 할인 기간에 늘 교통이 혼잡하지요. 반대로 공급자 입장에서는 비싸게 많이 팔고 싶고, 가격이 싸지면 안 팔고 싶습니다. 배추가 풍년이라 가격이 폭락하면 배추를 팔지 않고 버리는 장면을 뉴스에서 본 기억이 있겠지요. 또 그다음 해에는 어김없이 배추의 공급이 적어져서 가격이 폭등합니다. 이처럼 수요자는 낮은 가격을 좋아하고 공급자는 높은 가격을 좋아하는 심리가 수요 공급의 법칙에 내재되어 있습니다.

주가도 마찬가지입니다. 시장에서 가격이 결정되는 논리와 주식시장에서 주가가 결정되는 논리가 다를 리 없습니다. 최근의 관심 종목 또는 보유 종목을 떠올려보면, 가격이 싸지면 사고 싶어지고 가격이 비싸지면 팔고 싶어집니다. 가격이 사람의 마음을 움직이는 것입니다.

HTS의 현재가 창을 보면, 보통 오른쪽에 매수 주문을 넣은 사람들의 수량이 호가별로 쌓여 있고 왼쪽에는 매도 주문을 넣은 사람들의 수량이 호가별로 쌓여 있습니다. 매수자와 매도자의 수량이 만나는 점에서 현재가가 결정됩니다. 또한 장중에 현재가가 급등할수록 고점 매도 물량이 점차 증가하고, 현재가가 급락하면 저점 매수 물량이 증가합니다. 일반 시장의 수요자와 공급자처럼 주식시장의 매수자는 낮은 가격을 좋아하고 매도자는 높은 가격을 좋아하는 것은 똑같습니다.

수요 공급의 법칙에서는 가격 이외에 수요와 공급에 영향을 미치는 요인을 개인의 소득 수준의 변화, 취향, 기대 수준 등으로 설명하며, 대체재와 보완재의 가격 변화에 따른 균형량이 변하면서 영향을 받기도 한다고 이야기합니다. 예를 들면 소득 수준의 증가로 소고기 수요가 증가하기도 하고, 구제역의 발생으로 육류의 대체재인 수산물의 수요가 증가하기도 합니다.

주식시장에서 가격 이외에 수요(매수)와 공급(매도)에 영향을 미치는 요인이 어떤 것이 있을까요? **가장 중요한 것으로 기업의 가치 변화가 있습니다.** 재무제표에 숫자로 나타난 실적에 따라 매수나 매도 주문은 영향을 받고 그로 인해 주가는 상승 또는 하락합니다. 갑자기 노출된 재료에 의해 매수와 매도 주문이 영향을 받아 주가가 변하기도 하며, 테마주의 형성, 시장 전체의 상승과 하락 등 여러 가지 요인에 의해 영향을 받습니다. 마치 수요 공급의 법칙에서 가격 이외에 여러 가지 요인에 의해 수요와 공급이 영향을 받고 그로 인해 균형 가격이 달라지는 것처럼 말입니다.

단기적인 주가의 움직임에는 이런 분석이 필요하다!

경제학에서는 일찌감치 보이지 않는 손인 가격의 중요성을 강조하고 수요 공급의 법칙으로 가격 결정의 원리를 설명했지만, 주식투자에서는 "가격을 보지 말고 가치를 보라"는 틀에 갇혀서 가격을 중시하지 않는 것이 정설인 듯합니다. 가치에 기준을 두면 올바른 주식투자의 길을 걷는 것이고, 가격에 기준을 두면 투자가 아닌 도박이라고 믿는 사람도 있을 정도입니다. 과연 가격은 전혀 중요하지 않을까요?

가치와 가격을 각각 별도의 중요한 개념으로 생각하지 않는 것은 매매와 투자의 차이점을 모르기 때문입니다. 투자는 투자 대상의 가치 변화를 예상하고 가치 증가에 의한 이익 추구를 목적으로 하고, 매매는 매매 대상의 가격 변화를 예상하고 가격 상승에 의한 이익 추구를 목적으로 합니다. 따라서 투자자는 투자 대상의 가치를 높이기 위해 자금 투자뿐만 아니라 실제 행동으로 노력하고 기여하려 합니다. 중장기 가치투자자들이 그 회사의 가치를 높이기 위해 기업을 감시하고 조언하고 주주총회에 참여하고 동업자 마인드로 주식투자를 받아들이는 행동이 이에 해당합니다. 반면 매매자는 수요 공급의 법칙에 의해 결정되는 가격의 중요성을 알고 매수 수요와 매도 공급에 영향을 미치는 모든 요인을 분석하려 합니다. 매매자 트레이더가 온갖 변수를 생각하면서 매매에 임하는 행동이 이에 해당합니다.

가치와 가격이 일치하는가에 대한 답은 투자를 할 것인지 매매를 할 것인지 결정해줍니다. 가치와 가격은 일시적으로는 불일치하고, 중장기적으로도 한 방향으로 움직이기는 하지만 일치하지는 않습니다.

따라서 단기적인 주가의 움직임에는 가치 분석보다 가격 분석이 유용할 수 있습니다. 또한 기업 가치와 주식 가격이 중장기적으로 한 방향으로 움직인다고 가정하고 기업 가치의 증가를 예상하여 중장기 투자를 하는 경우라면, 기업 가치가 증가하려면 곧 주식 가격이 우상향해야 하므로 이 경우에도 가격 분석은 효율적이라 할 것입니다.

물론 가격 분석 기술적 분석도 비판할 점이 없는 것은 아닙니다. 가치 분석은 주가 상승의 핵심 원인인 가치를 분석하는 것인데, 가격 분석은 주가를 움직이는 수급의 변화를 다각적으로 검토하지만 그 원인은 정확히 분석하지 못한 채 결과치만 분석하는 한계가 있습니다. 또한 가치와 가격이 한 방향으로 움직이지 않고 다르게 움직이면 일시적으로 가격 분석에 의해 수익이 날 수 있지만, 가치가 없이 오른 가격의 거품은 언젠가는 폭탄이 되어 터진다는 것이 가장 큰 한계입니다. 가치와 가격이 따로 움직일 때 가격 분석으로 일시적인 수익이 나더라도 가치 분석을 등한시하면 시장 아웃까지 나올 정도의 위험도 따르므로, 가치 분석을 기본으로 한 후에 가격 분석을 해도 늦지 않습니다.

대중의 심리는 차트에 녹아 있다

알렉산더 엘더Alexander Elder가 설명한 3M은 주식투자자에게 거듭 강조해도 지나치지 않은 개념입니다. 3M이란 주식투자자에게는 METHOD 기법, MIND 심리, MONEY 자금 관리가 모두 중요하다는 이론입니다. 솔직히 저도 3M의 개념을 알기 전까지는 투자 기법이 주식투자의 전부라고 생각했지만, 주식투자의 경험이 쌓일수록 투자 기법보다 심리와 자금 관리의 중요성을 알아가고 있습니다.

특히 심리 관리는 중요하다고 생각하고 이겨내려고 노력해도 잘 안 되는 경우가 많습니다. 예를 들어 주가가 올라가면 대중은 탐욕스러워지고 주가가 떨어지면 공포를 느끼는데, 일반 대중에는 저를 비롯하여 모두가 포함됩니다. 인간은 본능적으로 주가가 올라갈수록 자신감이 자만심으로 바뀌고, 조금만 더 벌자고 욕심을 내다가 이익을 실현할 매도 타이밍을 놓칩니다. 주가가 떨어지면 하락 초기에는 버티다가 공포가 극에 달하는 바닥 최저점에서 손절매를 하지요.

==이렇게 매우 주관적인 불안 상태를 이겨낼 수 있는 것이 주가 차트입니다. 주가 차트에는 대중들의 심리가 녹아 있기 때문입니다.== 제아

무리 분석을 잘해서 좋은 종목을 골라도 심리를 이겨내야 하는데, 대중의 심리를 분석하고 이해하는 데 가장 좋은 도구는 주가 차트입니다.

예를 들면 거래량이 늘면서 변동성이 확대되면 대중들은 심리적 혼동을 느끼고, 거래량이 줄면서 변동성이 축소되면 심리적 안정을 느낍니다. 따라서 단기 매매로 수익을 낼 수 있는 빈틈은 변동성이 확대되어 대중들이 심리적 혼동을 느끼는 때입니다.

또는 신고가 패턴에서 장대거래에 대량 거래 음선은 단기 고점의 징후이고, 소리 없이 강한 레간자형 패턴에서 장대 양선이 발생하면 꺼지기 전의 마지막 불꽃이며, 역배열 최저점에서 대량 거래에 십자형 양선이 나오면 지긋지긋한 바닥이 끝나고 반등이 임박했다는 신호일 확률이 높습니다. 이렇듯 모든 투자자들의 심리가 봉차트 하나하나에 녹아 있는 것입니다. 다음 장에서는 투자자들의 심리가 곳곳에 녹아 있는 봉차트, 이동평균선 등에 대해 하나씩 살펴보도록 하겠습니다.

기술적 분석의 기본, 봉차트

 **MAIN POINT**

기술적 분석의 기본인 봉차트의 형성 원리를 이해하고 봉의 모양과 패턴 등에 따라 주가가 어떻게 움직일지 예측하는 방법을 공부해보자.

6가지 형태만 알면 분석이 쉽다!

우리나라의 봉차트에서는 빨간색인 양선은 주가가 올라간다는 의미이고, 파란색인 음선은 주가가 내려간다는 의미입니다. 그래서 주식투자를 오래하다 보면 빨간색을 좋아하게 됩니다. 봉차트는 기술적 분석의 가장 기본적인 분석 도구로서 하루에 의미 있는 주가들을 봉의 형태로 그려낸 것을 말합니다. 봉차트를 이해하기 위해서는 봉의 모양에 표현되는 시가, 종가, 저가, 고가를 알아야 합니다.

시가는 오전 9시에 장이 시작했을 때 동시호가에 의해 결정된 가격을 말하고, 종가는 오후 3시 30분에 장이 마감할 때 동시호가에 의해 결정된 가격을 말합니다. 시가보다 종가가 올라갔을 때 빨간색으로 표현하고 양봉이라고 합니다. 반대로 시가보다 종가가 내려갔을 때 파란색으로 표현하고 음봉이라고 합니다. 저가는 장 중 최저점이고, 고가는 장

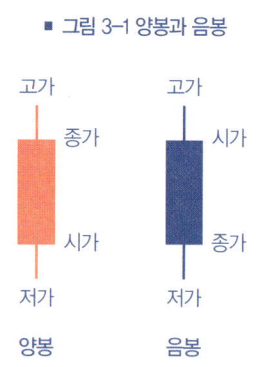

■ 그림 3-1 양봉과 음봉

중 최고점입니다. 즉, 양봉과 음봉에서 고점과 저점은 하루의 최고점과 최저점을 나타내지만, 양봉은 시가보다 높게, 음봉은 시가보다 낮게 종가가 있다는 뜻입니다.

기본적인 봉차트에 전일 종가를 추가하여 그 의미를 알아보도록 하겠습니다. 주식시장에서는 전일 종가와 비교하여 당일 시가와 벌어진 격차를 표현할 때 갭gap이라는 단어를 사용하는데, 어제 종가보다 오늘 시가가 상승하면 갭 상승, 어제 종가보다 오늘 시가가 하락하면 갭 하락이라고 말합니다. 그러면 양봉, 음봉의 두 가지 구분에 의해 총 여섯 가지로 나뉘므로 좀 더 자세히 하루 주가의 흐름을 이해할 수 있게 됩니다.

첫째, 갭 상승 양봉 상승 마감입니다. 전일 종가보다 갭 상승으로 시가가 형성되고 종가도 올라서 마감된 양봉입니다. 양봉 중에서도 가장 강한 것이죠.

둘째, 갭 하락 양봉 상승 마감입니다. 전일 종가보다 갭 하락으로 시가가 형성되었지만 종가는 올라서 마감된 양봉입니다. 장 전보다 장중의 기운이 강하며, 바닥권에서 벗어나면 상승 반전의 신호로 해석되기도 합니다.

셋째, 갭 하락 양봉 하락 마감입니다. 전일 종가보다 갭 하락으로 시가가 형성되고 종가도 내려가서 마감된 양봉입니다. 장전보다 장중의 기운이 강했지만 약하게 반등한 것입니다.

넷째, 갭 하락 음봉 하락 마감입니다. 전일 종가보다 갭 하락으로 시가가 형성되고 종가도 내려가서 마감된 음봉입니다. 음봉 중에서도 가장 약한 최악의 상황입니다.

다섯째, 갭 상승 음봉 하락 마감입니다. 전일 종가보다 갭 상승으로 시가가 형성되었지만 종가는 내려가서 마감된 음봉입니다. 장 전보다 장 중의 기운이 약한 음봉으로, 고공권에서 나오면 하락 반전의 신호로 해석되기도 합니다.

여섯째, 갭 상승 음봉 상승 마감입니다. 전일 종가보다 갭 상승으로 시가가 형성되고 종가도 올라가서 마감된 음봉입니다. 장 전보다 장 중의 기운이 약했지만 약하게 반등한 것입니다.

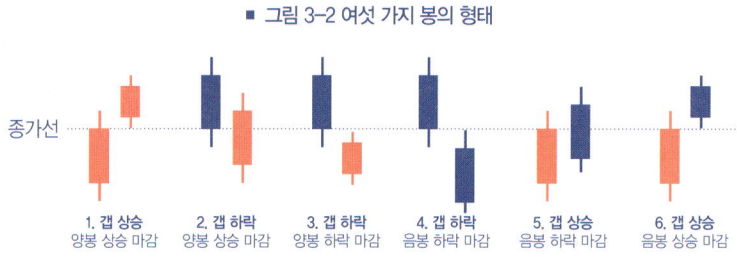

■ 그림 3-2 여섯 가지 봉의 형태

예전에 선물 옵션을 열심히 매매했을 때, 그 당시에 개발한 두 가지가 있습니다. 하나는 달력상의 월봉이 아니라 선물 옵션 만기일을 말일로 하는 월봉을 그려서 새로운 시각으로 파생시장을 보며 만기 지수를 예상하려 했던 것이고, 또 다른 하나가 여섯 개의 봉으로 시장의 기운을 파악하는 것이었습니다. 남들이 단순히 양봉과 음봉만 구분할 때, 저는 전일 종가를 기준으로 위에 있는 양봉, 음봉, 밑에 있는 양봉, 음봉, 전일 종가선에 걸쳐 있는 양봉, 음봉으로 구분할 수 있습니다.

남들이 하나 보면 나는 두 개 보고, 남들이 열 개 보면 나는 스무 개 보고야 만다는 도전 정신 덕분에 주식시장에서 20년 넘게 살아남았고, 삼박자 투자법을 강조하게 된 원동력이 되었습니다.

몸통과 꼬리를 볼 줄 알아야 한다

먼저 몸통의 길이를 살펴보면 몸통의 길이가 짧은 것과 긴 것이 있습니다. 어떤 모양이 좋은 것일까요? 양봉일 경우에는 짧은 것보다 긴 것이 좋습니다. 시가보다 종가가 많이 올랐다는 뜻이니까요. 몸통이 긴 양봉을 장대 양봉이라고 하며 양봉계의 최고봉입니다. 반대로 음봉일 경우는 짧은 것이 좋습니다. 시가보다 종가가 적게 떨어졌다는 뜻입니다. 몸통이 긴 음봉을 장대 음봉이라고 하며 주식투자자들이 가장 보기 싫어하는 봉의 형태입니다. 즉, 양봉은 몸통이 길수록, 음봉은 짧을수록 좋습니다.

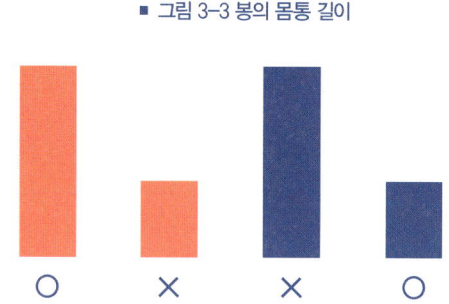

■ 그림 3-3 봉의 몸통 길이

다음은 몸통 아래위로 붙어 있는 꼬리의 길이에 대해서 알아보도록 하겠습니다. 몸통의 길이가 똑같다고 하면 꼬리의 길이는 양선, 음선 모두 짧은 것이 좋습니다. 위아래 꼬리가 길어지는 이유는 장 중 변동 폭이 너무 크기 때문인데, 거래가 활발했다는 장점은 있지만 손을 탔다는 단점이 있습니다. 또 다른 해석으로는 매도세와 매수세가 팽팽하게 맞서면서 장군 멍군을 주고받았다고 볼 수도 있습니다. 매수세가 강하게 밀어붙이면서 고점을 높게 형성하고 매도세가 강하게 밀어붙이면서 저점을 낮게 형성했는데, 결국 승자가 없이 어중간하게 끝난 하루인 셈입니다. 말하자면 꼬리가 길다는 것은 단기 트레이더들이 사고팔기를 반복하면서 주가 변동성을 크게 만들었다는 뜻입니다.

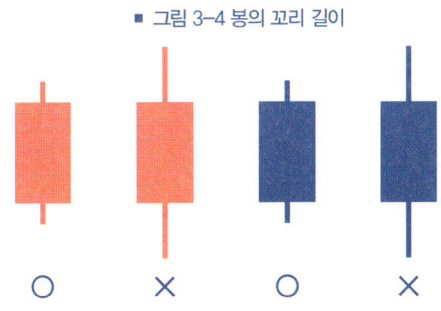

■ 그림 3-4 봉의 꼬리 길이

그렇다면 아래 꼬리와 위 꼬리는 어떤 차이가 있을까요? 같은 몸통 크기의 양봉인데 하나는 아래가 길고 하나는 위가 길다면 어떤 것이 좋을까요? 양봉의 긴 아래 꼬리가 좋습니다. 양봉에서 아래 꼬리가 긴 것은 떨어지는 주가를 저점 매수 세력들이 물량을 받고 주가가 올라가며 장이 끝났다는 뜻으로 추세적으로 볼 때 내일 오를 확률이 높습니다. 반면 위 꼬리가 긴 것은 오르는 주가를 고점 매도 세력들이 물량을 털고 주가가 떨어지며 장이 끝났다는 뜻으로 추세적으로 볼 때 내일 떨어질 확률이 높습니다. 같은 몸통 크기의 음봉도 양봉과 마찬가지로 위 꼬리보다 아래 꼬리가 긴 것이 더 좋다고 생각하면 됩니다.

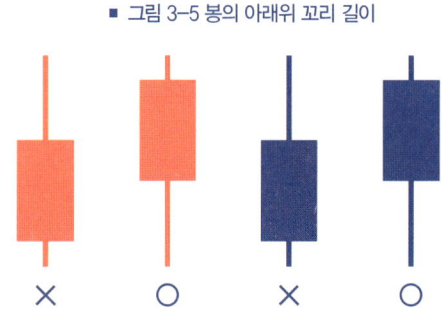

■ 그림 3-5 봉의 아래위 꼬리 길이

이처럼 봉의 모양으로 차트를 분석할 때 100%의 확신이 아닌 51%의 확률로 판단해야 합니다. 또한 하나하나의 봉의 형태보다 봉의 위치가 더 중요합니다. 봉의 모양은 하루의 움직임을 표현한 것에 불과합니다. 주가의 움직임을 보는 이유는 오늘 하루만이 아니라 과거의 주가가 현재의 주가에 영향을 미치는지 확인하고 미래의 주가를 예측하고 싶기 때문입니다. 어제의 봉 형태와 오늘의 형태를 비교하면서 어떤 규칙성이 있는지 생각해야 합니다.

봉의 패턴은 4가지로 나뉜다

봉의 패턴 연구는 연속된 봉의 연결이 반복된 움직임을 보이는 데 초점을 맞추어 규칙성을 찾고, 규칙성이 있는 봉의 패턴이 주가의 상승 또는 하락 신호인지 연구하는 것입니다. 봉차트를 분석할 때 개별적인 단일 봉의 의미도 생각해야 하지만 봉이 여러 개 연결된 패턴을 보고 판단하는 것이 더 중요합니다. 즉, 봉의 모양보다 위치가 중요한 것이죠.

봉의 패턴은 크게 상승 반전형, 상승 지속형, 하락 반전형, 하락 지속형의 네 가지로 나눌 수 있습니다. 이는 주가의 상승과 하락을 표현한 것입니다. 하락하던 주가가 변곡점에서 상승 반전하고, 상승한 주가는 추세적인 상승을 지속하며, 상승하던 주가가 변곡점에서 하락 반전하고, 하락한 주가는 추세적인 하락을 지속하는 것입니다. 결국 가격 분석 기술적 분석을 하는 목적은 주가의 추세와 변곡점을 알아내기 위해서입니다.

첫째, 상승 반전형은 하락 추세가 지속된 후에 상승으로 반전하는 형태의 봉차트로, 상승 장악형과 샛별형 등이 있습니다. 상승 장악형은 두 개의 봉으로 이루어진 패턴인데, 하락 추세 마지막에 첫 번째 음봉이 나오고, 두 번째 양봉이 더 큰 몸통으로 음봉을 감싸고 있는 형태입니다. 여러 상승 반전형 패턴 중에 가장 중요하고 자주 나오는 패턴이 모닝스타라고도 불리는 샛별형인데, 세 개의 봉으로 이루어집니다. 하락 추세 마지막에 첫 번째 긴 음봉이 발생한 후 다음 날 하락 갭의 작은 몸통의 봉이 나오고 세 번째 상승 갭의 장대 양봉이 발생하는 형태입니다. 상승 장악형과 샛별형의 가장 큰 차이점은 바닥을 찍은 다음 날 하루 더 양선으로 올리는 추세가 발생한다는 점입니다. 상승 장악형보다 샛별형의 반전 확률이 패턴의 신뢰도가 더 높은데, 봉의 개수가 더 많아야 신뢰도가 높아집니다.

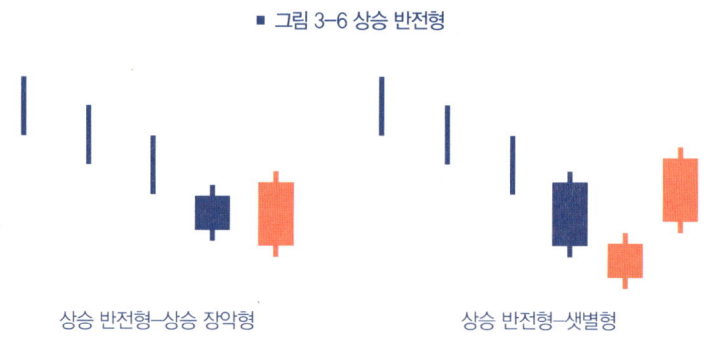

■ 그림 3-6 상승 반전형

상승 반전형—상승 장악형 　　　　　상승 반전형—샛별형

둘째, 상승 지속형은 상승 반전 이후 상승 추세 과정에서 나타나는 형태의 봉차트로, 적삼병과 상승 돌파 갭형 등이 있습니다. 적삼병은 종가가 상승하는 양봉이 세 개 연속으로 발생하는 패턴으로 상승

추세가 강화되는 것으로 해석할 수 있는데, 가끔은 꺼지기 직전의 마지막 불꽃으로 해석되기도 합니다. 상승 돌파 갭형은 첫 번째 긴 양봉과 두 번째 상승 갭의 짧은 양봉이 나온 후에 세 번째 음봉이 전일 시가 아래에서 마감하는 형태입니다. 소위 말하는 갭을 메우고 올라가는 형태로 전형적인 상승 지속형 패턴이므로 기억하기 바랍니다.

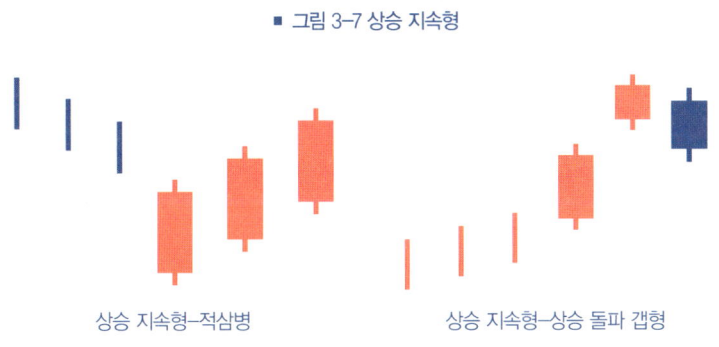

■ 그림 3-7 상승 지속형

상승 지속형-적삼병   상승 지속형-상승 돌파 갭형

셋째, 하락 반전형은 상승 추세가 지속된 후 하락으로 반전하는 형태의 봉차트로, 하락 장악형과 석별형 등이 있습니다. 하락 장악형은 상승 장악형과 정확히 반대되는 패턴으로, 상승 추세 마지막에 첫 번째 양봉이 나오고 두 번째 음봉이 더 큰 몸통으로 양봉을 감싸고 있는 형태입니다. 석별형은 이브닝스타라고도 불리는데, 샛별형과 정확히 반대됩니다. 상승 추세의 마지막에 첫 번째 긴 양봉이 발생한 후 다음 날 상승 갭의 작은 몸통의 봉이 나오고 세 번째 하락 갭의 장대음봉이 발생합니다. 보유 종목 중에 하락 반전형과 유사한 형태가 나

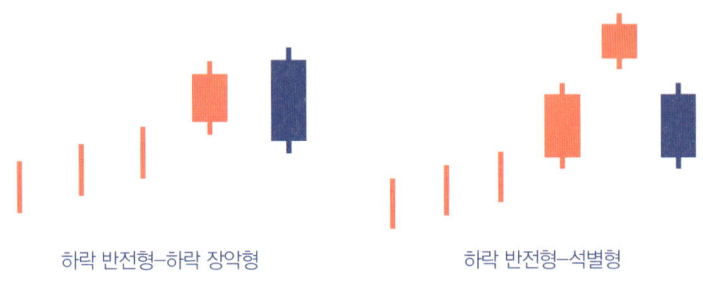

■ 그림 3-8 하락 반전형

하락 반전형-하락 장악형   하락 반전형-석별형

온다면 주의 깊게 검토해서 매도를 결정해야 합니다.

넷째, 하락 지속형은 하락 반전 후 하락 추세 과정에서 나타나는 형태의 봉차트로, 흑삼병과 하락 돌파 갭형 등이 있습니다. 흑삼병은 종가가 하락하는 음봉이 세 개 연속으로 발생하는 패턴으로 하락 추세가 강화되는 것으로 해석할 수 있는데, 가끔은 반전을 앞둔 마지막 투매로 받아들여지기도 합니다. 주식 격언에 "3일 투매는 받아라"라는 말을 떠올리면 됩니다. 하락 돌파 갭형은 첫 번째 긴 음봉과 두 번째

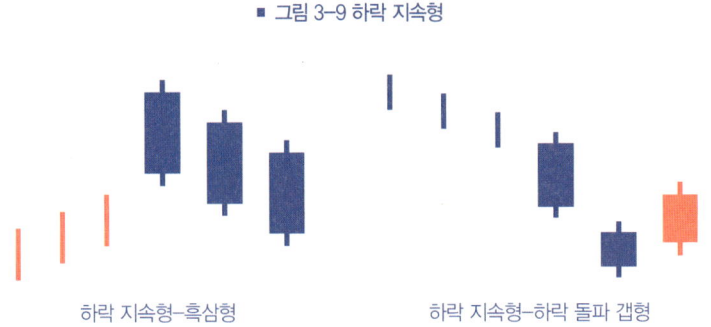

■ 그림 3-9 하락 지속형

하락 지속형-흑삼형   하락 지속형-하락 돌파 갭형

하락 갭의 짧은 음봉이 나온 후에 세 번째 양봉이 전일 시가 위에서 마감하는 형태입니다. 상승 돌파 갭형과 정확히 반대되는 패턴으로, 갭을 메우는 짧은 반등 후에 다시 주가가 내려가는 전형적인 하락 지속형 패턴입니다.

실전, 차트 분석을 위한 준비

봉차트가 주가의 하루 움직임을 표현한 것이라고 했지만, 사실 시간의 구분에 따라 분봉, 일봉, 주봉, 월봉, 연봉 등으로 나눌 수 있습니다. 장중 매매를 위해서는 분봉이 적합하고, 장기 투자를 위해서는 주봉, 월봉 등이 적합합니다. 이처럼 경우에 따라 봐야 하는 봉차트가 다릅니다. 짧은 흐름을 보기 위해서는 분봉 또는 일봉, 긴 흐름을 보기 위해서는 주봉 또는 월봉을 봐야 합니다.

차트 분석을 주무기로 하여 매매하는데도 봉차트를 등한시한 채 각종 보조 지표들을 살펴보는 경우가 있는데, 이는 가격 분석의 의미를 제대로 이해하지 못했기 때문입니다. 가격 분석을 위해 가장 중요한 세 가지는 일정 기간의 중요한 주가 움직임을 표현한 봉차트, 일정 기간의 종가를 평균 내서 점을 선으로 표현한 이동평균선, 가격만큼 중요한 변수인 거래량입니다. 이 중에서도 가장 기본이 되는 것이 봉차트인데, 이동평균선과 달리 하루면 하루, 한 달이면 한 달이라는 일정한 시간 단위에서 중요한 주가 흐름을 보여주기 때문입니다.

봉차트에서 가장 중요한 세 가지를 정리하면 다음과 같습니다.

첫째, 봉의 색깔, 몸통의 길이, 아래 꼬리와 위 꼬리의 길이 등에는 매수세와 매도세의 충돌과 그 결과가 나타납니다. 매일 장이 끝나고 봉차트를 보면서 내일은 어떤 봉이 만들어질까 예상해보는 훈련을 계속하는 것도 큰 도움이 될 것입니다.

둘째, 하나의 봉보다 연속된 흐름의 봉을 관찰하는 것이 좋습니다. 봉의 개수가 많을수록 패턴의 신뢰도가 높아지므로 전체적인 흐름을 읽어내려고 노력해야 합니다.

셋째, 양선과 음선의 개수로 주가 흐름의 강약을 체크해볼 수 있습니다. 굉장히 간단하면서도 유용한 방법인데, 특히 천정권에서 음선의 개수가 많아질수록, 바닥권에서 양선의 개수가 많아질수록 반전 확률이 높다는 것을 기억하기 바랍니다.

주가 움직임을 예측할 수 있다

MAIN POINT

이동평균선의 형성 원리를 이해하고 이평선이 수렴하고 돌파가 이루어지고 확산하는 과정의 흐름을 공부한 후 그랜빌의 8법칙을 알아보자.

이동평균선의 종류와 의미

이동평균선은 일정 기간의 주가를 산술 평균한 값인 주가 이동평균을 차례로 연결한 선입니다. 각기 다른 기간의 평균값을 나타낸 선과 현재 주가 움직임과의 관계를 분석함으로써 미래의 주가 움직임을 예측하는 지표로 쓰입니다. 단위는 분, 일, 주, 월, 연간 등이 있습니다. 이동평균선은 줄여서 이평선이라고도 합니다 이후로 이평선으로 설명하겠습니다. 봉차트를 직접 그리면서 훈련하는 것이 가장 좋은 학습법이듯, 이평선 역시 직접 그려보면 이평선의 작성 원리와 그 의미를 확실히 깨닫게 됩니다.

예를 들어 2일 이평선을 만들어볼까요?

8일간의 종가가 다음과 같은 경우, 현 주가와 이평선을 그려보면 그래프처럼 나타납니다.

■ 표 4-1 8일간의 종가와 2일간의 평균가

일	1일	2일	3일	4일	5일	6일	7일	8일
종가	8000	8200	8400	8200	8400	8600	8800	9000
2일 평균가		8100	8300	8300	8300	8500	8700	8900

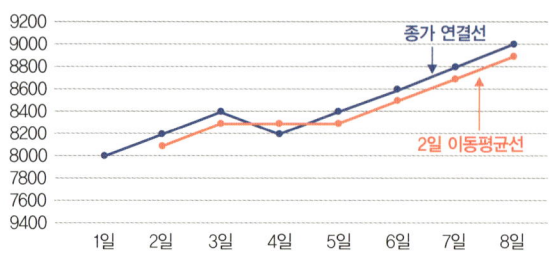

■ 그림 4-1 이동평균선

4일차에서 주가가 200원 하락하면서 현 주가가 2일 이평선의 아래에 위치하는 지점에서 현재 주가의 움직임보다 이평선의 움직임이 더 느리다는 것을 알 수 있습니다. 이는 평균의 원리를 생각하면 당연하겠지요. 평균의 원리상 현 주가 > 5일선 > 20일선 > 60일선 > 120일선 > 200일선의 순서로 기울기가 급격하게 움직임을 알 수 있습니다.

평균의 원리 중 또 하나 중요한 것이 평균 회귀의 법칙입니다. 각각의 사건은 극단적인 결과가 나올 수 있지만 결국 평균값으로 돌아간다는 것입니다. 예를 들어, 매년 평균 20%의 수익을 내는 투자자가 갑자기 이번 달에 30%의 수익이 나면 다음 달에 손실이 날 확률이 높으니 조심해야 하는 이치와 같습니다. 이러한 관점에서 본다면, 현 주가가 이평선 위에 놓여 있으면 하락을 염려하여 매도해야 하고 이평선 밑에 위치하고 있다면 상승을 예상하여 매수해야 할 것입니다.

그러나 주가의 움직임에는 평균 회귀보다 더 중요한 추세의 힘이라는 것이 있습니다. 모멘텀이라고도 불리는 추세의 힘을 믿는지, 평균 회귀를 믿는지에 따라 추세 매매와 비추세 매매 중에 자신과 맞는 전략을 선택해야 합니다. 평균 회귀와 추세의 힘에 대한 비교는 가격 분석에서 가장 중요한 개념입니다.

기간별 이평선 중 일간 이평선의 종류와 각각의 의미에 대해 살펴보겠습니다. 5일 이평선은 보통 심리선이라고 표현합니다. 투자자의 심리가 모여 있는 선, 심리에 의해 좌지우지되는 경향을 보이는 것으로 봅니다. 5일이라는 단기간에 주가에 영향을 미치는 가장 큰 요인은 투자자의 심리일 테니까요. 20일 이평선은 생명선으로 표현합니다. 단기적인 주가 흐름에서 20일 이평선을 하향 돌파하면 매우 안 좋다고 시장이 받아들이기 때문입니다. 그래서 차트는 그 생명을 지키기 위해 20일선에서 강력한 지지선을 형성합니다. 완전 정배열 차트에서 1차 지지선이 20일선에서 강하게 형성되는 이유가 여기에 있겠지요. 60일 이평선은 수급선이라고 표현합니다. 3개월 정도의 중기적인 흐름은 수급에 의해 주가가 움직인다고 시장이 해석하는 것입니다. 120일 이평선은 경기선이라고 표현합니다. 장기 이평선은 심리나 수급보다 경기의 좋고 나쁨에 따라 움직인다고 보는 것이지요. 5일 이평선은 1주, 20일 이평선은 한 달, 60일 이평선은 분기, 120일 이평선은 반기의 평균값을 나타냅니다. 단기 이평선보다 중장기 이평선의 기울기는 언제나 완만할 수밖에 없습니다. 또한 중장기 투자에 대한 판단을 내릴 때는 주봉, 월봉, 연봉 이평선을 참조하며, 단기 매매를 판단할 때는 1분, 5분, 30분 등 분봉 이평선을 참조해야 합니다.

실제 사례로 배우는
수렴, 돌파 그리고 확산

이평선 분석에서 가장 중요한 개념인 정배열과 역배열에 대해 알아봅시다. 배열은 순서라는 말과 비슷합니다. 그러니 정배열은 순서가 바로 되어 있는 것, 역배열은 순서가 거꾸로 되어 있는 것입니다. 완전 정배열은 이평선의 위치가 위에서부터 5, 20, 60, 120일선이 순서대로 배열되어 있는 경우입니다. 즉, 단기, 중기, 장기 이동평균선 순으로 차례로 나열되어 있는 상태를 말합니다. 반대로 역배열은 정배열과 반대로 120, 60, 20, 5일선이 위에서부터 배열되어 있는 상태입니다.

그렇다면 정배열이 좋을까요, 역배열이 좋을까요? 이는 평균값보다 주가가 위에 있는 것이 좋은지 묻는 것과 마찬가지입니다. 오래된 평균값보다 최근의 평균값이 위에 있다는 것은 최근의 주가가 올랐다는 뜻이기 때문에 요즘 회사가 좋아졌다고 판단할 수도 있습니다. 역배열은 정배열과 반대이므로 회사가 안 좋아져서 주가가 많이 빠졌다고 판단할 수 있습니다. 이렇게 보는 것이 추세의 힘인 모멘텀을 믿는 관점입니다.

반대로 평균 회귀의 법칙을 믿는다면 정배열보다 역배열이 싼값에 사는 좋은 기회일 수 있습니다. 개인적으로는, 확률적으로 정배열 차트가 역배열 차트에 비해 우상향으로 주가가 오를 확률이 높고 심리적인 부분까지 고려한다면 더욱 오를 확률이 높다고 봅니다.

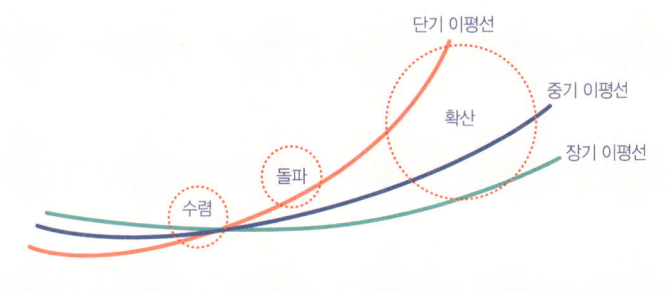

■ 그림 4-2 수렴, 돌파, 확산

정배열 또는 역배열의 종목은 영원히 한 방향으로 움직이는 것이 아닙니다. 주가는 일정한 파동을 갖고 변동하고, 그 파동의 방향과 크기에 따라 이평선은 수렴, 돌파, 확산을 반복하게 됩니다.

예를 들어, 역배열 차트에서 바닥을 찍고 정배열 진통 과정을 거치면서 이평선은 수렴 과정을 거치게 됩니다. 수렴 이후에 돌파의 형태로 주가 방향성이 정해지면 골든 크로스가 순차적으로 나오면서 정배열에 진입하게 됩니다. 그 이후에 상승 모멘텀이 더욱 강화되면서 확산의 과정을 거칩니다. 이평선 확산 과정의 끝에서 주가가 천장에 오르면 다시 역배열로 움직이면서 수렴 과정을 거치고 다시 아래로 하락 돌파, 역배열 차트의 이평선 확산 과정에 진입합니다. 즉, 주가의 상승과 하락의 반복 파동이 이평선의 수렴, 돌파, 확산으로 나타나는 것입니다.

■ 그림 4-3 수렴, 돌파, 확산의 실제 사례

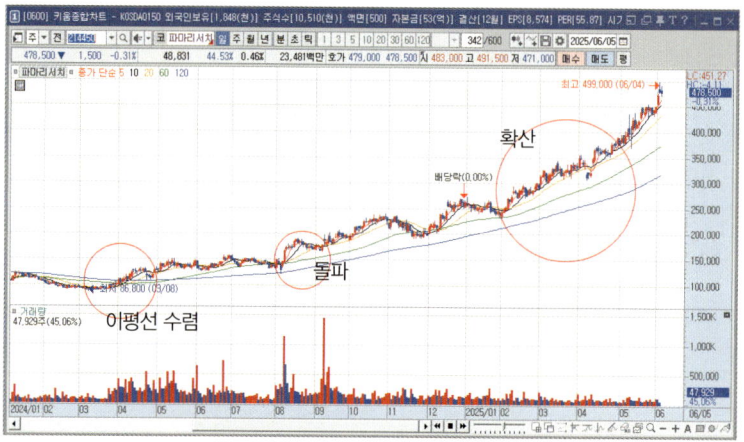

이평선의 돌파, 그랜빌 8법칙

이평선의 돌파를 설명하는 가장 좋은 예가 그랜빌의 8법칙입니다. 그랜빌의 8법칙은 크로스에서 출발합니다. 크로스 cross 는 두 선이 교차하면서 만나는 지점으로 골든크로스와 데드크로스가 있는데, 단어만 보아도 데드 dead, 죽은보다는 골든 golden, 금으로 된것이 좋아 보이지요.

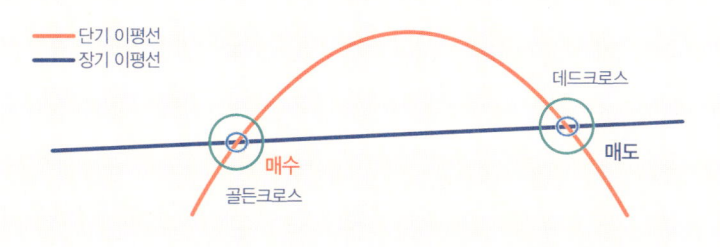

■ 그림 4-4 골든크로스와 데드크로스

※독자의 이해를 돕기 위해 그림을 단순화하였습니다.

골든크로스는 단기 이평선이 중장기 이평선을 상향 돌파하는 것으로, 이것이 정배열입니다. 반대로 데드크로스는 단기 이평선이 중장기 이평선을 하향 돌파하는 것으로, 이것이 역배열이 되는 것입니다.

골든크로스와 데드크로스의 개념을 이해하면 그랜빌의 8법칙의 그림이 같은 논리로 이해될 것입니다.

그랜빌의 8법칙은 다음과 같습니다.

■ 그림 4-5 그랜빌의 8법칙

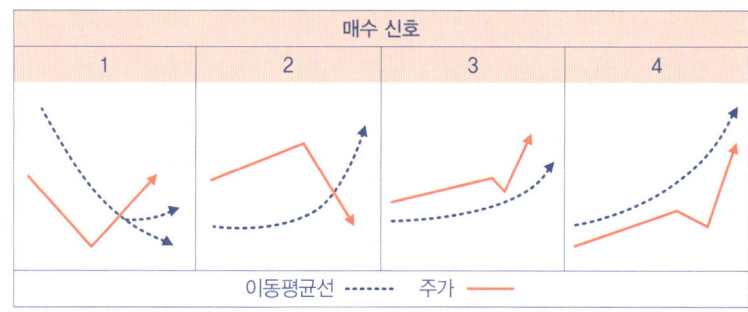

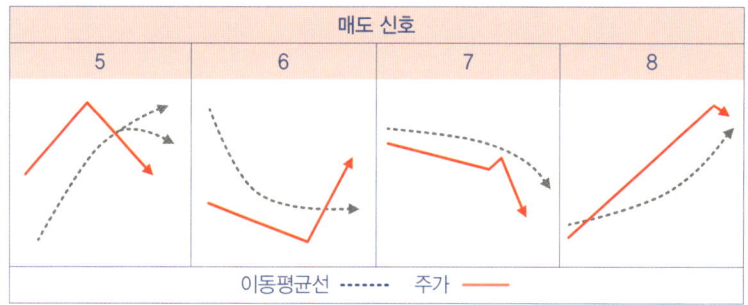

1. 이평선이 하락 추세에서 상승 국면으로 진입한 후, 주가가 이를 위로 뚫는 경우에는 매수 신호
2. 이평선이 상승을 지속하고 있을 때 주가가 하락 돌파하는 경우, 일시적 하락으로 매수 신호
3. 주가가 이평선 위에 있는 경우, 하락하다가 이평선에 닿으면 매수 신호

4. 주가가 이평선 아래에서 급락하는 경우, 단기 매수 신호
5. 이평선이 상승 추세에서 하락 국면으로 진입한 후 주가가 이를 아래로 뚫는 경우에는 매도 신호
6. 이평선이 하락을 지속하고 있을 때, 주가가 상승 돌파하는 경우, 일시적 상승으로 매도 신호
7. 주가가 이평선 아래에 있는 경우, 상승하다가 이평선에 닿으면 매도 신호
8. 주가가 이평선 위에서 급등하는 경우, 단기 매도 신호

그랜빌의 8법칙은 주가와 이평선의 위치를 분석해서 매매 시점을 포착하는 방법입니다. 주가와 단기 이평선, 단기 이평선과 장기 이평선의 관계를 이용하여 매수와 매도 시점을 파악하는 것입니다. 그랜빌의 8법칙은 단기 이평선이 장기 이평선 위에 있어야 좋다고 강조하고 있음을 알 수 있습니다. 최근의 주가가 올라서 주가가 평균값 위에 위치하는 정배열이 좋고 정배열로 전환되는 시점인 골든크로스가 좋다고 보며, 이는 평균 회귀보다는 추세의 힘을 강조하는 이론입니다.

이평선의 사이클인 수렴, 돌파, 확산 중 돌파를 이해하기 위해 그랜빌의 8법칙을 예로 들었는데, 확산과 수렴을 이해하기 위해서는 이격도를 알아야 합니다. 이격도는 주가와 각 이평선 간의 거리를 뜻합니다. 주가의 평균 회귀 속성상 이평선에서 멀어지면 다시 돌아오는 속성이 있습니다. 따라서 이평선은 언제나 수렴과 확산을 반복하며,

이격도가 벌어지고 좁혀지는 과정을 거칩니다. 차트를 보면서 이격도가 과하게 벌어져 있다면 곧 좁혀질 것을 예상해야 하고, 반대로 이평선이 수렴하고 있다면 곧 돌파하는 방향으로 벌어질 것을 예상해야 합니다.

좋은 만남과
나쁜 만남의 차이

　차트 분석을 주무기로 하는 투자자는 대부분 이동평균선 이외의 보조 지표들을 띄워놓습니다. 제가 주식투자를 처음 접했던 20년 전만 해도 여러 보조 지표들을 연구하며 그 신호가 일치할 때를 매매 포인트로 정하여 매매하곤 했습니다. 하지만 지금은 차트보다 재무제표를 훨씬 중요하게 분석해야 하며 정보가 주가에 빠르게 영향을 미치는 시대이기 때문에, 가치 분석과 정보 분석을 제외하고 차트만 놓고 매매하는 것은 맞지 않다고 생각합니다. 따라서 차트에 대한 분석을 과거에 비해 줄여야 하므로 가격을 중심으로 만들어진 봉과 이평선 그리고 거래량 정도의 원자료를 중요하게 보면 됩니다. 즉, 원자료를 변형시켜서 만든 여러 보조 지표를 들여다보기보다는 기초적인 기술적 분석 도구인 봉, 이평선, 거래량에서 많은 정보를 뽑아내야 한다는 말입니다.

　특히 이평선이 중요한 이유는 무엇일까요? 첫 번째, 추세를 파악하기 위해서입니다. 추세 파악은 이평선의 배열과 각도로 알 수 있습니다. 단기 이평선이 장기 이평선보다 위에 있을 때를 완전 정배열이라

합니다. 이 경우 상승 추세가 자리 잡은 것으로 보고 추세의 작용에 따라 추가로 상승할 확률이 높다고 판단합니다. 반대로 단기 이평선이 장기 이평선보다 아래에 있을 때를 완전 역배열이라 합니다. 이 경우 하락 추세가 자리 잡은 것으로 보고 추세의 작용에 따라 추가로 하락할 확률이 높다고 판단합니다. 이러한 추세의 판단은 기술적 분석에서 가장 중요한 내용인데, 이평선 분석만으로 파악할 수 있습니다.

<u>두 번째, 이평선으로 지지선과 저항선을 파악하기 위해서입니다.</u> 지지선이란 주가 상승 추세에서 저점과 저점을 연결한 선으로, 더 이상의 하락을 막는 역할을 합니다. 저항선이란 주가 하락 추세에서 고점과 고점을 연결한 선으로, 더 이상의 추가 상승을 막는 역할을 합니다. 통상적으로 저항선과 지지선을 작도법에 의해 그리지만, 간단히 이평선으로 대체할 수도 있습니다. 상승 추세에서는 주가의 밑에 있는 이평선이 지지선 역할을 하고, 하락 추세에서는 주가의 위에 있는 이평선이 저항선의 역할을 합니다. 물론 세력은 이를 역이용하여 일시적으로 이평선을 돌파시키며 속임수 차트를 만들기도 합니다. 하지만 일반적으로 이평선으로 가장 중요한 추세를 확인하고 지지선과 저항선을 설정할 수 있습니다.

■ 그림 4-6 지지선과 저항선

정배열 - 지지선

역배열 - 저항선

차트 분석을 하는 결정적 이유

☑ MAIN POINT

기술적 분석의 최종 목표가 추세와 변곡점을 찾는 것임을 이해하고, 상승 추세와 하락 추세에 따른 매매 기법을 공부해보자.

변곡의 비밀을 알아야 한다!

추세의 사전적 의미는 어떤 현상이 일정한 방향으로 나아가는 경향으로, 한방향으로 가고자 하는 힘이라고 볼 수 있습니다. 주식투자의 목적은 돈을 버는 것인데, 목적 달성을 위해서는 우상향하는 상승 추세의 종목을 찾아내야 합니다. 그래서 차트 분석에 있어서 추세를 파악하는 것은 매우 중요합니다. 추세는 상승 추세와 하락 추세 그리고 비추세가 있습니다.

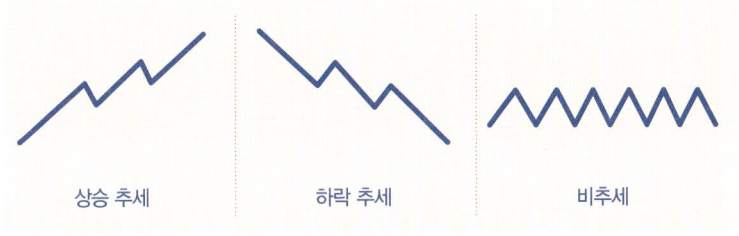

■ 그림 5-1 상승 추세, 하락 추세, 비추세

이 중에서 상승 추세의 종목을 매수해야 수익이 날 확률이 높습니다. 비추세는 한방향으로 나아가지 않고 일정한 박스권에서 등락을 반복하므로 매수·매도 타이밍을 잡기가 만만치 않습니다. 반면 하락 추세의 종목은 싸 보이지만 반등의 시점인 변곡점을 정확히 잡아내지 못한다면 매수 후 손실이 날 확률이 더 높습니다.

차트 분석에서 가장 중요한 용어가 추세와 변곡인데, 먼저 추세의 특징에 대해 알아보겠습니다.

첫째, 추세의 신뢰도에 영향을 미치는 변수는 기간, 기울기의 각도, 지지 또는 저항의 횟수 등입니다. 먼저 긴 기간의 움직임이 추세의 신뢰도를 높입니다. 일봉 차트를 볼 때 100일치를 보는 것보다 200일치나 300일치를 보는 것이 추세를 파악하기가 쉽고 그 신뢰도가 높아지지요. 또한 이평선의 기울기가 커질수록 추세의 힘이 크다는 것이니 그 신뢰도가 높습니다. 마지막으로 상승 추세에 지지의 횟수가 많을수록, 하락 추세 시에 저항의 횟수가 많을수록 신뢰도는 높아집니다. 신뢰도가 높다는 것은 그 추세를 오랫동안 유지할 확률이 높다는 뜻이기도 합니다. 보통 추세를 관성의 법칙에 비교하는데, 추세에도 관성의 힘이 작용합니다. 더 무거운 물체가 더 빠른 속도로 더 오랫동안

■ 그림 5-2 추세의 신뢰도에 영향을 미치는 변수

움직였을 때 그 방향으로 가고자 하는 관성이 커지듯이, 추세의 기간이 길고 그 기울기가 클수록 추세의 힘이 더 커지는 것입니다.

둘째, 추세는 한눈에 읽혀야 합니다. 추세의 방향과 기울기를 한눈에 보고 상승 추세나 하락 추세에 대한 판단이 서야 합니다. 만약 상승이나 하락의 구분이 애매한 경우는 비추세입니다. 추세 분석의 가장 큰 장점은 쉽게 추세를 파악하고 그 추세를 믿고 추세에 편승하여 매매할 수 있다는 것이기 때문에 애매한 추세는 비추세로 보는 것이 좋습니다.

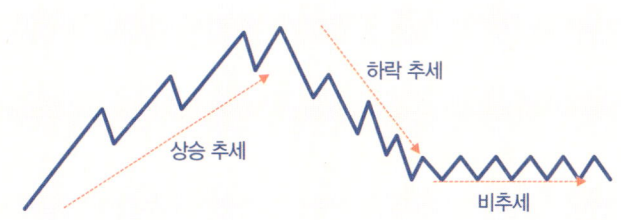

■ 그림 5-3 추세의 판단

셋째, 추세는 단기, 중기, 장기 등 기간에 따라 구분할 수 있습니다. 기본적으로 장기 추세가 주추세이지만, 장기 추세 속의 단기 추세는 기간마다 다르게 나타날 수 있습니다. 예를 들어 상승 추세인데 단기적으로는 하락 파동이나 횡보 파동이 나오기도 합니다. 따라서 투자자는 투자 형태에 따라 단기, 중기, 장기 등의 추세를 따로 보아야 합니다. 단기 매매자의 경우 단기 추세에 중점을 두고, 중장기 투자자는 장기 추세에 초점을 맞추어야 합니다.

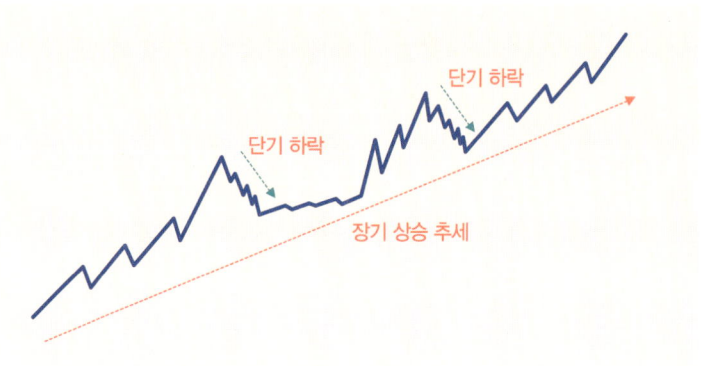

■ 그림 5-4 추세의 기간

이렇게 추세는 한눈에 파악하기 쉬운데, 변곡은 어느 누구도 정확히 읽을 수 없습니다. 변곡의 예측 확률을 높이려고 노력하는 사람은 많지만 말이죠. 추세는 진행 중에 파악할 수 있는 반면, 변곡은 지나야 알 수 있습니다. **추세의 마지막 점인 변곡점만 알 수 있다면 하락 추세의 마지막 끝 지점인 변곡점에서 매수하여 상승 추세의 마지막 끝 지점인 변곡점에서 매도할 수 있을 것입니다.** 그렇다면 세계 최고의 부자가 되는 데 1년도 안 걸리겠지요. 파생시장에서는 대부분 추세와 변곡을 분석하면서 매매하는데, 옵션 가격은 하루에도 2배 이상 가격이 변동하기 때문에 변곡점만 정확히 알 수 있다면 매일 2배의 수익을 낼 수 있을 겁니다. 타임머신을 타고 과거로 갈 수 있다면 글로벌 금융위기 폭락 직전에 선물 매도 또는 풋옵션 매수로 하방 포지션을 잡고 금융위기의 마지막 끝자락 변곡점에서 선물 매수 또는 콜옵션 매수로 상방 포지션을 구축해놓는다면 세계 최고의 부자가 될 수 있었을 것입니다. 하지만 누구도 정확히 변곡점을 알 수 없지요. 그래서 수많은 사람들이 변곡의 비밀을 알아내려 애를 쓰고 있습니다.

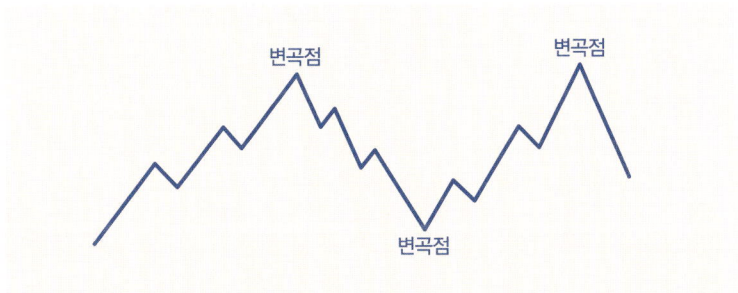

■ 그림 5-5 추세의 변곡

추세를 구분하는 3가지

보통 주가의 움직임을 상승과 하락, 보합의 세 가지로 구분하듯, 추세도 상승과 하락, 비추세의 세 가지로 구분합니다. 이 구분의 기준은 방향성입니다. 그런데 때로는 방향보다 움직임의 크기가 중요할 때도 있습니다. 움직임의 크기를 변동성이라고 합니다. 추세 분석에는 방향성뿐 아니라 변동성도 함께 보는 것이 좋습니다. 많이 오르는 것이 중요하기 때문입니다.

방향성을 맞히는 것이 변동성을 맞히기보다 훨씬 쉽습니다. 방향은 위와 아래밖에 없기 때문입니다. 한마디로 홀짝 게임과 같죠. 하지만 변동성을 고려하면 미미하게 오르는 것, 조금 오르는 것, 엄청 많이 오르는 것, 미미하게 내리는 것, 조금 내리는 것, 엄청 많이 내리는 것 등 그 강도에 따라 많은 경우의 수가 존재합니다. 즉, 변동성은 상승 추세에서 상승의 각도 또는 하락 추세에서 하락의 각도라고 생각하시면 됩니다. 화살표로 방향을 표현한다면 서로 다른 상승 각도의 화살표가 많이 그려질 수 있겠지요. 이 많은 화살표 중에 투자자가 가장 원하는 것은 급격한 각도의 화살표입니다.

■ 그림 5-6 추세의 방향성

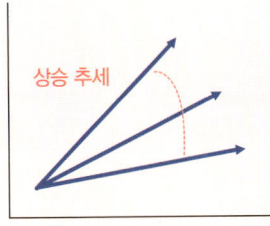
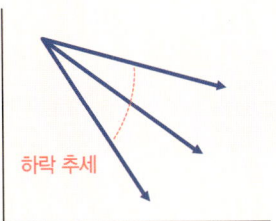

　보통 투자자들은 전체 2,000종목 중에 1~10종목을 골라 매수합니다. 평균적인 주가 움직임을 보면 2,000종목 중에 절반은 오를 것이고 절반은 내릴 것입니다. 1,000종목 중에 가장 급하게 오를 것이 무엇인지 찾는 게임이 바로 주식투자인 셈입니다. 상승 추세인 여러 종목에서 각도가 더 큰 종목을 찾는 것이죠. 상승 각도가 큰 종목의 변동성이 크므로 수익이 더 크기 때문입니다. 상승 방향 추세 종목을 찾아내고 각도의 기울기를 비교하여 상승각이 누워 있는 종목보다 크게 서 있는 종목을 매수하는 것은 수많은 주식투자 기법 중 하나입니다.

　변동성을 나타내는 지표 중에 베타$_\beta$ 계수라는 것이 있습니다. 베타 계수는 시장이 움직일 때 개별 종목이 시장 움직임에 비해 얼마나 민감하게 반응하는지 나타내는 수치입니다. 베타 계수가 큰 종목은 시장보다 크게 변동하고 작은 종목은 적게 변동한다고 이해하면 됩니다.

　어느 것이 좋을까요? 무엇이 더 좋다고 말할 수는 없습니다. 변동성은 오를 때뿐 아니라 떨어질 때도 고려해야 하기 때문입니다. 베타

==계수가 큰 종목을 매수하면 오를 때는 수익이 많이 나겠지만 떨어질 때 손실이 더욱 커집니다.== 그래서 포트폴리오를 구성할 때 베타 계수도 고려하는 것이 좋습니다. 포트폴리오를 구성할 때 주가 움직임의 상관관계가 서로 다른 종목으로 구성하는 것이 기본이기 때문입니다. 일반적으로 시장의 움직임에 대해 시가총액이 큰 종목이 작은 종목보다 시장 변동성이 낮은 것으로 알려져 있습니다. 물론 대형주가 강한 시기와 소형주가 강한 시기를 구분할 수 있어야 합니다. 즉, 각 종목의 베타 계수는 시장 상황에 따라 달라집니다.

저항선이 뚫리면 상승 전환의 가능성이 있다?!

차트 분석을 하는 가장 큰 이유는 추세를 알고 변곡점을 찾기 위해서입니다. 그러나 변곡점은 지나야만 알 수 있어서 주식투자가 어려운 것입니다. 변곡점을 찾는 것과는 달리 눈에 보이는 추세는 그나마 찾기가 쉬운 편입니다.

상승 추세선과 하락 추세선으로 추세에 대해 알아보겠습니다. <mark>상승 추세선이란 주가가 상승하는 추세 구간에서 저점과 저점을 연결한 선으로, 지지선이라고도 할 수 있습니다.</mark> 상승 추세의 경우 주가가 상승하다가 반락하면 저점에서 지지가 나오는데, 그 저점이 높아지는 형태를 보입니다. 상승 추세는 위로 열려 있기 때문에 저항은 큰 의미가 없고, 추세를 이탈하지 않기 위한 저점이 중요하기 때문에 저점을 연결한 지지선이 큰 의미를 가집니다. 저점에서의 지지가 반복될수록 매수 세력 또는 대기 매수세의 힘이 강하다고 할 수 있습니다.

또한 고점을 연결한 보조 추세선을 강하게 상승 돌파하면 기존의 상승 추세가 더 강화된다고 해석되기도 합니다. 쉽게 전고점을 돌파하면 상승 추세가 강해진다고 이해하면 됩니다. 반대로 주추세선인 지지선이 뚫리면 하락 전환 가능성을 체크해야 합니다. 이 경우에 하락 돌파 후 바로 원위치로 회귀하는 경우가 빈번하므로, 지지선을 얼마나 강하게 하락 돌파하고 가격 갭이 발생했는지, 지지선 아래에서 기간이 얼마나 길었는지로 추세 전환 여부를 고민해야 합니다.

하락 추세선이란 주가가 하락하는 추세 구간에서 고점과 고점을 연결한 선으로, 저항선이라고도 할 수 있습니다. 하락 추세의 경우 주가가 하락하다가 반등하면 고점에서 저항이 나오는데, 그 고점이 낮아지는 형태를 보입니다. 하락 추세는 아래로 열려 있기 때문에 지지는 큰 의미가 없고, 추세를 이탈하지 않기 위한 고점이 중요하기 때문에 고점을 연결한 저항선이 큰 의미를 가집니다. 고점에서의 저항이 반복될수록 매도 세력 또는 대기 매도세의 힘이 강하다고 볼 수 있습니다.

또한 저점을 연결한 보조 추세선을 강하게 하락 돌파하면 기존의 하락 추세가 더 강화된다고 해석되기도 합니다. 쉽게 전저점을 돌파하면 하락 추세가 강해진다고 이해하면 됩니다. 반대로 주추세선인 저항선이 뚫리면 상승 전환 가능성을 체크해야 합니다. 이 경우에 상승 돌파 후 바로 원위치로 회귀하는 경우가 빈번하므로, 저항선을 얼마나 강하게 상승 돌파하고 가격 갭이 발생했는지, 저항선 위에서의 기간이 얼마나 길었는지로 추세 전환 여부를 고민해야 합니다.

지지와 저항은 추세 분석에서 매우 중요한 개념입니다. 매수세가 강한 상승 추세에서는 주가가 떨어지면 매수 세력의 매수로 지지를 받으면서 상승하고, 매도세가 강한 하락 추세에서는 주가가 상승하면

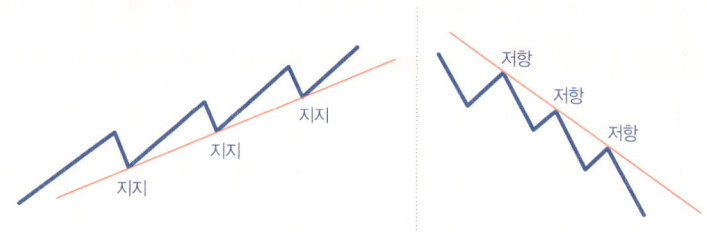

■ 그림 5-7 상승 추세선과 하락 추세선

매도 세력의 매도로 저항을 받으면서 하락하게 됩니다. 전쟁터와 같은 주식시장에서 지지는 매수 세력의 승리, 저항은 매도 세력의 승리라고 말할 수 있습니다.

추세에 따라 매매 기법도 달라야 한다

추세를 파악한 후에는 추세에 따른 매매 기법을 이용해야 합니다. 상승 추세, 하락 추세, 비추세에 따른 적절한 매매 기법을 알아보겠습니다.

우선, 상승 추세 종목을 매수할 때는 두 가지 방법이 있습니다. 먼저 상승 추세는 장기간 횡보하던 종목이 박스권을 상향 돌파한 후에 형성되는 경우가 많으므로, 주가가 바닥권의 장기 박스권의 상단을 돌파할 때 매수하는 것입니다. 박스권의 고점 또는 저항선을 돌파했을 때 매수하는 것으로, 전고점을 뚫거나 신고가를 갱신했을 때 매수에 가담하는 경우가 이에 해당합니다. 또 다른 방법은 상승 추세를 유지하다가 반락하여 지지선 근처까지 조정했을 때 매수하는 것입니다. 이 경우 전고점을 뚫기 전이나 지지선 전에서 매수하면 예측 매수이고, 전고점을 뚫은 이후나 지지를 받은 이후에 매수하면 확인 매수입니다.

반대로 상승 추세 종목을 매도할 때는 대천장 변곡점에서 팔 수 있으면 좋겠지만, 변곡점을 알 수 없으니 현실적으로 불가능합니다. 그래서 매도가 매수보다 어렵다고 하는 거죠. 변곡점에서 팔 수 없다면 변곡점 전에 미리 예측해서 매도하거나, 변곡점 이후에 확인하고 매도해야 합니다. 즉, 헤드앤숄더 패턴에서 올라가는 어깨에서 매도하거나 내려오는 어깨에서 매도하는 것입니다. 올라가는 어깨는 아직 머리가 안 나온 상태이므로 예측 매도이고, 머리를 찍고 내려오는 어깨는 머리를 확인했으므로 확인 매도입니다. 예측 매수나 매도, 확인 매수나

■ 그림 5-8 상승 추세의 매매 기법

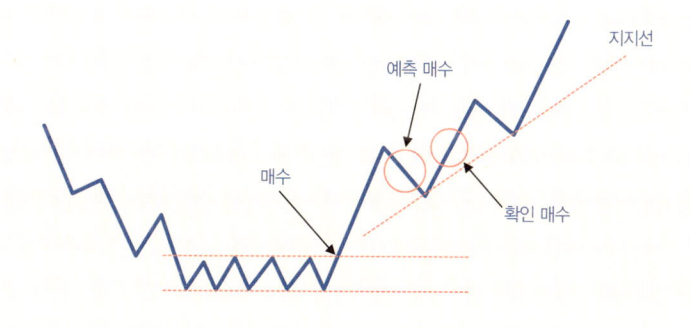

매도를 선택하는 데는 투자 성향을 고려하는 것이 좋습니다.

다음으로, 하락 추세의 매매 기법입니다. 상승 추세 종목은 변곡점 전까지는 주가가 계속 오르는 상황이므로 언제 매수해도 수익이 납니다. 반대로 하락 추세 종목은 변곡점 전까지는 주가가 계속 내려가기 때문에 언제 매수해도 손실이 나므로 원칙적으로는 매수 금지입니다. 그러나 대바닥의 변곡점을 잡기 위해 매수하려 한다면 하방경직 확보가 관건입니다. 더 이상의 추가 하락을 멈추고 횡보하는 구간에

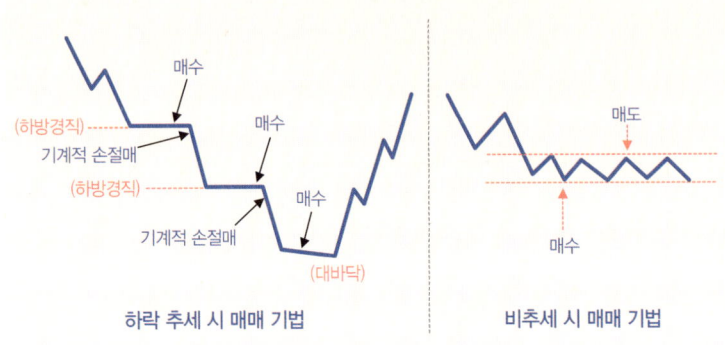

■ 그림 5-9 하락 추세와 비추세의 매매 기법

하락 추세 시 매매 기법 | 비추세 시 매매 기법

서 매수하되, 주가가 전저점을 이탈했을 때는 즉시 기계적인 손절매를 하는 것이 필수입니다. 상승 추세의 대천장 변곡점과 하락 추세의 대바닥 변곡점을 정확히 알아내는 것은 불가능하기 때문에 하락 추세의 변곡점을 공략하더라도 손절매가 필수라는 뜻입니다.

예측 매수가 아닌 확인 매수는 조금 유리한 타이밍을 잡을 수 있는데, 하방경직을 보이고 저점을 높이는 기간이 지날수록 이평선이 역배열에서 정배열로 전환할 확률이 높아지므로 저점을 높이는 기간이 긴 종목일수록 손절매 확률이 낮아집니다.

마지막으로, 비추세는 상승 추세인지 하락 추세인지 구분이 잘 가지 않는 애매한 구간입니다. 보통 주가의 횡보 구간이 길어지고 중장기 이평선이 수평으로 누워 있을 때 비추세라고 보면 됩니다. 추세 매매 기법이 추세의 힘을 믿는다면, 비추세 매매 기법은 평균 회귀의 법칙을 믿는 투자 전략입니다. 비추세는 추세와 달리 상승과 하락이 반복되면서 박스권이 형성됩니다. **비추세 종목의 경우에 박스의 저점에서 매수, 박스 고점에서 매도가 유일한 매매법입니다.** 비추세 매매를 할 경우 얼마나 박스가 견고한지가 관건입니다. 견고한 박스일수록 저점과 고점을 반복할 확률이 높기 때문입니다. 박스권의 저점과 고점이 견고하게 형성되어 있다면 저점에서 매수 후 기다렸다가 고점에서 매도하는 단순한 전략을 이용하면 됩니다. 그렇지만 주가가 박스권의 하단을 뚫고 내려가서 하락 추세로 전환될 수도 있으니 유의해야 합니다. 간단해 보이는 비추세 매매 기법에는 아주 큰 위험이 도사리고 있으니, 박스의 견고함과 박스 하단의 지지력을 중요하게 체크해야 합니다.

과거를 알아야 현재도 보인다

☑ **MAIN POINT**

변곡점을 찾는 것은 불가능하다고 할 만큼 어렵지만 상승 반전형과 하락 반전형 패턴 분석을 통해 추세가 반전되는 변곡점을 예측하는 연습을 해보자.

패턴에는 인간의
심리가 녹아있다

추세와 변곡점을 찾아내려는 노력 중에서 가장 널리 알려진 패턴 분석에 대해 알아볼까요? 패턴 분석은 과거 주가 변동의 형태를 정형화 [패턴] 하여 현재의 주가 변동과 비교하는 기법입니다. 즉, 정형화된 패턴의 모양을 통해 현재 주가의 상승과 하락을 예측하는 것입니다.

과연 과거의 주가 패턴이 반복될까요? 패턴 분석에서는 반복될 확률이 높다고 가정합니다. 그 이유는 주식투자는 기계가 아닌 인간이 하기 때문입니다. 인간이 하는 것이기에 주가의 움직임에는 인간 고유의 심리가 반영되고, 인간의 변하지 않는 심리나 습성은 반복되는 행위로 나타날 확률이 높습니다.

전고점에서 하락하다가 다시 상승하는 경우 전고점에서 매도 저항에 부딪칩니다. 이는 그 지점에 물려 있는 투자자들이 본전을 찾으려는 심리가 반영되어 있습니다. 즉, 전고점 매물벽에는 손실을 확정시키기 싫고 본전이 오면 매도하려는 강력한 본전 심리가 숨어 있습니다. 또 상승할 때는 추가 매수를 하지 않고 하락 시에만 추가 매수를 하는 물타기에도 투자자 심리가 잘 나타납니다. 물타기에는 손실이 확정되면 인정할 수밖에 없는 판단 착오를 회피하려는 심리가 숨어 있습니다. 즉, 물타기로 평균 매입 단가를 계속 낮춤으로써 작은 반등에도 본전을 쉽게 찾을 수 있게 함으로써 자신의 판단이 틀리지 않았다는 것을 증명하려는 심리가 깔려 있는 것입니다. 이러한 인간 본연의 심리는 주가에 영향을 미치고 차트에 반영되므로, 과거의 패턴이 다시 반복될 확률이 높다는 근거가 됩니다.

패턴 속에 인간의 심리가 녹아 있고 심리에 의한 행동이 반복된다면, 투자자들의 기대 심리와 학습 효과를 바탕으로 한 패턴 분석은 더욱 유용할 수 있습니다. 가장 확률이 높은 패턴인 대량 거래에 장대 음봉의 예를 들어봅시다. 많은 투자자들이 대량 거래에 장대 음봉이 나오면 주가의 천장이 만들어지고 향후 긴 기간 하락 조정된다는 것을 경험적으로 학습했으므로, 이러한 패턴이 나오면 단기 꼭지를 찍었다고 기대하는 심리가 생깁니다. 이러한 기대를 가진 투자자가 시장에 많을수록 투자자들은 매수보다는 매도로 대응할 것이고, 실제로 대량 거래에 장대 음봉이 나오면 주가는 깊은 조정권에 들어갈 확률이 높아질 것입니다. 즉, 투자자들의 과거 패턴에 대한 학습 효과와 기대 심리가 클수록 패턴이 반복될 확률이 높아집니다.

패턴 분석을 통해 가장 알아내고 싶은 것은 추세가 지속될지, 변곡점을 찍고 반전할지 여부입니다. 따라서 패턴 분석은 상승 반전형, 하락 반전형, 추세 지속형으로 구분해서 공부하면 됩니다. 이 중에 특히 반전형 패턴이 중요하겠죠. 앞에서도 말했지만, 추세의 확인은 그리 어렵지 않으나 변곡점의 확인은 불가능할 정도로 어렵기 때문입니다.

반전형 패턴이 나오려면 그전에 이미 추세가 형성되어 있어야 합니다. 즉, 상승 추세가 지속된 후에 하락 반전형 패턴이 나오고, 하락 추세가 지속된 후에 상승 반전형 패턴이 나와야 한다는 말입니다. 패턴의 신뢰도는 추세의 신뢰도와 유사해서, 주가 변동의 크기가 크고 패턴을 이루는 기간이 길수록 패턴의 신뢰도는 커집니다. 이러한 기본적인 내용을 숙지한 후에 패턴을 공부하면 이해가 빠를 것입니다.

매수 타이밍을 알 수 있는 4가지 패턴

상승 반전형 패턴은 하락 추세에서 상승 추세로 반전하는 패턴입니다. 상승 반전형 패턴이 나오면 바닥을 다지고 상승이 시작된다는 신호라고 할 수 있습니다. 알아두면 매수 타이밍을 잡기에 유용한 상승 반전형 패턴에는 네 가지가 있습니다.

첫째, 가장 대표적인 3중 바닥형 역해드앤숄더 입니다. 3중 바닥형은 세 개의 저점을 형성한 후 상승 추세로 반전할 확률이 높은 패턴입니다. 세 개의 저점으로 바닥을 다지면 큰 하락 추세가 끝나고 상승으로 접어든다고 판단합니다. 세 개의 저점 중 가운데가 최저점이고 왼쪽의 저점보다 오른쪽의 저점에서 많은 거래량이 나오면서 강한 에너지를 보

■ 그림 6-1 3중 바닥형 패턴

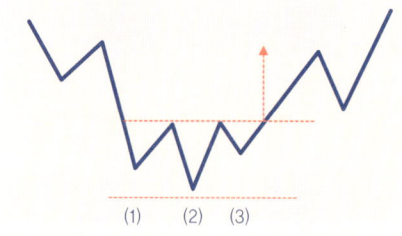

여야 합니다. 바닥권에서는 거래가 늘면서 주가가 상승해야 상승 반전에 대한 신뢰도가 높아지기 때문입니다. 네크라인 neck line 을 그린 후 오른쪽 어깨에서 기준선을 상향 돌파했을 때 매수 신호로 보기도 합니다.

둘째, 2중 바닥형 쌍바닥, W자형 은 두 개의 저점을 형성한 후 상승 추세로 전환하는 패턴입니다. 왼쪽의 저점보다 오른쪽의 저점이 높아지면서 거래량도 늘어납니다. 추세 분석에서 설명했지만, 상승 추세는 매수 세력이 강해서 저점의 지지가 중요하기 때문에 저점이 높아지면서 하방경직성을 확보해야 진짜 바닥이라고 할 수 있습니다. 보통 2중 바닥형에서 왼쪽에 있는 저점을 가假바닥 가짜 바닥, 오른쪽에 있는 바닥을 진眞바닥 진짜 바닥 이라고 합니다.

셋째, 원형 바닥형은 주가가 원형으로 바닥을 다지고 상승 추세로 전환하는 패턴입니다. 원형은 다른 반전형 패턴에 비해 밋밋한 모양으로 자주 등장하지 않으며, 단기간보다는 장기간에 걸쳐 형성될수록 신뢰도가 높습니다.

■ 그림 6-2 2중 바닥형 패턴

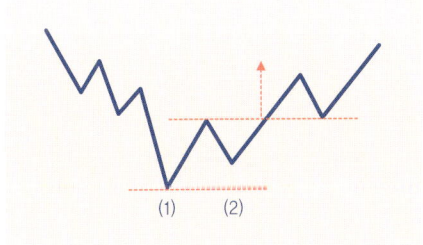

■ 그림 6-3 원형 바닥형 패턴

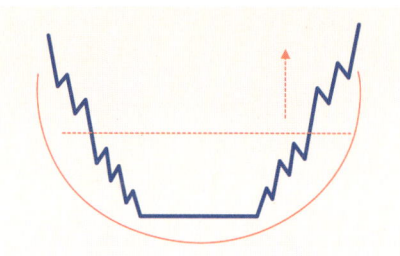

넷째, V자형 바닥형은 주가가 V자형으로 급반등하는 패턴입니다. V자 바닥은 외바닥이기에 쌍바닥에 비해 바닥이라는 신뢰도는 낮으며, 갑작스러운 악재에 따른 급락 이후에 재료 소멸로 급등하며 단기적으로 형성되는 경우가 많습니다.

■ 그림 6-4 V자형 바닥형 패턴

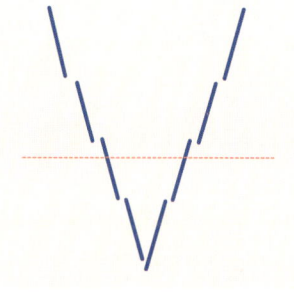

매도 타이밍을 알 수 있는 4가지 패턴

하락 반전형 패턴은 상승 추세에서 하락 추세로 반전하는 패턴입니다. 하락 반전형 패턴이 나오면 천장을 형성하고 하락이 시작된다는 신호라고 볼 수 있습니다. 알아두면 매도 타이밍을 잡기에 유용한 하락 반전형 패턴에는 네 가지가 있습니다.

첫째, 가장 대표적인 3중 천장형 해드앤숄더 입니다. 3중 천장형은 세 개의 고점을 형성한 후 하락 추세로 반전할 확률이 높은 패턴입니다. 세 개의 고점으로 천장을 형성하면 큰 상승 추세가 끝나고 하락으로 접어든다고 판단합니다. 세 개의 고점 중 가운데가 최고점이고 왼쪽의 고점보다 오른쪽의 고점에서 더 적은 거래량이 나오면서 약

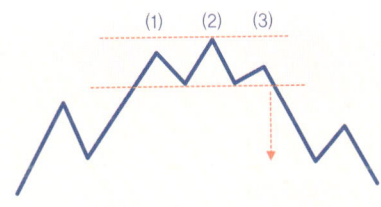

■ 그림 6-5 3중 천장형 패턴

한 에너지를 보여야 합니다. 천장권에서는 거래가 줄면서 주가가 하락해야지 하락 반전에 대한 신뢰도가 높아지기 때문입니다. 네크라인을 그린 후 오른쪽 어깨에서 기준선을 하향 돌파할 때 매도 신호로 보기도 합니다.

둘째, 2중 천장형 쌍봉, M자형은 두 개의 고점을 형성한 후 하락 추세로 전환하는 패턴입니다. 왼쪽의 고점보다 오른쪽의 고점이 낮아지면서 거래량도 줄어듭니다. 하락 추세는 매도 세력이 강해서 고점에서의 저항이 중요하므로 고점이 낮아지면서 흘러내려야 진짜 천장이라고 볼 수 있습니다.

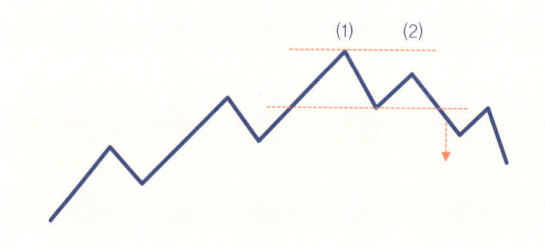

■ 그림 6-6 2중 천장형 패턴

셋째, 원형 천장형은 주가가 원형으로 천정을 형성하고 하락 추세로 전환하는 패턴입니다. 원형은 다른 반전형 패턴에 비해 밋밋한 모양으로 자주 나오지 않으며, 단기간보다는 장기간에 걸쳐 천천히 형성될수록 신뢰도가 높습니다.

넷째, 역V자형 천장형은 주가가 역V자로 급반락하는 패턴입니다.

■ 그림 6-7 원형 천장형 패턴

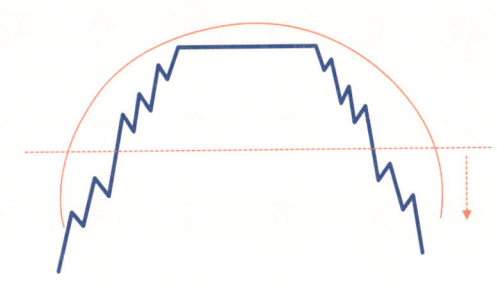

역V자 천장은 갑작스러운 호재에 따른 급등 이후에 재료 소멸로 급락이 나오면서 단기적으로 형성되는 경우가 많습니다.

■ 그림 6-8 역V자형 천장형 패턴

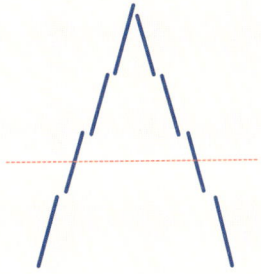

성공 확률을 높이는 추세 지속성

추세가 바뀌지 않고 지속하는 패턴인 지속형 패턴이 있습니다. 주식투자에서 수익을 낼 확률이 높은 구간은 상승 추세이므로, 이 장에서는 상승 지속형을 기준으로 설명하겠습니다. 사실 하락 추세에서는 할 것이 아무것도 없으므로 그리 중요하지 않습니다. 상승 반전형의 정반대가 하락 반전형이듯, 상승 지속형 패턴의 정반대가 하락 지속형 패턴이라고 이해하면 됩니다.

첫째, 삼각형 패턴은 상승 추세를 보이던 주가가 일시적으로 등락을 반복하는 중에 변동성이 줄어들면서 삼각형을 이루는 형태입니다. 주가의 반복적인 등락 중 변동성이 줄어들며 고점은 점점 낮아지고

■ 그림 6-9 삼각형 패턴

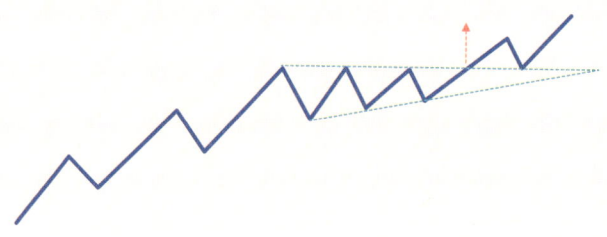

저점은 점점 높아져서, 고점을 연결한 저항선과 저점을 연결한 지지선을 그리면 두 추세선이 하나의 점에서 만나 삼각형 모양을 이루는 것입니다. 이러한 조정 과정을 에너지 축적 과정으로 해석하기도 하며, 삼각형 패턴 이후에 더욱 강하게 추세를 이어나갈 확률이 높습니다.

둘째, 깃발형 패턴은 주가가 급등한 이후 일시적으로 반락하는 패턴으로 깃발 모양의 패턴입니다. N자형 패턴이라고도 합니다. 최근에는 일시적으로 반락하는 기간이 점점 짧아지는 현상을 보이고 있습니다. 단기 매매의 호흡이 짧아지고 있기 때문이라고 이해하면 됩니다.

셋째, 쐐기형 패턴은 저항선과 지지선이 한 점으로 모이는 패턴으로, 삼각형 패턴과 유사한 모양이지만 추세선의 방향이 다릅니다. 삼각형 패턴의 경우 상승 추세에서 저항선은 아래로, 지지선은 위로 움직이면서 한 점에서 만나지만, 쐐기형 패턴은 상승 추세에서 저항선은 아래로, 지지선도 아래로 움직이면서 한 점에서 만납니다. 깃발형 패턴과의 차이점은 지지선과 저항선이 한 점에서 만나는지, 일정한 각도를 유지하면서 한방향으로 움직이는지 여부입니다.

■ 그림 6-10 깃발형 패턴

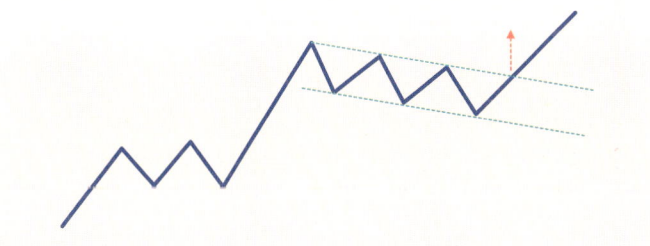

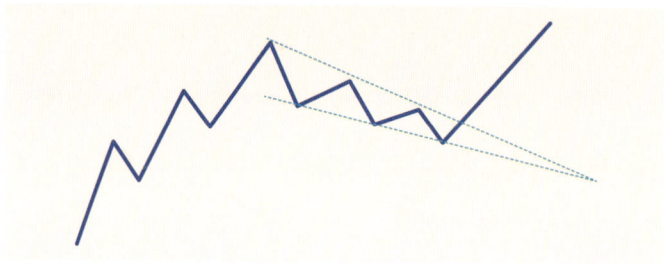

■ 그림 6-11 쐐기형 패턴

패턴의 종류에서 지속형은 반전형에 비해 중요도가 떨어집니다. 그러므로 지속형 패턴을 열심히 공부하는 것보다 반전형 패턴을 공부하는 것이 효율적입니다. 반전형 패턴은 매수와 매도 타이밍의 힌트를 주기 때문입니다.

차트 분석을 하는 이유는 추세를 알기 위해서고, 상승 추세, 비추세, 하락 추세를 구분하여 가장 승률이 높은 상승 추세에서 매매하기 위해서입니다. 추세 분석을 통해 추세를 읽고, 패턴분석을 통해 변곡을 예측하는 것이 차트 분석의 처음과 끝입니다. 물론 변곡에 대한 예측은 자주 틀릴 것입니다. 패턴을 모두 외운다고 해서 반드시 성공적인 매매 타이밍을 잡아낸다는 보장은 없습니다. 단지 51%의 확률을 위해 열심히 공부하는 것입니다. 그러나 이러한 공부가 주식투자의 성공 확률을 높여주리라 믿습니다.

주가는 속여도 거래량은 못 속인다?!

 **MAIN POINT**

주가와 거래량의 상관관계를 통해 거래량의 중요성을 인식하고, 거래량을 이용한 실전 매매 전략을 연습해보자

매수자와 매도자의
의견이 충돌할 때

투자자들이 HTS상의 차트를 볼 때 보통 기본 주가 차트를 열고 설정된 화면으로 봅니다. 대개의 증권사는 봉차트와 이평선, 거래량으로 구성되어 있습니다. 왜 그렇게 설정되어 있을까요? 이 세 가지가 가장 중요한 기초 자료이기 때문입니다. 기초 자료를 변형한 보조 지표는 말 그대로 보조일 뿐, 원자료라고 할 수 있는 봉, 이평선, 거래량 등 3대 기본 지표를 열심히 분석하는 것이 가장 기본에 충실한 방법입니다.

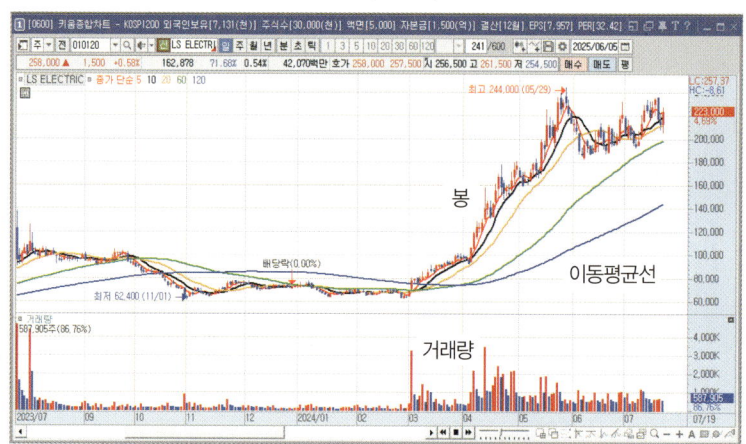

■ 그림 7-1 봉, 이평선, 거래량

주식시장에서 거래량은 주식이 거래된 양을 뜻합니다. "주가는 속여도 거래량은 못 속인다"라는 주식 격언이 있습니다. 정말 그럴까요? 요즘에는 시장 감시가 강화되고 불법으로 적발될 확률이 매우 높아져서 그럴 리 없겠지만, 아주 예전에 세력이 주가를 속이기 위해 가장 많이 사용했던 방법이 시초가 관리와 종가 관리입니다. 시가와 종가의 관리로 봉차트를 의도대로 만들기 위해서입니다. 시초가는 약간 낮게, 종가는 조금 높게 위아래 꼬리를 짧게 만들어내면 깔끔한 양선으로 표시됩니다. 이런 양선을 세 개 연속해서 그려내면 적삼병이 표현됩니다. 이런 식으로 세력이 주가를 관리합니다. 차트를 예쁘게 만들어 시장의 이목을 집중시키는 것이지요. 그런데 세력이라도 거래량을 속일 수는 없습니다. 거래량은 충돌의 힘이기 때문입니다. 그래서 과거의 세력은 거래량이 많은 것처럼 보이게 하기 위해서 자전 거래라는 불법적인 거래를 이용하기도 했습니다.

수요 공급의 법칙에 따라 수요 매수와 공급 매도이 만나는 점에서 주가와 거래량은 결정됩니다. 즉, 거래량은 매수자와 매도자의 의견이 충돌했을 때 발생하며, 충돌의 힘이 클수록 거래량이 커집니다. 실제 매수자와 매도자의 의견이 충돌하지 않고 일치된다면 거래가 일어나지 않습니다. 모두가 주가를 좋게 보거나, 안 좋게 보거나, 적정 주가라고 본다면 당연히 거래가 성립되지 않겠지요. 매수자는 내일의 주가가 상승하리라고 예상하고 매도자는 내일의 주가가 하락하리라고 예상할 때 거래가 발생하며, 그 의견차가 클수록 충돌이 발생하면서 거래량이 커지는 것입니다.

또 다른 주식 격언인 "주가는 거래량의 그림자"라는 말도 주가와 거래량의 상관관계를 나타내는 말입니다. 보통 거래량이 주가에 선행한다고 하는데, 바닥에서 거래량이 증가하면 주가 상승의 신호로 해석하는 경우가 이에 해당합니다.

하루의 거래량도 중요하지만, 장중 단기 매매 시에는 건별 체결 수량을 파악하는 것 또한 중요합니다. 현재가보다 높은 가격으로 큰 물량의 시장가 매수 주문이 계속 들어오는 경우 체결 강도가 높아지면서 단기적으로 좋은 신호로 해석되며, 반대로 현재가보다 낮은 가격으로 큰 물량의 시장가 매도 주문이 계속 들어오는 경우 체결 강도가 낮아지면서 단기적으로 나쁜 신호로 해석될 수 있습니다. 특히 건별

■ 그림 7-2 시간대별 체결

[0110] 체결분석 - 당일체결상세 (통합)

체결금액대별매매비중 | 가격대별거래비중 | 대량체결상위 | 당일체결상세 | 체결강도추이 | 체결강도상위

272210 신 한화시스템 ⊙틱 ○분 시간 : 고정 매도 5,520,333 매수 4,513,902 비율 44.99%

시간	매도호가	매수호가	체결가	전일대비	등락률	매도체결	매수체결	순매수량	누적거래량	대금(백만)	체결강도
15:08:38	52,100	52,100	52,100	▲ 700	1.36		1,924	1,924	9,881,258	514,554	80.58%
15:08:37	52,100	52,000	52,100	▲ 700	1.36		221	221	9,879,334	514,454	80.55%
15:08:37	52,100	52,000	52,000	▲ 600	1.17	50		-50	9,879,113	514,442	80.54%
15:08:37	52,100	52,000	52,100	▲ 700	1.36	11		-11	9,879,063	514,439	80.54%
15:08:37	52,100	52,000	52,100	▲ 700	1.36		235	235	9,879,052	514,439	80.54%
15:08:37	52,100	52,000	52,100	▲ 700	1.36		59	59	9,878,817	514,427	80.54%
15:08:37	52,100	52,000	52,100	▲ 700	1.36		1,639	1,639	9,878,758	514,424	80.54%
15:08:37	52,100	52,000	52,100	▲ 700	1.36		10,000	10,000	9,877,119	514,338	80.51%
15:08:37	52,100	52,000	52,000	▲ 600	1.17	30		-30	9,867,119	513,817	80.32%
15:08:36	52,100	52,000	52,000	▲ 600	1.17	5		-5	9,867,089	513,816	80.32%
15:08:36	52,100	52,000	52,000	▲ 600	1.17	100		-100	9,867,084	513,815	80.32%
15:08:36	52,100	52,000	52,000	▲ 600	1.17	1		-1	9,866,984	513,810	80.33%
15:08:36	52,100	52,000	52,000	▲ 600	1.17	1		-1	9,866,983	513,810	80.33%
15:08:35	52,100	52,000	52,100	▲ 700	1.36		1	1	9,866,982	513,810	80.33%
15:08:34	52,100	52,000	52,000	▲ 600	1.17	1,100		-1,100	9,866,981	513,810	80.33%
15:08:34	52,100	52,000	52,100	▲ 700	1.36		4	4	9,865,881	513,753	80.34%
15:08:34	52,100	52,000	52,000	▲ 600	1.17	21		-21	9,865,877	513,753	80.34%
15:08:33	52,100	52,000	52,000	▲ 600	1.17	1,152		-1,152	9,865,856	513,752	80.34%
15:08:32	52,100	52,000	52,000	▲ 600	1.17	350		-350	9,864,704	513,692	80.36%
15:08:32	52,100	52,000	52,000	▲ 600	1.17	10		-10	9,864,354	513,673	80.36%
15:08:32	52,100	52,000	52,000	▲ 600	1.17	3		-3	9,864,344	513,673	80.36%

체결 수량이 클수록 기관이나 외국인의 대량 매수 또는 대량 매도일 수 있다는 점에 주의하기 바랍니다.

그렇다면 거래량과 거래 대금 중에 어느 것이 중요할까요? 제 생각에는 거래 대금이 더 중요합니다. 그 이유는 주가와 시가총액 중 시가총액이 중요한 것과 같습니다. 주가가 1,000원인 종목과 1만 원인 종목의 주가만 가지고는 비교할 수 없고 주식수를 곱한 시가총액으로 비교해야 하듯이, 거래량에 주가를 곱한 거래 대금이 더 유의미한 정보를 줄 것입니다. 거래량 순위 상위 종목을 보며 단기 매매 공략 종목을 선정하는 경우가 있는데, 거래 대금 순위 상위 종목을 보는 편이 그날 시장의 흐름이나 단기 매매 공략 종목 선정에 훨씬 유리하다는 것을 기억하기 바랍니다.

거래량의 특징 4가지

주가는 거래량의 그림자라는 말처럼, 주가보다 거래량이 먼저 움직이는 경향이 있습니다. 주가와 거래량의 상관관계에서 중요한 네 가지 특징은 다음과 같습니다.

첫 번째, 일반적으로 거래량이 늘면 주가가 상승하고 거래량이 줄면 주가가 하락합니다. 거래량이 늘었는데 주가가 오르지 않았다면 일반적인 상황이 아니므로 악재가 있는지, 주가를 누르는 세력이 있는지 찾아보고, 시차를 두고 주가가 오르는지 확인해볼 필요가 있습니다. 반대로 거래량이 줄었는데 주가가 내리지 않는다면 호재가 있는지, 저점 매수 세력이 있는지 살펴보고, 시차를 두고 주가가 하락하는지 확인해야 합니다.

두 번째, 주가가 고공권에서 거래량이 감소하면 변곡점에 가까울 확률이 높습니다. 거래량이 늘고 주가가 상승하면서 고공권까지 올랐다가 어느 순간 거래량이 감소하는데, 이 무렵 주가는 변곡점을 거쳐서 하락 추세로 접어들게 됩니다. 시장에서는 에너지가 소진되는 과정이라고 표현하기도 합니다.

■ 그림 7-3 거래량과 주가

■ 그림 7-4 고공권 거래량 감소

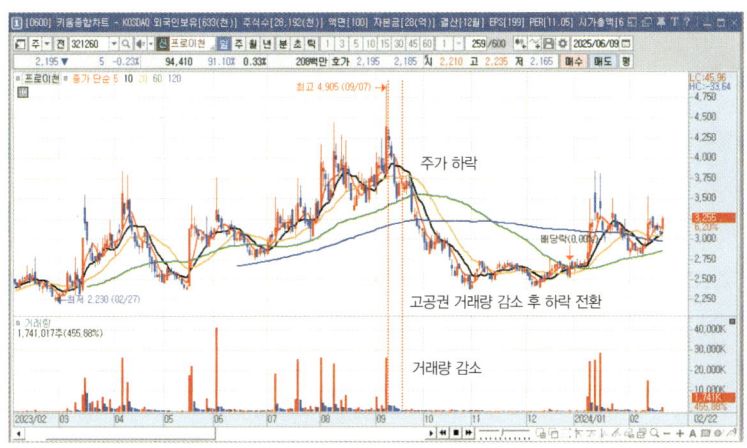

세 번째, 주가가 바닥권에서 거래량이 증가하면 변곡점에 가까울 확률이 높습니다. 거래량이 줄고 주가가 하락하면서 바닥권까지 떨어졌다가 어느 순간 거래량이 증가하는데, 이 무렵 주가는 변곡점을 거

처서 상승 추세로 접어들게 됩니다. 시장에서는 에너지가 축적되는 과정이라고 표현하기도 합니다.

네 번째, 최고점과 최저점에서 대량 거래가 발생한 후 변곡점을 형

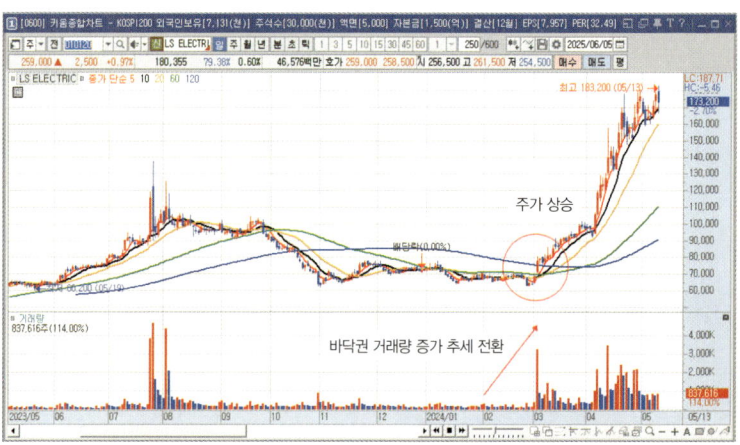

■ 그림 7-5 바닥 거래량 증가

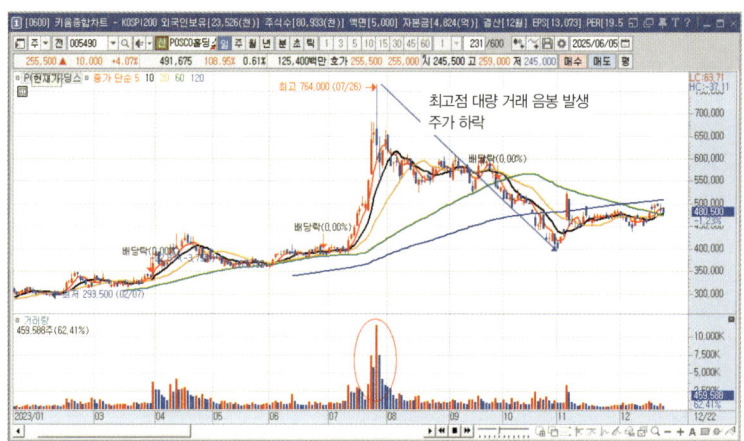

■ 그림 7-6 최고점 대량 거래 음봉

성할 확률이 높습니다. 상승 추세의 끝인 최고점에서 대량 거래 음봉이, 하락 추세의 끝인 최저점에서 대량 거래 양봉이 발생하면 그 지점이 변곡점일 확률이 높아집니다. 여기에서 몸통의 크기가 클수록 거래량이 직전 거래량을 초과하는 수준으로 많아질수록 변곡점의 신뢰도는 높아집니다.

주가와 거래량이 같은 방향으로 움직이는 것이 정상적이라는 데 착안하여 네 가지 경우로 나누어서 추세와 변곡을 설명할 수 있습니다.

첫째, 주가 ↑, 거래량 ↑의 경우입니다. 주가도 오르고 거래량도 증가하는 상승 추세가 이에 해당합니다.

둘째, 주가 ↑, 거래량 ↓의 경우입니다. 주가는 오르고 거래량은 감소하면서 하락 반전을 준비하는 천장권이 이에 해당합니다. 단, 보유 세력들의 이탈 없이 매집이 잘되었거나 갑작스러운 호재로 상승하는

■ 그림 7-7 최저점 대량 거래 양봉

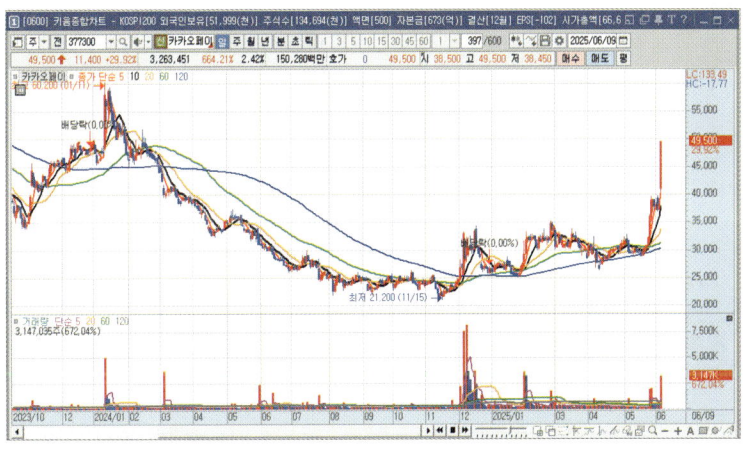

경우에는 상승 추세에서 급등하면서 거래량이 감소하기도 합니다.

셋째, 주가 ↓, 거래량 ↓의 경우입니다. 주가도 내리고 거래량도 감소하는 하락 추세가 이에 해당합니다.

넷째, 주가 ↓, 거래량 ↑의 경우입니다. 주가는 내리고 거래량은 증가하면서 상승 반전을 준비하는 바닥권이 이에 해당합니다. 단, 악성 매물이 많거나 갑작스러운 악재로 하락하는 경우에는 하락 추세에서 급락하면서 거래량이 증가하기도 합니다.

■ 그림 7-8 주가와 거래량의 네 가지 추세와 변곡점

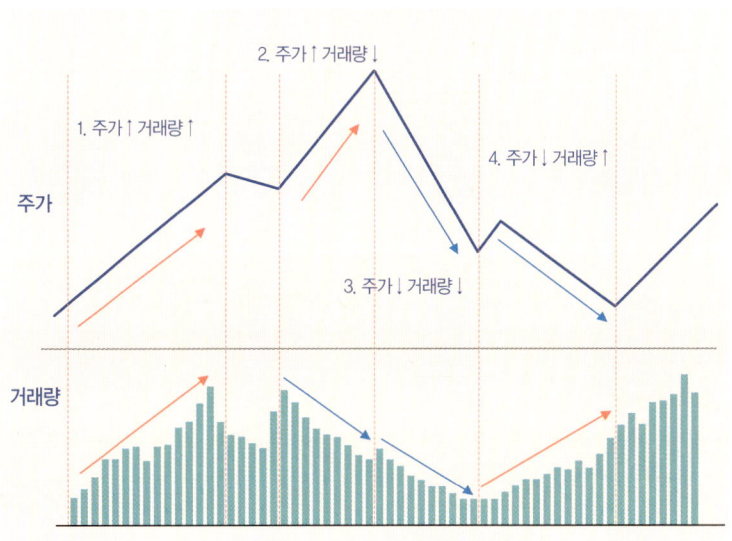

과거의 거래량이 현재의 주가에 영향을 줄 때

매물대란 거래량이 많이 발생하여 매물이 집중 분포된 가격대를 뜻하는 것으로, 보통 매물량을 막대그래프로 표시하여 주가 차트와 함께 봅니다. 매물대를 분석하는 이유는 과거에 발생한 거래량이 현재의 주가에 영향을 미친다는 가정이 깔려 있기 때문입니다. 거래가 발생하여 매물대로 남아 있다는 것은 그 가격에 매수한 주주들의 평균단가를 예상할 수 있다는 뜻입니다.

■ 그림 7-9 매물대 차트

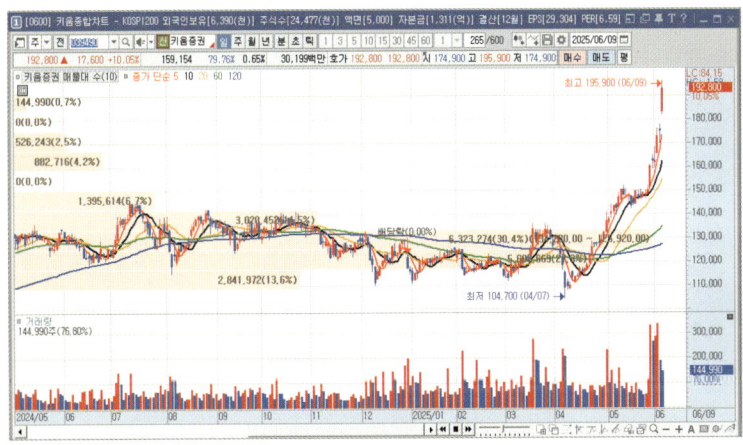

본전 심리를 생각한다면 매수 후에 주가가 하락한 보유자들에게 평균 단가는 매도 희망가를 뜻하기도 합니다. 예를 들어 1만 원에 주식을 매수했는데 매수 후 8,000원이 된 보유 종목이 있다면 보유자들은 "1만 원만 돼라, 숨도 안 쉬고 팔아야지"라고 생각합니다. 이런 본전 심리를 고려한다면 매물대가 얼마나 중요한지 알 수 있습니다. 본전 심리는 손실을 확정시키기보다는 미확정으로 방치하고 싶은 심리, 또는 잘못된 판단을 확정시키지 않고 자존심을 지키고 싶은 심리라고 생각해도 됩니다.

일반적으로 주요 매물대를 상향 돌파하면 상승 추세로 이어지고 하향 이탈하면 하락 추세로 이어진다고 해석할 수 있습니다. 물론 많은 물량이 터진 주요 매물대를 돌파하기 위해서는 이전 매물대의 거래량을 초과하는 거래가 터져야 합니다. 시장에서는 악성 매물을 소화해야 한다고 표현하기도 합니다.

주가가 매물대를 상향 돌파해서 상승 추세로 이어지면 이전 매물대 가격은 지지 가격이 되고, 반대로 하향 돌파해서 하락 추세로 이어지면 이전 가격은 저항 가격이 되기도 합니다. 특히 고점에서 음봉 대량 거래가 발생하면 향후 강력한 저항선으로 작용할 확률이 높고, 저점에서 양봉 대량 거래가 발생하면 향후 강력한 지지선으로 작용할 확률이 높다는 것을 기억하기 바랍니다.

거래량을 이용한
실전 매매 전략

　가치 분석을 기반으로 하는 중장기 투자와 달리, 가격 분석을 기반으로 하는 단기 매매의 경우 거래량 분석은 훨씬 중요합니다. 예를 들면 중장기 투자의 경우 여러 날에 걸쳐 소액 분할 매수하거나 분할 매도할 수 있습니다. 반면 단기 매매의 경우 갑작스러운 재료가 발생하거나 급등에 따른 추격 매수 등의 경우에는 소액 분할 매수가 불가능하고, 시장가 주문이 유리한 경우가 많습니다. 시장가 주문의 경우 호가 갭이 있는 종목은 높은 가격에 매수되거나 낮은 가격에 매도되는 경우가 많기 때문에, 호가 갭이 없이 매수량과 매도량이 촘촘한, 거래량이 많은 종목을 선정해야 합니다. 특히 단기 매매 자금이 큰 투자자라면 거래량과 함께 거래 대금도 반드시 살펴봐야 합니다. HTS의 메뉴에서 거래량 상위 종목 또는 거래 대금 상위 종목을 검색해서 이용하면 좋습니다.

　차트를 분석할 때 주가 이평선은 기본적으로 보지만, 거래량 이평선은 거의 보지 않는 것이 현실입니다. 웬만한 HTS의 기본 차트에는 거래량 막대뿐 아니라 거래량 이평선이 나와 있으니, 주가 이평선과 함

께 거래량 이평선을 보는 습관을 들여야 합니다. 자주 보다 보면 주가

■ 그림 7-10 거래량 상위 종목

[0184] 순위분석 - 당일거래상위(거래량/회전율/거래대금) (통합)

전일대비등락률상위 | 시가대비등락률상위 | 예상체결등락률상위 | 당일거래상위 | 전일거래상위 | 거래대금상위 | 시가총액

◉전체 ○코스피 ○코스닥 ◉거래량 ○회전율 ○거래대금 ◉전체 ○프리 ○장중 ○애프터 ○시간외 장전 조회 다음

종목 ETF+ETN+스 신용 전체조회 거래량 전체조회 가격 전체조회 거래대금 100억원이 시가총액 전체조회

순위	분	종목명	현재가	대비	등락률	거래량	전일비	회전율	금액(백만)
1	신	우리기술	2,420	▲ 140	+6.14	33,364,192	170.17	20.27%	83,095
2	신	다날	4,440	▲ 925	+26.32	28,963,062	438.01	42.01%	123,007
3		좋은사람들	1,226	▲ 75	+6.52	26,150,867	39.88	26.98%	32,232
4	신	동양철관	1,514	▲ 109	+7.76	23,726,386	269.77	14.90%	35,550
5	신	더존	3,405	▲ 660	+24.04	19,594,131	355.65	27.44%	61,604
6	신	갤럭시아에스엠	2,705	▲ 340	+14.38	18,811,831	1,092.92	68.29%	49,872
7	신	갤럭시아머니트리	12,150	↑ 2,800	+29.95	16,550,274	197.95	42.19%	185,991
8	신	두산에너빌리티	47,250	▲ 1,350	+2.94	14,457,235	32.42	2.26%	685,070
9	신	삼성전자	60,250	▲ 1,150	+1.95	13,299,701	39.73	0.23%	798,856
10	신	일신석재	2,650	▼ 5	-0.19	12,075,598	14.08	15.60%	32,371
11	신	한국정보인증	7,500	▲ 1,310	+21.16	11,176,574	176.20	26.34%	82,066
12	신	대한전선	15,070	▲ 1,410	+10.32	9,935,951	236.78	5.33%	148,914
13	신	카카오	49,100	▲ 4,800	+10.84	9,426,831	111.51	2.14%	447,506
14	신	한화투자증권	5,300	▲ 440	+9.05	8,409,301	118.53	3.92%	44,086
15		케이씨티	4,360	▲ 520	+13.54	7,809,061	40.39	45.54%	33,718
16	신	삼성중공업	16,470	▼ 280	-1.67	7,459,538	61.89	0.85%	123,803
17		원익	7,260	▲ 860	+13.44	7,360,244	71.78	40.46%	53,207
18	신	아톤	6,990	▲ 860	+14.03	7,070,690	1,027.78	28.52%	48,178
19	신	카카오뱅크	29,050	▲ 4,800	+19.79	6,895,623	782.48	1.45%	189,270
20	증	비큐AI	1,758	▲ 99	+5.97	6,114,734	82.68	19.45%	10,851

■ 그림 7-11 거래 대금 상위 종목

[0186] 순위분석 - 거래대금상위 (통합)

전일대비등락률상위 | 시가대비등락률상위 | 예상체결등락률상위 | 당일거래상위 | 전일거래상위 | 거래대금상위 | 시가총액

◉전체 ○코스피 ○코스닥 시가총액 전체조회 □자동조회 ? * 거래대금(백만원), 시가총액(억원) 조회 다음

종목조건 ETF+ETN+스팩 신용조건 전체조회 거래량 전체조회 가격조건 전체조회 거래대금 전체조회

순위	전일	종목명	현재가	대비	등락률	매도호가	매수호가	거래량	시가총액	거래대금
1	1	두산에너빌리티	47,900	▲ 2,000	+4.36	47,950	47,900	9,768,014	306,829	462,713
2	2	삼성전자	59,650	▲ 550	+0.93	59,700	59,600	7,075,775	3,531,064	424,701
3	3	SK하이닉스	232,000	▲ 7,500	+3.34	232,000	231,500	1,363,186	1,688,965	315,784
4	4	코나아이	85,000	▲ 13,400	+18.72	85,200	85,000	3,580,294	12,379	291,475
5	9	솔트룩스	53,400	▲ 5,550	+11.60	53,500	53,400	3,050,551	6,478	157,020
6	12	카카오	46,450	▲ 2,150	+4.85	46,500	46,450	2,863,136	205,175	131,872
7	6	한화에어로스페	870,000	▼ 35,000	-3.87	871,000	870,000	133,174	411,477	116,965
8	25	현대차	196,200	▲ 6,600	+3.48	196,300	196,200	593,321	401,735	115,614
9	5	펩트론	163,300	▲ 6,000	+3.81	163,300	163,200	661,532	38,045	108,933
10	14	한화오션	76,000	▼ 2,000	-2.56	76,000	76,000	1,406,441	232,874	108,007
11	79	갤럭시아머니트	11,850	▲ 2,500	+26.74	11,860	11,850	9,990,343	4,649	107,562
12	11	한전기술	76,900	▲ 3,700	+5.05	76,900	76,900	1,297,023	29,391	99,145
13	19	삼성물산	169,600	▲ 700	+0.41	169,600	169,500	554,126	288,280	95,124
14	38	SK	203,750	▲ 16,750	+8.96	204,000	203,500	479,080	147,724	94,834
15	235	다날	4,340	▲ 825	+23.47	4,340	4,335	22,339,247	2,992	94,209
16	27	한화	95,900	▲ 5,200	+5.73	96,000	95,900	911,483	71,885	86,065
17	111	대한전선	15,010	▲ 1,350	+9.88	15,040	15,010	5,493,156	27,986	81,311
18	22	NAVER	193,700	▲ 2,500	+1.31	193,700	193,600	416,902	306,892	81,287
19	16	쿠콘	40,200	▲ 4,450	+12.45	40,200	40,150	1,933,520	4,122	77,830
20	18	알테오젠	374,500	▲ 6,000	+1.63	375,000	374,500	206,649	200,226	76,758

와 거래량의 관계를 이해하게 될 것입니다. 거래량 이평선과 주가 이평선은 평균으로 선을 그린 개념이기 때문에 골든크로스, 데드크로스, 추세 등과 원리가 같습니다.

주가와 거래량의 관계를 기억한다면 이평선의 관계도 알 수 있습니다. 주가 이평선과 거래량 이평선은 대체로 같은 방향으로 움직이고, 거래량 이평선이 주가 이평선보다 빨리 움직입니다.

거래량을 분석하면서 평균 거래량에 비해 갑자기 거래량이 늘었을 때는 자사주 매도, 전환권 행사, 신주 인수권 행사 등 유통 주식수가 늘었는지 공시를 검색할 필요도 있습니다. 어떤 이유에서든 유통 물량이 늘어난 것은 주가에 나쁜 영향을 미칩니다. 대주주 매도, 자사주 매도뿐 아니라 유상증자와 무상증자에 의한 신주 물량이 나오는 날 역시 주가의 흐름은 좋지 않을 확률이 높습니다. 반대로 자사주 매

■ 그림 7-12 거래량 이평선

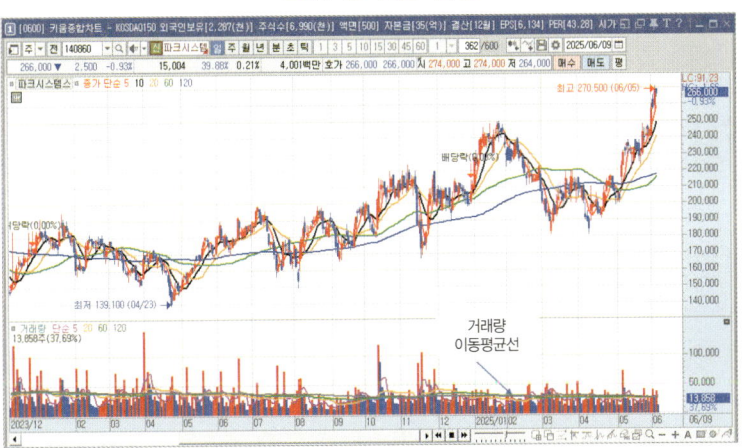

입 또는 소각, 대주주의 주식 매수 등의 재료를 보면 유통 물량 감소는 호재라는 논리로 접근하기 바랍니다. 수요 공급의 법칙에서 수요의 증가, 공급의 감소가 가격을 올리는 요인이듯, 주식시장에서 매수의 증가, 매도의 감소가 주가를 올리는 요인이라고 생각하면 이해가 쉬울 것입니다.

8장
슈퍼개미가 추천하는 4가지 차트!

 **MAIN POINT**

저자가 좋아하는 차트 유형 네 가지와 그에 따른 사례 종목을 보면서 각자가 좋아하는 차트 유형을 만들자.

최고가를 돌파하면서 신고가를 갱신하는 차트

 제가 좋아하는 첫 번째 차트 유형은 완전 정배열 상태에서 직전 최고가를 돌파하면서 신고가를 갱신하는 차트입니다. 1년간의 신고가인 52주 신고가와 상장 이후 최고가인 역사적 신고가가 중요하고, 역사적 신고가가 더 큰 의미를 가집니다. 특히 신규 상장주는 차트가 새롭게 시작한 지 얼마 되지 않아서 역사적 신고가가 더 쉽게 갱신될 수 있다는 점에서 신규 상장주의 신고가를 눈여겨볼 필요가 있습니다. 신규 상장주의 경우 상장 이후 고점에 가까워질수록 관심 종목에 편입하여 신고가를 갱신하는지 지속적으로 관찰할 필요가 있습니다. 신고가 종목의 매수는 돌파 직전의 예측 매수와 돌파 이후의 확인 매수 중에 선택해야 합니다. 예측 매수의 장점은 낮은 가격에 매수할 수 있다는 것이고, 신고가 돌파가 실패로 끝날 수 있다는 점은 단점입니다.

 완전 정배열 차트의 예는 한화에어로스페이스입니다. 한화에어로스페이스는 한국의 록히드마틴 같은 역할을 하는 방산기업이기도 하고 우주항공산업 또한 아우르는 한화그룹주입니다. 러우 전쟁 등이 촉발한 글로벌 지정학적 리스크로 각 국가는 자주국방에 대한 관심

■ 그림 8-1 완전 정배열 신고가의 예-한화에어로스페이스

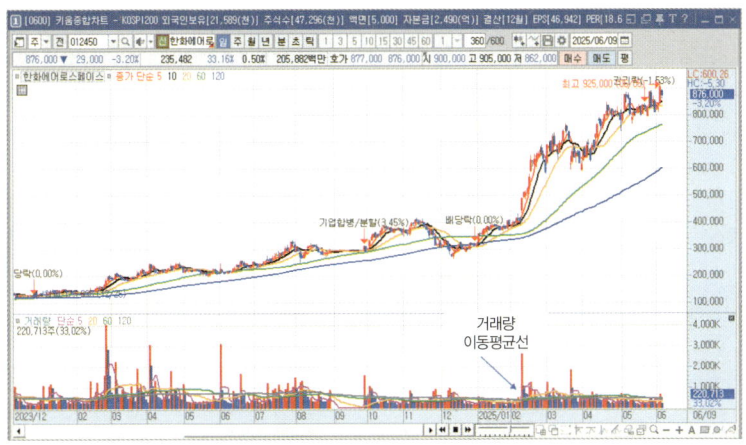

도가 높아졌습니다. 이에 따라 가격과 성능에 우위가 있는 K방산이 주목받았고, 한화그룹의 한화에어로스페이스와 한화솔루션의 성장세가 두드러졌습니다.

한화에어로스페이스는 전형적인 완전 정배열 신고가 차트입니다. 2022년 러시아-우크라이나 전쟁이 본격적으로 확산되면서, 한화에어로스페이스의 주가는 방산 수혜 기대감에 힘입어 상승했습니다. 마침내 2023년 6월에는 2010년 기록했던 고점을 돌파하며 사상 최고가를 경신했습니다. 그 이후 2023년 10월까지 일부 주가 조정이 있었지만 2024년 1월에 재차 역사적 신고가를 갱신하면서 2025년 현재까지 상승을 계속하였습니다.

이런 차트의 장점은 저고점 매물 부담이 없기 때문에 목표 주가를 가늠할 수 없을 만큼 폭발적인 상승이 가능하지만, 단점은 고점 갱신

이후 하향 국면으로 접어들었을 때 큰 하락이 나올 수 있다는 점입니다. 상승 추세에 올라타고 내려오는 어깨에서 매도하는, 결단력이 필요한 차트입니다.

한화에어로스페이스나 현대로템과 같은 업종 대장주 종목이 지속해서 신고가를 가고 있는 현재 장세에서는 방산주나 우주항공 관련주를 지켜볼 필요가 있다는 뜻입니다.

조금만 주의하면
기대되는 차트

    제가 좋아하는 두 번째 차트 유형은 **완전 정배열 상태로 우상향 하면서 이평선에서 눌림목 조정을 받으며 상승하는 차트**입니다. 아무리 상승 추세가 강해도 매일 오르는 종목은 없습니다. 상승 추세 중에 조정을 받을 때 가장 강력한 지지선의 역할을 하는 것은 이평선입니다. 추세가 아주 강한 종목은 20일선에서 눌림목 조정 후에 강한 반등으로 다시 상승하게 되며, 20일선이 뚫리더라도 60일선에서 지지

■ 그림 8-2 정배열 눌림목 조정의 예-두산에너빌리티

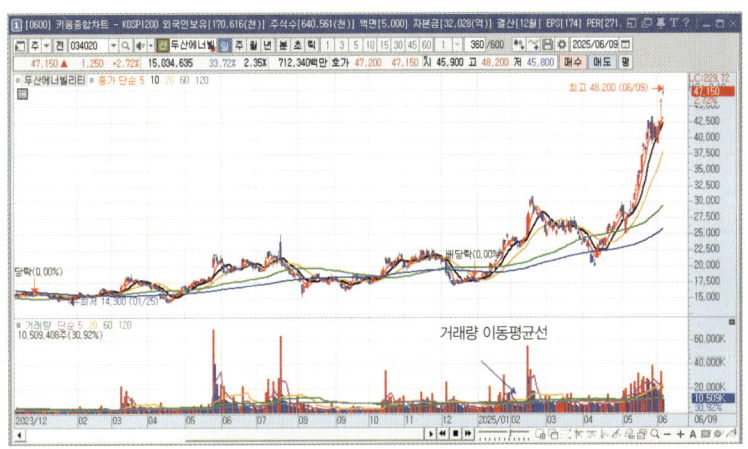

되리라 기대할 수 있습니다. 물론 상승 각도가 크지 않거나 완전 정배열 초입 국면의 종목은 이평선 지지가 약할 수 있으니 주의할 필요가 있습니다. 즉, 정배열 상태에서 이평선의 눌림목 조정 이후 상승할 확률이 높으려면 완전 정배열이 지속된 기간이 길고 상승 각도가 가파르게 유지되어야 합니다.

정배열 눌림목 조정 차트의 예는 두산에너빌리티입니다. 두산에너빌리티는 원전 관련주의 대장주이며 국내외 원자력산업에서 핵심적인 역할을 하는 기업입니다. 기존의 원전산업 이외에도 차세대 발전소 형식 중 하나로 SMR(Small Modular Reactor, 소형모듈원자로)이 미래산업으로 대두되고 있습니다. "작고 조립이 가능한 원전"을 말하는 겁니다. 국내에서 SMR 관련주로 두산에너빌리티를 관심 두는 이유입니다.

2024년 12월부터 장기 이동평균선이 정배열로 자리 잡고 2025년 1월에는 단기 이동평균선도 정배열 진통 과정을 지나서 2월 중순에는 최고점 30,900원을 찍고 완전 정배열 차트를 형성했습니다. 그 이후 장기 이동평균선은 정배열을 유지한 채로 단기 이동평균선만 조정이 들어가서 눌림목을 형성하고 있습니다. 차트상으로는 상승의 힘이 큰 구간 이후의 눌림목 구간이라 상승 추세를 다시 지속할 확률이 높아 보입니다. 국내외 원전 수주에 대한 소식이 나온다면 두산에너빌리티도 다시 완전 정배열을 만들고 원전 관련주 하위 순환매도 관심을 가질 필요가 있습니다.

치명적인 단점이 잊히는
굉장한 수익률

　세 번째 차트 유형은 완전 역배열에서 바닥을 찍고 정배열로 전환하고 있는 차트입니다. 물론 그 바닥이 진짜 바닥인지 가짜 바닥인지는 지나봐야 확실히 알 수 있다는 치명적인 단점이 있습니다. 정배열 종목보다 성공 확률은 그리 높지 않으나, 성공 시 수익률은 매우 높은 고위험, 고수익 차트입니다. 쌍바닥 또는 다중 바닥을 다지면서 저점을 높인 차트여야 하며, 바닥을 다진 기간이 길수록, 반등하면서 이

■ 그림 8-3 역배열에서 정배열 전환 진통 과정의 예-HMM

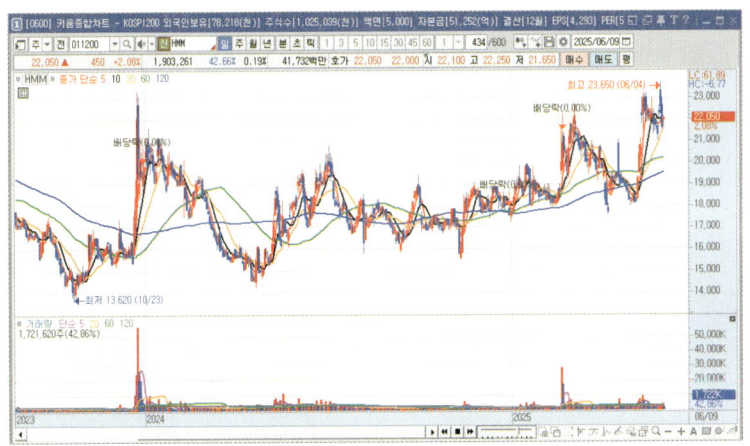

평선 돌파 시도의 횟수가 많을수록, 신뢰도는 높아집니다. 다만 매수 후에 다시 전저점을 깨고 내려갈 확률이 높아지면 손절매도 각오해야 합니다. 역배열 추세의 하락 지속을 이겨내기 위해서는 그 종목이 아주 우량해야 하고 투자자가 매수 후 보유 정신이 투철해야 합니다.

역배열에서 정배열 전환 진통 과정 차트의 예는 HMM입니다. HMM은 해운 물류기업으로, 컨테이너를 사용해 운반할 수 있는 모든 화물, 원자재와 원유, 플랜트 등 벌크화물까지 배로 운반하는 서비스를 제공하는 기업입니다. HMM의 차트를 보면 2024년 11월까지 완전 역배열에서 수렴 조정 구간이 계속되었는데 12월 초순 완전 정배열로 전환하고 나서는 이격도를 벌려가며 완전 정배열 상태를 계속 유지하고 있습니다. 이 정도 상승이 나오면 다시 역배열 상태로 되돌림 반락이 나올 가능성이 점점 낮아지고 있다고 볼 수 있습니다.

완전 정배열 초기 투자의 장점은 전고점 돌파 또는 역사적 신고가까지 중장기 우상향 상승을 한다면 큰 수익을 얻을 수 있다는 것이며, 단점은 다시 역배열 상태로 반락할 수도 있다는 것입니다. HMM과 함께 다른 해운물류 관련주의 주가 움직임을 묶어서 확인하는 것이 주가 흐름 판단에 더 좋고, 짝짓기 매매로 수익을 낼 기회를 찾을 수도 있습니다.

차트의 일생이
보인다

네 번째 차트 유형은 **완전 역배열에서 정배열 전환 진통 과정을 거치고 정배열에 성공하여 완전 정배열에 막 진입한 차트**입니다. 완전 정배열 초입 국면에서 중장기적으로 정배열을 유지하면서 안정적으로 우상향하기 위해서는 이격이 벌어지는 확산 과정이 나오거나, 전고점을 돌파하며 신고가로 진입하는 모습을 보여야 합니다.

완전정배열 초입 과정 차트의 예는 와이지엔터테인먼트입니다. 와

■ 그림 8-4 완전 정배열 초입의 와이지엔터테인먼트

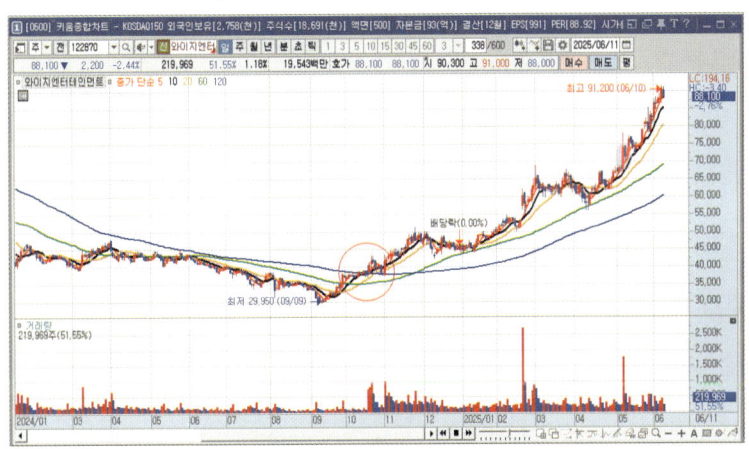

이지엔터테인먼트는 전 세계에서 매출이 발생하는 글로벌 엔터테인먼트 기업으로 베이비몬스터, 트레저, 블랙핑크 등의 아티스트들을 보유하고 있습니다. 미국의 관세 정책에서는 무풍지대로 중국의 한한령 해제 기대감에는 수혜로 시장이 반응하고 있습니다. 와이지엔터테인먼트의 차트를 보면 2024년 9월까지 완전역배열에서 수렴 조정 구간이 계속되었는데, 10월 중순 완전정배열로 전환하고 나서는 이격도를 벌려가며 완전정배열 상태를 계속 유지하고 있습니다. 이 정도 상승이 나오면 다시 역배열 상태로 되돌림 반락이 나올 가능성이 점점 낮아지고 있다고 볼 수 있습니다.

완전정배열 초기 투자의 장점은 전고점 돌파 또는 역사적 신고가까지 중장기 우상향 상승을 한다면 큰 수익을 얻을 수 있다는 점이며, 단점은 다시 역배열 상태로 반락할 수도 있다는 점입니다. 와이지엔터테인먼트와 함께 다른 엔터관련주의 주가 움직임을 묶어서 확인하는 것이 주가 흐름 판단에 더 좋고, 짝짓기 매매로 수익을 낼 기회를 찾을 수도 있습니다.

네 가지 차트는 제가 좋아하는 순서이며, 이는 완전역배열에서 정배열 진통 과정을 거치고 완전정배열에 진입하여 눌림목 조정으로 우상향하다가 역사적 신고가를 갱신하는 차트의 일생을 보여주는 것이기도 합니다. 이 중에는 비추세 차트가 없습니다. 이는 개인의 취향으로, 저는 비추세보다 추세를 좋아하며, 완전역배열에서 바닥을 잡으려는 노력보다 완전정배열에서 신고가를 잡으려는 노력이 더 중요하다고 생각합니다. 자산이 좋아하는 차트 유형이 무엇인지 생각해 보는 기회로 삼아보길 바랍니다.

1장 기업의 가치와 주가가 다른 이유

2장 재무제표를 제대로 보기 위한 기초, 회계

3장 재무상태표의 기본, 자산

4장 재무상태표 심화학습, 부채와 자본

5장 일정 기간의 경영 성과를 알 수 있는 손익계산서

6장 현금흐름표와 자본변동표 확인하는 방법

7장 재무비율도 모르고 투자한다고?

8장 가치투자의 대가들은 어떻게 투자했을까?

 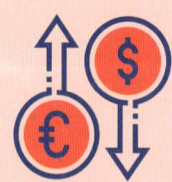  

4부

가치 있는 주식, 같이 하는 주식투자

"가치 있는 주식, 같이 하는 주식투자."

사람들은 자신의 가치관과 다른 가치관을 맞다, 틀리다라고 재단하지 않고 다르다고 인정합니다. 행복, 사랑, 꿈, 믿음, 가족 등 여러 가지 인생에서 중요한 것에 점수를 매겨 평가할 수 없다는 것은 누구나 알고 있습니다. 하지만 우선순위를 주관적으로 매기는 것은 누구나 하는 일이지요.

주식시장에서의 가치는 인생의 가치와 비슷하면서도 다릅니다. 가치에 대한 평가가 각자 다를 수밖에 없는 주관에 따른다는 것이 공통점이라면, 주식시장에서의 가치는 수치로 분석될 수 있다는 것이 가장 크게 다른 점이겠지요.

가치 평가의 기본 자료는 재무제표입니다. 공시된 재무제표, 즉 재무상태표, 손익계산서, 현금흐름표 등을 통해 기업의 가치를 분석함으로써 가격 대비 저평가되고 있는 종목을 찾아낼 수 있습니다. 이러한 가치 분석을 위해 4부에서는 회계의 기본부터 재무제표까지, 회계학에서 배우는 기본 내용을 간단히 설명합니다. 처음 공부하는 사람에게는 다소 어려운 내용이 포함되어 있으니, 초보자는 1장과 7장, 8장을 우선 공부하는 것도 좋습니다.

"같이 하는 삶이 가치 있는 삶"이라는 말이 있습니다. 4부를 통해 '가치 있는 주식'을 찾아 나가면서 '같이 하는 주식투자'를 하면 좋겠습니다. 어렵다고 포기하지 않고 4부의 내용을 숙지하면 주식시장에서 오랫동안 살아남는 무기를 갖게 되리라 확신합니다.

기업의 가치와
주가가 다른 이유

> ☑ **MAIN POINT**
>
> 기업 가치와 주가가 다를 수밖에 없는 이유를 이해하고, 주가에 가장 큰 영향을 미치는 기업 가치를 평가하는 대표적인 방법인 자산 기준과 이익 기준에 대해 공부하자.

가치와 가격은 다르다

주식투자에서 성공하는 방법은 하나뿐입니다. 1만 원에 매수한 주식을 1만 5,000원에 매도하면 됩니다. 여기서 1만 원, 1만 5,000원은 주식의 가격, 즉 주가입니다. 그렇다면 가격 분석을 통해 수익을 내면 되는데, 왜 가치 분석이 필요할까요? 주가(가격)는 매수(수요)와 매도(공급)에 의해 결정되는데, 투자자들의 매수와 매도 주문에 가장 큰 영향을 미치는 것이 기업의 가치이기 때문입니다. 주가에 가치가 정확히 반영된다면 가격 분석과 가치 분석은 결국 같은 답을 내겠지요. 어떤 종목은 매년 재무제표상의 지표가 좋아지면서 주가가 오르는 것을 확인할 수 있는데, 이러한 종목은 가치 분석과 가격 분석이 결국 같은 답을 찾기 위한 과정임을 보여주는 좋은 사례입니다.

그렇다면 가치와 가격은 어떻게 다를까요? 다이아몬드와 물 중에 어떤 것이 가치가 높을까요? 상식적으로 사람은 물이 없으면 죽고 다이아몬드는 없어도 살 수 있으므로 생명에 직결되는 물의 가치가 훨씬 높습니다. 하지만 물보다는 다이아몬드의 가격이 비교도 안 될 만큼 비쌉니다. 수요 공급의 법칙을 적용한다면 공급량이 무한대에 가까운 물이 공급량이 매우 적은 다이아몬드보다 싼 것은 당연합니다. 희소한 것에 한계효용을 더 크게 느끼는 인간의 합리적인 선택이 다이아몬드의 가격을 훨씬 비싸게 만든 것입니다. 그런데 지금보다 물 부족 사태가 심화된다면 어떻게 될까요? 세상의 물의 99%가 오염되어 1%의 물만 사용할 수 있게 되면 물이 다이아몬드보다 비싸지는 날이 올지도 모릅니다. 참고로 이런 날을 대비해서 환경 관련주, 신재생에너지 관련주, 물 관련주 등에 관심을 가질 필요가 있습니다.

사람들이 지금 느끼는 물의 효용과 물 부족 사태가 일어난 후 느끼는 물의 효용은 다를 것입니다. 이렇듯 효용은 주관적인 것이며, 효용에 의해 평가되는 가치 또한 주관적이고, 이러한 주관적인 가치를 분석하는 작업도 역시 주관적일 수밖에 없습니다. 주식에서의 가치는 어떨까요? 자산에 중점을 둔 가치 분석, 이익에 중점을 둔 가치 분석뿐 아니라 계량화할 수 있는 숫자보다 질적인 부분을 중요시하는 가치 분석까지, 각자의 가치관에 따른 수많은 가치 분석 방법이 있습니다. 주식의 가치는 분석하는 사람이 분석하는 특정 시점에, 특정한 분석 방법에 의해 결정됩니다. 즉, 가치 분석을 하는 투자자들이 객관적으로 분석했다고 믿는 가치는 사실 자신만의 기준에 의해 주관적으로 분석한 가치인 경우가 대부분입니다. 주식투자자가 궁극적으로 알아내야 하는 대상은 시장에서 다수에 의해 결정되는 객관적인 지표인 가격의 변화인데도, 대부분의 투자자들은 가격을 무시한 채 주관적인 가치에서 해답을 찾으려 노력하고 있다는 것이죠.

오늘의 주식 가격은?

　오늘의 주식 가격과 특정 시점의 가치는 일치하지 않습니다. 정보가 계속 주가에 영향을 미치기 때문입니다. 그래서 삼박자 투자법에서는 가격, 가치, 정보를 모두 공부해서 가격 변화의 메커니즘을 이해하고 세 가지를 모두 분석하여 수익을 올릴 수 있다고 설명하는 것입니다.

　시장에서 다수의 참여자에 의해 결정된 객관적인 가격과 투자자의 책상에서 혼자 결정한 주관적인 가치는 다를 수밖에 없습니다. 이때 가격이 가치보다 높으면 고평가 상태, 가격이 가치보다 낮으면 저평가 상태라고 말합니다. 그렇다면 투자자는 어떤 종목을 사야 할까요? 당연히 저평가 종목을 사야 합니다. 시장 소외주로 제값을 인정받지 못하는 진흙 속의 진주와 같은 종목을 찾아야 합니다.

　가격과 가치가 일치하지 않는 가장 큰 이유는 특정 시점의 가치 평가 때는 반영되지 않은 정보가 발생했기 때문입니다. 그래서 단기 매매에서 정보 분석의 중요성을 더욱 강조하는 것입니다. 또 다른 이유는 가치 분석 때는 합리적으로 판단하던 투자자들도 가격을 결정하는 매수·매도 주문을 할 때는 비합리적으로 판단하기 때문입니다.

특히 매도할 때 비합리적인 행동이 자주 나타납니다. 주식투자자들은 계좌 상태에 따라서 현금 보유 → 매수 주문 → 주식 보유 → 매도 주문 → 현금 보유의 상태를 거칩니다. 보통 현금 보유 상태에서는 시장이나 종목의 급락에 심리적으로 영향을 받지 않는 편안한 상태에서 관심 종목을 분석합니다. 또한 매수 타이밍을 잡을 때도 급할 것이 없습니다. 그러나 매수하여 계좌에 종목 이름이 찍히는 순간 매일 변하는 주가에 보유자의 심리는 영향을 받습니다. 오르면 오르는 대로 매도할까 마음이 흔들리고, 내리면 내리는 대로 하늘이 무너진 것 같은 상실감에 만사가 귀찮아집니다. 매수 전과는 비교할 수 없을 정도로 불안한 상태이므로, 매수 후 주식 보유 상태에서는 냉철한 분석보다는 순간의 심리에 영향을 받아 매도하는 경우가 많습니다. 즉, 현금 보유 상태에서 합리적인 분석으로 매수하고 주식 보유 상태에서는 비합리적인 판단으로 매도하게 되는 것도 가치와 가격이 다를 수밖에 없는 중요한 이유입니다.

단기적으로 가치와 가격은 같지 않습니다. 물론 중장기적으로는 한방향으로 움직일 것입니다. 단기 매매보다 중장기 투자에 가치 분석이 더욱 중요하다는 점과 가격의 잔파도에도 흔들리지 않고 믿을 수 있는 종목을 찾아내는 것은 가치 분석으로 가능하다는 사실을 반드시 기억하기 바랍니다.

자산 기준으로 기업을 평가하는 방법

 가치를 평가하는 방법은 단순하게 자산을 기준으로 하는 것과 수익 이익 을 기준으로 하는 것이 있습니다. 물론 두 가지를 복합적으로 고려할 수도 있고 다른 사항들을 고려할 수도 있지만, 가치 분석에 가장 중요한 요인은 기업의 자산 가치와 수익 가치일 것입니다.

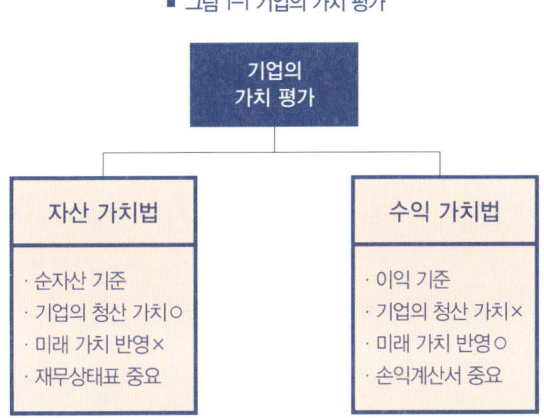

■ 그림 1-1 기업의 가치 평가

 먼저 자산 가치법으로 기업을 평가하는 방법부터 알아보겠습니다. 이는 순자산 평가법으로, 기업의 자산에서 부채를 뺀 순자산을 평가

하는 것입니다. 여기서 자산과 부채, 순자산_{자본}은 회계 용어지만, 쉽게 풀면 자산은 내 것, 부채는 남의 돈, 자본은 내 돈이라고 이해하면 됩니다. 우리나라에는 자산 가치법으로 기업을 평가하여 중장기 투자에 성공한 개인 투자자들이 많은데, 주로 부동산을 많이 소유한 땅 부자 기업의 부동산을 재평가하여 현재의 시가총액과 비교한 후 투자하여 수익을 낸 경우입니다.

자산 가치법의 단점은 회계상의 가치를 청산 가치_{실제 팔면 받을 수 있는 가격}로 전환해야 하는데, 이때 주관이 개입될 수밖에 없다는 것입니다. 또한 현재 시점에서 회사를 청산할 경우의 가치이기 때문에 미래의 수익 창출 능력을 반영하지 못합니다. 한마디로 현재 기준으로 회사가 망했을 때 청산해서 나오는 순자산을 기준으로 회사를 평가한다는 뜻입니다. 망하는 회사에 미래 가치가 반영될 수 없기 때문입니다.

자산 가치법으로 기업을 평가하기 위해서는 자산, 부채, 순자산 등의 용어가 나오는 재무상태표를 볼 줄 알아야 합니다. 재무상태표에 숨어 있는 장부상의 가치와 위험을 찾는 것이 핵심입니다. 자산 재평가가 안 된 오래된 부동산이나 영업권, 특허권 등 잠재적으로 가치가 없어질 가능성이 높은 자산을 잘 검토해봐야 합니다. 또는 숨어 있는 부채, 보이지 않는 위험을 찾는 것도 필요합니다. 즉, 재무상태표를 분석하는 목적은 기업의 현재 순자산 가치를 평가하는 것입니다.

현금흐름을 파악해보자

수익 가치법은 현금흐름 할인법이라고도 하는데 미래에 발생할 순현금흐름을 적정한 할인율로 할인하여 현재 가치로 평가하는 방법입니다. 자산 가치법과 달리 미래의 수익 창출 능력을 고려한다는 장점이 있지만, 그 추정도 결국은 주관적인 예측이라는 단점이 있습니다. 또한 할인율 적용도 주관적일 수 있으므로, 할인율이 바뀔 때마다 기업의 현재 가치는 달라질 수밖에 없습니다.

다시 말해 수익 가치법은 미래의 가치를 반영할 수는 있지만, 미래 순현금흐름과 할인율을 결정하는 데 주관이 개입되고, 자산 가치법과 달리 기업이 계속 보장되지 않을 경우 기업의 청산 가치를 반영하지 못합니다. 자산 가치법과 수익 가치법은 경제 상황에 따라 유용성이 달라지기도 합니다. 경기가 나쁜 하락장일 때 PBR 지표를 더 중요하게 보듯 자산 가치법이 더 유용하게 쓰이며, 반대로 경기가 좋은 상승장에서는 PER 지표를 더 중요하게 보듯 수익 가치법이 더 유용하게 쓰이기도 합니다.

자산 가치법으로 평가할 때 재무상태표가 중요한 것처럼, 수익 가치법으로 평가하기 위해서는 손익계산서의 분석이 중요합니다. 미래 순현금흐름을 알아내기 위해 손익계산서의 수익과 비용의 구조와 크기를 참고합니다. 추가로 영업 활동으로 인한 현금흐름을 현금흐름표에서 확인하여 같이 분석해야 합니다. 손익계산서는 발생주의에 의해 작성되었으므로, 현금흐름 분석을 위해서는 현금주의에 의해 작성된 현금흐름표로 보완해야 한다는 뜻입니다.

그렇다면 자산 기준과 이익 기준 중 어느 것이 더 합리적인 가치 분석 방법일까요? 두 기준 모두 장단점이 있기 때문에 가중치를 두어 분석하는 절충법을 사용할 수도 있습니다. 저는 재무상태표보다 손익계산서, 즉 자산 가치보다 수익 가치를 더 중요하게 생각하는데, 손익계산서에서 매출이나 수익이 성장하는 성장형 기업을 선호하기 때문입니다.

현실적으로 주식투자자 중에 수익 가치법 또는 자산 가치법으로 기업을 평가할 수 있는 사람은 거의 없습니다. 물론 시도는 할 수 있겠지만 정확성을 고려한다면 어려운 일입니다. 그래서 주식투자자가 쉽게 접근할 수 있는 기업 가치 평가 방법인 비교 가치법에 대해 간단히 알아보겠습니다. PER 수익 기준, PBR 자산 기준이 대표적인 비교 가치 지표입니다.

예를 들어볼까요?

기업 A와 B를 비교할 때 현재 주당 순자산은 모두 2만 원이지만 상대적으로 B보다 A의 주가가 낮습니다. PBR이 낮은 A가 B보다 자산 가치 대비 저평가되었다고 할 수 있습니다.

■ 표 1-1 자산 기준 비교 가치법

구분	A기업	B기업
주가	10,000원	20,000원
주당 순자산	20,000원	20,000원
PBR(주가/주당 순자산)	0.5	1

기업 A와 B의 현재 주당 순이익은 모두 1,000원이지만 상대적으로 B보다 A의 주가가 낮습니다. PER이 낮은 A가 B보다 이익 가치 대비 저평가되었다고 할 수 있습니다.

■ 표 1-2 수익 기준 비교 가치법

구분	A기업	B기업
주가	10,000원	20,000원
주당 순이익	1,000원	1,000원
PER(주가/주당 순이익)	10	20

비교 가치법은 간단하게 기업을 비교 평가할 수 있는 장점이 있습니다. 다만 동일 업종 내의 종목이 아니면 별 의미가 없습니다. 또한 매우 유사한 사업 구조를 지닌 두 기업이라도 자산 기준 PBR, 수익 기준 PER, 매출 기준 PSR 등을 비교할 뿐, 유의미한 정보들을 종합적으로 비교할 수는 없습니다.

재무제표를 제대로 보기 위한 기초, 회계

 **MAIN POINT**

재무제표를 올바르게 읽기 위한 기초 단계로, 회계의 기본을 공부하고 실제 기업의 신규 창업을 예로 들어 재무제표 구성 원리를 이해하자.

회계의 작성 방법을 알아야 한다

 가치 분석의 핵심은 재무제표 분석입니다. 재무제표란 기업의 재무 상태와 경영 성과 등을 표현한 서류로, 회계 원칙에 따라 작성됩니다. 재무제표 작성 원리를 이해하기 위해 회계의 기본적인 내용을 알아보겠습니다. '부기'는 장부에 기입한다는 뜻인데, 단식부기와 복식부기로 구분하며 회계는 복식부기를 원칙으로 합니다. 단식부기는 차변좌측과 대변우측의 구분 없이 단일 항목의 증감을 기록하는 방식입니다. 가계부, 현금 출납장이 대표적인 단식부기입니다. 복식부기는 기업의 자산과 자본, 부채의 증감 및 변화 과정과 결과를 계정 과목을 통해

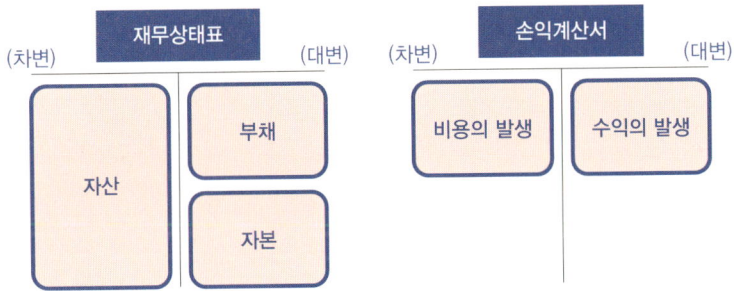

■ 그림 2-1 복식부기

차변_{좌측}과 대변_{우측}으로 구분하여 2중으로 기록하는 부기 형식을 말합니다.

재무상태표에서 자산의 증가는 차변에, 부채와 자본의 증가는 대변에 기록하며, 손익계산서에서는 비용의 발생은 차변에, 수익의 발생은 대변에 기록합니다. 거래가 발생한 것을 한 줄로 기록한 것을 분개라고 하는데, 분개를 모아놓은 것이 분개장이고 각각의 계정을 따로 빼서 작성한 것이 원장, 원장의 잔액을 모아 기입한 표가 재무제표입

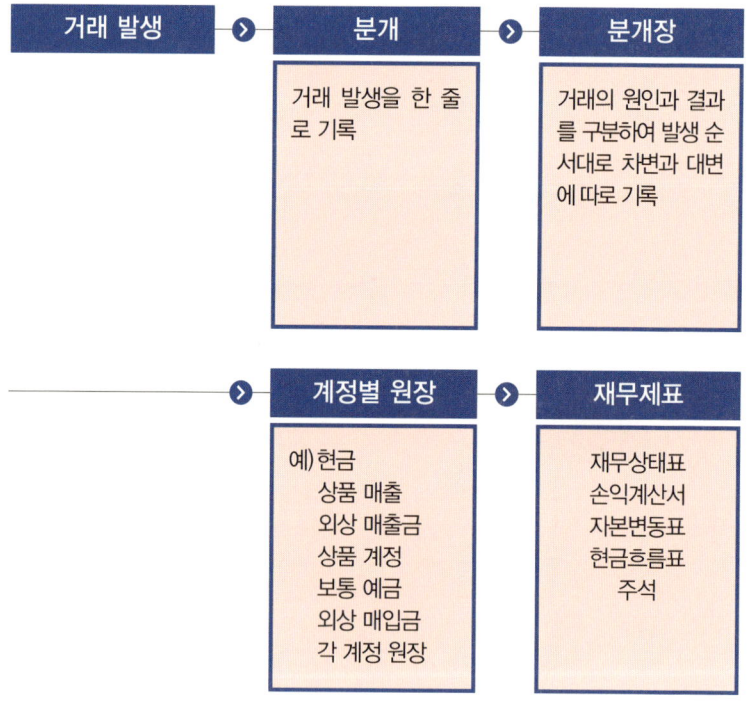

■ 그림 2-2 회계 기록의 작성 원리

니다. 재무상태표 또는 손익계산서에서 차변과 대변에 있는 계정의 숫자를 이해하기 위해 원장과 분개장의 관계와 그 작성 원리를 안다면 재무제표를 더 쉽게 이해할 수 있습니다.

신규 창업 시 분개 연습 사례

모든 법인은 복식부기로 장부를 작성해야 하며 각각의 거래를 분개장에 작성하면 그 내용이 재무제표에 반영됩니다. 복식부기와 재무제표의 관계를 더 쉽게 공부하기 위해 신규 법인을 창업했다고 가정하고 연습해봅시다. 다소 어려운 내용이지만, 재무제표 작성 원리에 대한 이해를 위해 가볍게 읽어보면 좋겠습니다. 분개의 항목은 다음과 같습니다. 금액 단위는 만 원이고 계정의 왼쪽은 차변, 오른쪽은 대변입니다.

(1) **자본금 1,000을 현금 납입 시**(액면가 5,000원, 발행 주식 2,000주)

차변에 자산의 증가인 현금 1,000을 기록하고 대변에 자본금 1,000을 기록합니다. (현금 1,000 / 자본금 1,000)

(2) **은행에서 500을 대출**

차변에 자산의 증가인 현금 500을 기록하고 대변에 부채의 증가인 차입금 500을 기록합니다. (현금 500 / 차입금 500)

(3) **컴퓨터를 500에 구입**

차변에 자산의 증가인 컴퓨터 500을 기록하고 대변에 자산의 감소인 현금 500을 기록합니다. (컴퓨터 500 / 현금 500)

(4) **인건비 200을 지급**

차변에 비용인 인건비 200을 기록하고 대변에 자산의 감소인 현금 200을 기록합니다. (인건비 200 / 현금 200)

(5) **현금 매출 발생**

차변에 자산의 증가인 현금 500을 기록하고 대변에 수익인 매출 500을 기록합니다. (현금 500 / 매출 500)

(6) **외상 매출 발생**

차변에 자산의 증가인 매출 채권 200을 기록하고 대변에 수익인 매출 200을 기록합니다. (매출 채권 200 / 매출 200)

(7) **유상증자**(액면가 5,000원, 발행가 1만 원)**로 1,000을 자금 조달**

차변에 자산의 증가인 현금 1,000을 기록하고, 대변에 자본의 증가를 기록해야 하는데 액면 초과 할증 발행을 했으니 자본금 500, 자본잉여금 500을 기록합니다. (현금 1,000 / 자본금 500 / 자본잉여금 500)

(8) **기말 감가상각 계상**(컴퓨터 500을 5년의 내용 연수로 1년에 100씩 감가상각)

차변에 비용인 감가상각비 100을 기록하고 대변에 자산의 감소인 감가상각 누계액 100을 기록합니다. (감가상각비 100 / 감가상각 누계액 100)

(9) **결산 조정**(매출 700-비용 300=이익 400)

차변에 매출에서 비용을 뺀 이익 400을 기록하고 대변에 자본의 증가인 이익잉여금 400을 기록합니다. (이익 400 / 이익잉여금 400)

이상의 분개가 신규 창업 연도인 첫해에 발생한 거래라고 가정하고, 이 분개를 반영하여 재무상태표와 손익계산서를 작성하면 다음과 같습니다.

■ 표 2-1 분개를 바탕으로 작성한 재무상태표와 손익계산서

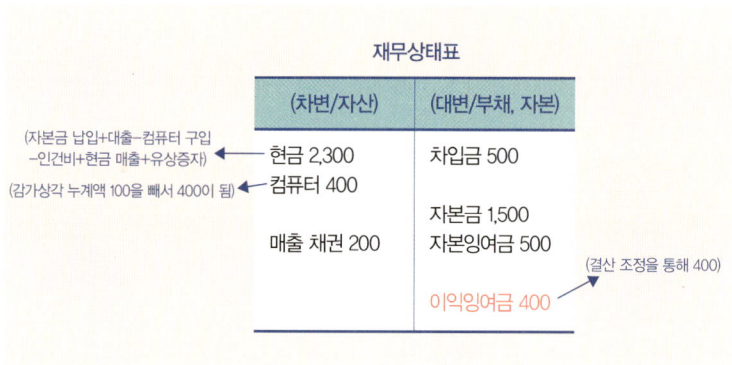

주식투자자가 분개까지 알아야 할까요? 물론 몰라도 되지만, 알

손익계산서

(차변/비용)	(대변/수익)
인건비 200 감가상각비 100	매출 700
(결산 조정을 통해 400) ← 이익 400	
700	700

면 더 좋겠지요. 분개를 모르고 재무제표에서의 숫자만 보면 계정 과목의 본질을 모르기 때문에 숫자에 숨어 있는 힌트를 찾기 힘듭니다. 조금 어렵더라도, 거래의 발생이 어떤 분개를 통해 재무제표의 항목을 구성하는지 이해해야 합니다.

3가지 중요한 회계 원칙

회계학에서는 일반적으로 인정된 회계 원칙에 따라 재무제표가 작성되어야 한다고 설명하는데, 그중 중요한 원칙을 살펴봅시다.

첫째, 수익 인식 기준에 대한 원칙으로 발생주의와 현금주의가 있습니다. 발생주의 원칙은 매출이 발생한 시점을 수익으로 인식하고, 현금주의 원칙은 실제로 현금이 들어온 시점을 수익으로 인식합니다. 발생주의는 수익 인식의 기본 원칙으로 매출이 생겼을 때 현금 매출과 외상 매출의 구분 없이 매출의 발생 자체를 중요시하여 수익으로 인식합니다. 이처럼 손익계산서를 작성하면 외상 매출도 이익으로 기록되는데, 실제로는 기업이 외상 매출금을 회수하지 못하고 도산하는 경우가 발생합니다. 이를 흑자 도산이라고 하지요.

이러한 발생주의의 문제점을 보완할 수 있는 것이 현금주의입니다. 현금주의는 실제 현금의 중요성을 강조하여 수익 인식 기준을 현금으로 잡는 것으로, 현금흐름표를 작성하여 발생주의에 의해 작성한 손익계산서의 단점을 보완합니다. 과거에 비해 더욱 현금흐름표의 유용성이 커지고 있음을 기억하기 바랍니다.

둘째, 자산 평가 기준에 대한 원칙으로 원가주의와 시가주의가 있습니다. 원가주의는 자산을 평가할 때 취득 원가로 평가하고, 시가주의는 현재의 가격으로 평가합니다. 자산 평가의 원칙은 객관성이 보장되어 있는 원가주의지만, 적정한 시가 평가가 가능한 경우는 계정 과목별로 수정된 원가 또는 시가로 평가합니다. 예를 들어 자산 중 매도 가능 증권의 경우 공정가액으로 평가하는 경우가 이에 해당합니다.

셋째, 비용 인식의 기준은 수익 비용 대응의 원칙입니다. 수익 비용 대응의 원칙은 수익 인식 시점에 비용도 같이 인식하는 것입니다.

예를 들어, 판매를 위해 매입한 물건은 창고에 있을 때는 재고 자산이고, 판매가 되어 매출이 발생하면 수익 비용 대응의 원칙에 따라 매출 원가로 처리됩니다. 매출을 인식하기 전에는 재고자산이었지만 매출이 발생해서 수익이 생겼을 때는 비용으로 인정하는 것입니다.

또 다른 예로 제품을 생산하기 위해 기계 장비를 1억 원에 취득한 경우 기계 장비는 유형자산이고, 매년 일정 부분 수익을 발생시키는 것으로 인정하여 비용화시켜 감가상각하는 것도 수익 비용 대응의 원칙입니다. 이는 자산이 비용화되는 회계 처리인데, 자산을 비용화하지 않는 의도적인 분식회계가 일어날 경우 자산의 과대계상과 이익의 과대계상이 동시에 이루어짐으로써 기업의 재무 상태가 부실해지고 경영 상태가 왜곡되는 위험한 상황이 발생할 수 있습니다.

최근 문제가 된 연구 개발비의 자산과 비용에 대한 구분도 똑같은 논리로 생각하면 이해할 수 있습니다. 특히 주식투자자들이 중요하게 살펴봐야 하는 계정 과목은 자산과 비용의 성격을 모두 가지고 있습니다.

재무제표의 작성 원리를 이해하면 읽을 수 있다

기업의 가치를 분석하는 데 가장 중요한 자료는 재무제표입니다. 재무제표에는 재무상태표, 손익계산서, 현금흐름표, 자본변동표, 주석 사항 등이 포함됩니다. 이 중 가장 중요한 재무제표 중 재무상태표는 자산, 부채, 자본 항목으로, 손익계산서는 수익, 비용 항목으로, 현금흐름표는 영업 활동으로 인한 현금흐름, 투자 활동으로 인한 현금흐름, 재무 활동으로 인한 현금흐름 항목으로 구성되어 있습니다.

재무제표는 사업보고서에 포함되어 분기마다 공시되는데, 통상적으로 말하는 사업보고서는 연간 보고서입니다. 1, 3분기에는 분기 보

■ 표 2-2 재무제표의 종류

재무제표	특징	내용
재무상태표	특정 시점	재무 상태
손익계산서	일정 기간	경영 성과
현금흐름표		현금흐름
자본변동표		자본 변동
주석	특정 시점 또는 기간	기타 중요한 정보

고서, 2분기에는 반기 보고서, 4분기에는 사업보고서가 나옵니다. 사업보고서를 읽다 보면 요약 재무제표, 연결 재무제표와 같은 용어를 접하게 되는데, 연결 재무제표가 있는 곳도 있고 없는 곳도 있습니다. 연결 재무제표란 지배 기업과 종속 기업을 합쳐서 하나의 재무제표로 나타낸 것으로, 종속 기업이 있는 지배 기업의 재무제표에는 연결 재무제표가 있고 종속 기업이 없는 회사는 연결 재무제표가 없습니다.

상장기업은 회사의 재무제표가 재무 상태와 경영 성과를 정확하게 반영하고 있는지 공인회계사에게 감사받아야 합니다. 감사 의견에는 적정 의견, 한정 의견, 부적정 의견, 의견 거절이 있습니다. 적정 의

■ 표 2-3 상장 폐지 제도 개선 방안

1. 상장폐지 요건 강화		
시가총액 매출액 요건 기준 강화	유가, 코스닥 상장규정 개정	거래소
감사의견 미달 요건 기준 강화	유가, 코스닥 상장규정 개정	거래소
분할 재상장시 존속법인 심사 강화	유가 상장규정 개정	거래소
2. 상장폐지 절차 효율화		
심의단계 및 최대 개선기간 축소	유가, 코스닥 상장규정 세칙 개정	거래소
중복발생시 심사병행	유가, 코스닥 상장규정 세칙 개정	거래소
3. 투자자보호 보완		
상장폐지 후 비상장거래 지원	K-OTC 제도 개선	금투협
상장폐지 심사 중 공시 확대	유가, 코스닥 공시규정 세칙 개정	거래소

견은 재무제표의 모든 항목이 적절히 기준에 따라 작성되었고 불확실한 사실이 없다는 것입니다. 한정 의견은 일부분을 제외하면 적정하며, 부적정 의견은 재무제표가 전체적으로 합리적으로 기재되지 못하고 왜곡되어 표시됨으로써 무의미하다는 의미입니다. 의견 거절은 감사 의견을 형성하는 데 필요한 합리적 증거물을 얻지 못하여 재무제표에 대한 의견 표명이 불가능한 경우입니다. 감사 의견 중 부적정 또는 의견 거절은 상장 폐지 사유에 해당되어 거래소에서 바로 심사에 들어갑니다.

==주식투자자에게 가장 큰 리스크는 내가 투자한 종목이 상장 폐지되는 것입니다. 상장 폐지 종목은 잘해야 투자금의 5% 남짓을 건지거나, 이것조차도 정리 매매 기간에 매도하지 못하면 최악의 경우 투자금이 날아갈 수도 있습니다. 재무제표를 조금만 볼 줄 알아도 이런 종목은 피할 수 있습니다.== 적자가 지속되는 종목이나 적자 누적으로 자본 잠식 상태가 된 종목 또는 부채 비율이 과다하게 높은 종목은 거들떠보지 않는 것이 감자나 상장 폐지를 피할 수 있는 유일한 방법입니다. 물론 의도적으로 분식회계를 저지르는 부도덕한 기업을 찾아내는 것은 쉽지 않지만, 최대 주주가 자주 변경되고 허황된 재료가 나오는 기업 등 부실 경영의 징후가 보이는 기업들은 미리 조심하는 습관을 들임으로써 위험을 피해야 합니다.

■ 그림 2-3 상장 폐지 절차 / 한국거래소 유가증권시장 공시 제도 가이드 참고

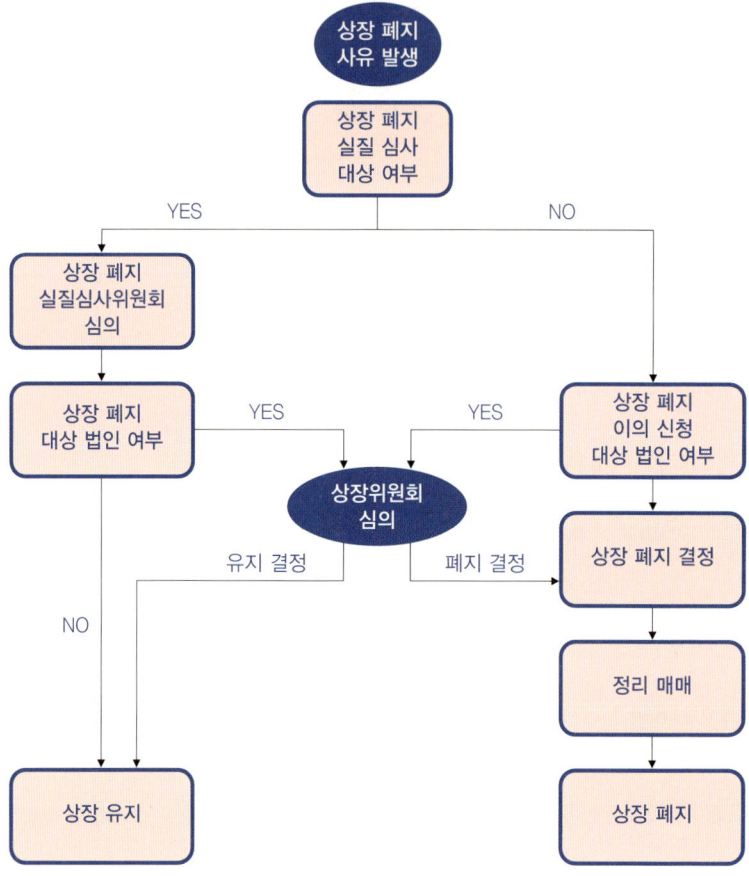

재무상태표의 기본, 자산

 **MAIN POINT**

재무상태표의 구성 항목 중에 자산에 해당하는 유동자산, 투자자산, 유무형자산의 의미와 그것이 기업 가치에 미치는 영향에 대해 공부하자.

특정 시점의 재무 상태를 나타내는 표

재무상태표란 특정 시점 회계 기간의 기말 시점의 재무 상태를 나타내는 표로, 자산, 부채 타인자본, 자본 자기자본으로 구성되어 있습니다. 자산은 자금 운용, 부채와 자본은 자금 조달인데, 자산=부채+자본이라고 보면 됩니다. 쉽게 설명하면 부채는 남의 돈, 자본은 내 돈이며, 이 두 가지를 합한 것이 자산이라고 이해하면 됩니다.

자산은 즉시 비용이 되거나 향후에 비용이 되어 수익을 발생시킵니다. 이러한 비용과 수익 항목이 손익계산서에 기록되며, 수익이 비용

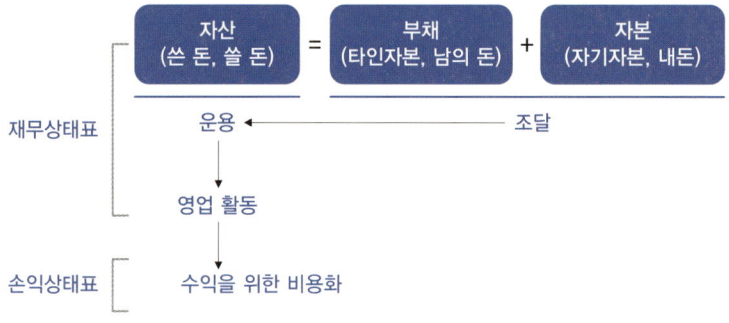

■ 그림 3-1 재무상태표와 손익계산서의 관계

보다 크면 이익이 남는 것입니다. 이를 그림으로 정리하면 재무상태표와 손익계산서의 연관관계가 보입니다.

재무상태표의 계정 과목은 유동성에 따라 순서가 정해집니다. 유동성은 자산을 현금으로 전환할 수 있는 정도를 나타내는 용어입니다. 회계 기간인 1년을 기준으로 1년 이내에 현금화 가능한 자산은 유동자산, 그렇지 않은 것은 비유동자산으로 구분합니다. 마찬가지로 1년

■ 그림 3-2 재무상태표

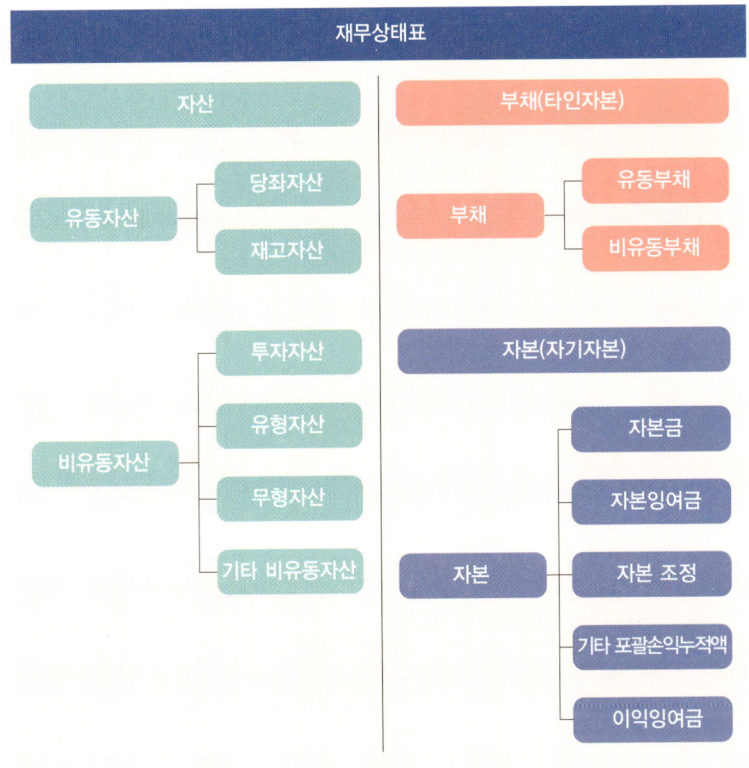

이내에 상환해야 하는 채무는 유동부채, 그렇지 않은 것은 비유동부채로 구분합니다.

자산과 자본, 부채 중에 가장 유의해서 봐야 할 부분은 자산입니다. 비용으로 계상되어야 할 부분이 자산으로 계상되거나, 역사적 원가로 계상되어야 할 부분이 시장 가치로 계상되면서 자산이 과대계상되는 경우가 있습니다. 대부분의 경우 자산의 과대계상은 이익의 과대계상으로 나타나며, 이는 기업의 가치를 과대평가하게 되어 향후 주식투자자에게 큰 손실을 입히게 되는 요인이 되니 주의하기 바랍니다.

현금화가 가능한 자산 3가지

유동자산은 1년 이내에 현금화가 가능한 자산으로 유동성이 높은 순서에 따라 현금 및 현금성 자산, 매출 채권, 재고자산, 기타 유동자산 등으로 구분할 수 있습니다. 주식투자자는 재무제표를 작성하는 능력보다 재무제표를 읽고 해석하는 능력이 필요합니다.

첫째, 현금 및 현금성 자산입니다. 현금성 자산은 3개월 이내에 만기가 도래하는 증권 등을 말합니다. 이 계정을 볼 때는 현금의 크기를 확인해야 합니다. 회사의 시가총액에 대비해 현금을 많이 갖고 있는지 여부를 파악하는 것입니다. 피터 린치는 현금성 자산 총액에서 장기 부채를 차감한 금액에 주목했고, 워런 버핏은 장기적으로 사업을 통한 현금 증가분에 주목했다고 합니다. 이처럼 가치투자자들은 현금의 중요성을 이야기합니다. 다만 성장형 기업의 경우 재투자를 위해 자금을 사용해야 하므로 너무 많은 현금을 쌓아두는 것이 좋지만은 않습니다. 시가총액 대비 적정한 현금을 보유하는 것이 좋습니다.

둘째, 매출 채권입니다. 대표적으로 외상 거래에서 발생하는 외상 매출금이 이에 해당합니다. 매출액 대비 매출 채권의 비율, 그 증가 여부를 확인해야 합니다. 예를 들면 작년에 매출 1억 원 중 매출 채권이 5천만 원인 회사가 올해는 매출 1억 원에 매출 채권이 9천만 원으로 늘어나면, 고의로 가공 매출을 잡지는 않았는지, 외상 매출이 늘어난 이유가 무엇인지 확인해야 합니다. 판매 조건이 악화되었거나 매출 채권 회수가 잘 안 되는 등 회사의 제품이나 신뢰도에 문제가 생겼을 수도 있기 때문입니다. 즉, 매출액과 매출 채권은 비례해서 움직이며, 매출 채권 비율이 높아진 이유를 체크해야 합니다.

셋째, 재고자산입니다. 판매를 위해 보유하고 있는 상품, 제품 등이 이에 해당합니다. 재고자산 계정에서는 매출 증가와 비례해서 재고자산이 증가하지 않거나 매출에 비해 빠르게 증가하고 있는지 체크해야 합니다. 기말 재고는 (기초 재고+당기 매입-매출 원가)계산되는데, 기말 재고가 매출에 비해 지나치게 많을 때는 매출 원가를 낮게 잡아 고의로 이익을 과대계상했는지 의심해야 합니다. 특히 재고자산의 가격 변동이 심한 업종일수록 재고자산 회전율 등을 검토하여 과도하게 재고자산을 보유하고 있는지 검토합니다. 여기에서도 자산의 과대계상은 비용의 과소계상과 이익의 과대계상으로 영향을 미칩니다.

유동자산 중에서 재고자산과 매출 채권을 합해서 운전 자본이라고 하는데, 기업이 영업 활동을 하는 데 필요한 자금을 뜻합니다. 쉽게 생각하면 장사를 하는 데 재고와 외상 매출은 필수이고, 이를 위해 초기 자본금이 필요하다고 이해하면 됩니다. 기업이 효율적으로 외상과 재고를 관리하며 사업을 운영할수록 운전 자본은 매출 규모에 비해 적게 필요할 것입니다.

투자 이익을 얻을 목적이 있다

투자자산은 비유동자산 중의 하나로 기업이 영업 활동과 상관없이 투자 이익을 얻을 목적으로 보유하고 있는 자산입니다. 단기 금융자산과 달리 1년 이상 보유할 것으로 예상되는 자산으로 장기 금융상품, 매도 가능 증권, 만기 보유 증권, 지분법 적용 투자 주식, 투자 부동산 등이 이에 해당합니다.

기업이 투자하고 있는 다른 회사의 주식은 투자자산 계정에서 지분율이나 영향력에 따라 매도 가능 증권이나 지분법 적용 투자 주식으로 구분됩니다. 매도 가능 증권은 공정 가치로 평가하는데, 장부가액과의 차이인 평가 손익은 영업외수익과 비용이 아닌 기타 포괄 손익에 각각 반영되므로 당기 손익에 영향을 미치지 않는다는 점에 주의하기 바랍니다.

반면 일반적으로 투자 기업이 직접 또는 간접으로 피투자 회사의 의결권 있는 주식을 20% 이상 보유하면 영향력을 행사할 수 있다고 보며, 지분법으로 평가합니다. 처음에는 취득 원가로 계상하지만, 그 이후부터 피투자 회사의 순자산 변동액의 지분율만큼 투자자산에 가감되며 지분법 평가 손익으로 인식합니다. 매도 가능 증권의 공정 가치와의 평가 차액은 당기 손익에 영향을 미치지 않지만, 지분법으로 계산된 평가 손익은 당기 손익에 영향을 미치게 됩니다.

투자 회사가 피투자 회사의 의결권을 50% 이상 소유한 경우 지배력이 있다고 보며, 이 경우 투자 회사는 자신과 종속 기업의 세부 항목별로 합산한 금액을 표시한 연결 재무제표를 작성해야 합니다. 지배 기업이 있는 경우, 연결 재무제표가 기본 재무제표인 셈입니다.

마지막으로 투자 부동산의 금액이 큰 경우 공정 가치를 확인해서 장부가액과 차이가 큰지 비교하는 것은 자산주 발굴을 위한 전통적인 투자 기법 중 하나입니다. 기업의 본질적인 활동은 영업 활동이므로 영업 활동과 관련이 없는 투자자산은 과거에는 그리 중요하지 않은 계정 과목이었지만, 기업의 인수 합병이 활발해지면서 피투자 회사와의 관계에 따라 지분법과 연결 회계 대상이 되는 투자 주식 계정이 갈수록 중요해지고 있습니다. 물론 기업의 인수 합병이 긍정적인지 부정적인지는 경우에 따라 다르며, 투자자산이 갑자기 증가하는 경우에는 주의 깊게 살펴볼 필요가 있습니다. 다만 이는 전공자가 아닌 경우 굉장히 이해가 어려운 부분이라서 가볍게 개념을 이해하는 정도로 공부하면 좋습니다.

수익에 기여하는 자산일까?

　비유동자산 중에 가장 큰 비중을 차지하는 자산이 유형자산과 무형자산입니다. 유형자산은 영업 활동과 관련이 있으므로 투자 목적인 투자자산과 구별되며, 판매를 목적으로 하는 재고자산과 구별됩니다. 보통 토지, 건물, 구축물, 기계 장치, 차량 운반구 등이 이에 속합니다. 토지를 제외한 건물, 기계 장치 등의 유형자산은 장기간 기업에 경제적 효익을 가져다주는 자산이므로 사용 기간 동안 감가상각을 통해 자산을 비용화시켜야 합니다. 여기에는 수익 비용 대응의 원칙이 적용되며, 정액법, 정률법 등 합리적인 방법에 따라야 합니다. 재투자가 필요하지 않은 기업은 유형자산 비중이 계속 낮아지는 경향이 있으며, 워런 버핏의 경우 재투자가 크게 필요 없는 기업을 선호한다고 합니다.

　유형자산은 최초에 취득 원가로 계상되는데, 그 이후 사용하는 동안의 지출이 자본적 지출인지 수익적 지출인지에 따라 추가 지출액이 자산 또는 비용으로 계상됩니다. 수익적 지출을 자본적 지출로 계상하면 자산의 과대계상과 이익의 과대계상이 동시에 나타나므로 주의 깊게 살펴볼 필요가 있습니다.

유형자산인 토지는 자산 재평가 여부를 확인해야 합니다. 공장 부지와 같은 토지는 한번 매입하면 장기간 보유하는데, 장부상 과거의 취득가액으로 계상됩니다. 현재의 공정 가치와 현저히 차이가 커서 재무 상태를 정확히 나타내지 못하는 단점 때문에, 과거에 특례법에 따라 토지에 대한 자산 재평가가 이루어졌습니다. 자산 재평가가 이루어지지 않은 토지의 장부가액과 현재 공정 가치의 차이가 크며 그 차이가 시가총액에 비해 비중이 높을수록 저평가된 자산주로, 향후 주가가 상승하는 재료가 되기도 합니다. 과거 성공한 일반 투자자들 중에 저평가 토지 보유 기업에 장기 투자하는 경우가 많았는데, 최근에는 그리 적중률이 높지 않기 때문에 토지의 공정 가치에 대한 정확한 검토가 필요한 방법입니다.

무형자산은 형체는 없지만 식별 가능한 자산으로, 수년 이상 경제적 효익을 가져다줄 수 있는 자산입니다. 대표적인 무형자산에는 개발비와 영업권이 있습니다. 무형자산의 조건은 미래에 경제적인 효익이 있을지, 신뢰할 만한 측정이 가능할지 여부로, 이것이 중요한 이유는 자의적인 판단으로 당기에 비용으로 처리할 것을 자산으로 계상하면 자산의 과대계상과 이익의 과대계상이 되기 때문입니다.

최근 제약바이오업체들의 연구 개발비에 대해 자산과 비용의 명확한 구분 기준에 따라 계상해야 한다는 소리가 높아지고 있습니다. 연구 단계에서는 연구 비용으로, 개발 단계에서는 개발비라는 무형자산으로 계상할 확률이 높지만, 제약바이오업종의 특성을 감안해야 합니다. 그러므로 좀 더 명확한 기준을 제정하여 조건에 부합할 때에 한해 무형자산으로 계상해야 할 것입니다.

영업권은 개발비와 달리 내부에서 창출하여 계상하는 자산이 아니며, 다른 기업을 인수 합병할 때 인수 가격과 피인수 기업의 공정가액 간의 차이만큼 계상합니다. 따라서 영업권만큼의 시너지 효과가 나오지 않는다면 실패한 인수 합병으로 기업 가치는 하락할 것이고, 손상 여부 평가 후에 상각을 고려해야 합니다.

IT업종이나 제약바이오업종 등 무형자산 비중이 높은 업종은 업종별 평균을 고려해야겠지만, 동종 업종에 비해 지나치게 높다면 확인해야 합니다. 무형자산 계상액이 지나치게 많으면 현재 자산이 과대계상되었을 수도 있고, 향후에 상각의 과정을 통해 비용화되기 때문입니다. 따라서 가치투자자들은 무형자산을 좋아하지 않으며, 자산 가치를 평가할 때 무형자산을 0으로 놓기도 합니다. 유형자산과 달리 무형자산은 당장 청산 가치가 없는 경우가 대부분이고, 향후 영업 활동과 관련하여 경제적 효익을 가져다줄지는 미지수인 경우가 많기 때문입니다.

재무상태표 심화학습, 부채와 자본

☑ MAIN POINT

재무상태표의 구성 항목들 중에 부채에 해당하는 유동부채, 비유동부채와 자본에 해당하는 자본금, 자본잉여금, 이익잉여금에 대해 공부하자.

1년 이내에 갚아야 하는 돈

실제로 회계학을 공부할 때 자산은 각 계정 과목의 평가 방법, 원가주의, 수정된 원가주의 등 공부할 내용이 많은데, 부채는 그리 어렵지 않습니다. 부채는 남의 돈을 빌린 것으로, 갚아야 할 돈의 가치는 명확하기 때문입니다. 부채의 평가는 어려울 것이 없으나 주식투자자들에게 부채 금액은 매우 중요한데, 기업의 안정성을 평가할 때 부채 비율 등을 절대적으로 고려해야 하기 때문입니다.

■ 표 4-1 부채의 분류

부채	
유동부채	매입 채무(외상 매입금, 지급 어음)
	선수금, 미지급금, 단기 차입금, 유동성 장기 차입금
비유동부채	사채와 사채 발행비, 장기 차입금, 장기 충당 부채(퇴직 급여 충당 부채, 하자 보수 충당 부채), 이연 법인세 부채 등

부채도 자산과 마찬가지로 유동성에 따라 1년 이내에 갚아야 하는 유동부채와 그렇지 않은 비유동부채로 구분됩니다. 먼저 유동부채에 해당하는 계정 과목에 대해 알아보겠습니다.

첫째, 매입 채무입니다. 영업 활동으로 인한 부채로 외상 매입금을 말합니다. 외상 매출인 매출 채권과 반대되는 의미입니다. 매입 채무는 구매처와의 협상력을 확인할 수 있으므로 협상력이나 기회 비용을 고려할 때 적당한 매입 채무를 유지하는 것은 좋은 신호일 수 있습니다.

둘째, 선수금과 미지급금입니다. 선수금은 상품 판매 전에 대금의 일부를 미리 받은 금액으로, 상품을 제공해야 할 의무가 있으므로 부채에 계상되며 향후 수익으로 인식됩니다. 미지급금은 영업 활동 외에 발생하는 채무로 유형자산 구입 등에서 주로 발생하며, 미지급금이 기말에 갑자기 증가하면 다음 분기에 감소하는지 확인해야 합니다.

셋째, 단기 차입금입니다. 대부분은 금융기관에서 돈을 빌린 것인데, 사업이 성장하면서 단기 자금 조달이 필요한 경우에는 기업의 자본 수익률과 차입 이자율을 비교해보고 차입이 이루어집니다. 매입 채무와는 달리 금융기관의 상환 요구와 이자 때문에 부도의 주요 원인이 될 수 있습니다.

넷째, 유동성 장기 차입금입니다. 장기 부채 중 만기가 1년 이내로 도래하는 부채를 말합니다. 예를 들어 2년 전에 3년 약정으로 빌린 자금이 있다면 비유동부채인 장기 차입금에서 유동부채인 유동성 장기 차입금으로 계정이 변경되는 것입니다.

이러한 유동부채 중에 영업 활동에서 발생한 부채보다는 자금 조달을 위한 차입금 규모를 자세히 살펴봐야 합니다. 영업 활동에서 발생한 부채는 통상적으로 일어나며 만기와 이자가 그리 중요하지 않지만, 차입금의 경우 법적으로 만기와 이자 지급이 반드시 지켜져야 합니다. 따라서 단기 차입금과 유동성 장기 차입금의 합계가 크다면 유동자산과 비교하여 갑작스러운 재무 위험이 도사리고 있지는 않은지 살펴봐야 합니다. 즉, 1년 이내에 현금화할 자산이 1년 이내에 갚아야 할 빚보다 큰지 확인해야 합니다.

워런 버핏이 선호하는 기업은?

비유동부채에는 대표적으로 장기 차입금과 사채 등이 있는데 주로 유형자산이나 투자자산 등의 취득을 위해 조달된 자금입니다. 수익이 안정적으로 나기 전 단계인 성장 초기 기업은 자금 조달이 필요한데, 이자보다 큰 영업이익이 지속적으로 발생해야 합니다. 워런 버핏의 경우 비유동부채의 비중이 적은 기업을 선호하는데, 장기 경쟁 우위를 가진 회사들은 수익성이 매우 우수해서 내부 자금 조달이 충분하기 때문입니다.

다음은 비유동부채에 해당하는 계정 과목에 대해 알아봅시다.

첫째, 장기 차입금입니다. 1년 이후로 도래하는 차입금을 말하는 것으로, 중장기 자금 운용을 위해 조달된 자금으로써 장기간의 이자 지급 의무는 있지만, 단기 차입금에 비해 비교적 안전한 부채입니다.

둘째, 사채_{社債}입니다. 흔히 일상에서 말하는 개인에게서 빌리는 돈이 아니라 회사채_{會社債}를 뜻합니다. 기업이 자금 조달을 위해 발행하는 채권으로, 기업의 입장에서 부채 상환의 기간이나 방법이 금융기관에서 빌린 차입금보다 상대적으로 유리합니다. 사채의 종류는 일반 사채, 전환 사채, 신주 인수권부 사채 등이 있습니다.

일반 사채는 만기와 만기 상환액, 이자율이 정해져 있습니다. 예를 들어 3년 만기에 이자율 5%인 회사채를 발행했다면 3년간 매년 5%의 이자를 지급하고 3년 후에는 만기 상환액을 지급해야 합니다. 주식은 영업 실적에 따라 배당을 지급하지만, 사채는 무조건 이자 지급 의무와 원금 상환 의무가 있습니다. 즉, 일반 사채는 발행 시 부채 계정에 계상되며 일정 기간마다 정해진 이자를 지급해야 하고 만기에 상환액을 지급해야 합니다. 반면 주식은 발행 시 자본 계정에 계상되며 배당금 지급 의무와 납입 자본금 상환 의무가 없습니다.

전환 사채 CB는 발행 시점에는 부채지만, 투자자가 만기일 도래 전에 주식으로 전환할지 선택할 수 있는 권리가 있습니다. 물론 권한을 행사하지 않는다면 만기에 상환 의무가 있는 일반 부채와 다를 바가 없습니다. 투자자 입장에서는 주가가 전환할 수 있는 전환가액보다 높게 형성되어 있다면 주식으로 전환하는 것이 유리합니다. 이 경우 투자자 입장에서는 회사채 투자가 주식투자로 바뀌고, 회사 입장에서는 부채가 자본으로 바뀌는 것입니다. 신용등급이 낮은 회사일수록 일반 사채가 투자자에게 큰 매력이 없으므로 좀 더 좋은 조건인 전환 사채를 발행하는 것입니다. 물론 회사 입장에서는 성공률이 더 높고 더 낮은 이자율로 자금을 조달할 수 있지만, 향후 전환 청구에 의해 기존 주주들의 권리가 희석화될 가능성이 존재합니다. 채권이 주식으로 전환되는 것이므로 당연히 주금 납입 과정은 없습니다.

신주 인수권부 사채 BW는 전환 사채와는 달리 채권이 주식으로 바뀌는 것이 아니라, 채권은 남아 있는 상태에서 신규로 발행하는 주식을 인수할 수 있는 권리를 부여하는 것입니다. 사채 발행 이후 미리 약정된 가격에 따라 일정한 수의 신주 인수를 청구할 수 있는 권리가 부여된 사채로, 일반 사채와 마찬가지로 일정한 이자와 만기 상환금을 받는 동시에 신주 인수권을 가집니다. 전환 사채와 가장 큰 차이점은 채권과 별도로 신주를 인수하는 것이므로 당연히 주금 납입 과정이 존재합니다.

셋째, 장기 충당 부채입니다. 아직 발생하지 않았으나 미래에 발생할 것으로 추정되는 비용을 미리 당겨서 비용으로 처리하고 부채로 계상하는 것을 말합니다. 미래의 효익이 확실해서 비용으로 계상하지 않고 일단 자산으로 잡아 비용화시키는 무형자산과는 반대되는 개념이라고 볼 수 있습니다. 대표적인 충당금은 퇴직 급여 충당 부채, 하자 보수 충당 부채 등이 있습니다. 설정 시에는 비용과 부채로 인식되지만, 현금 유출은 이루어지지 않습니다. 실제 퇴직 시나 하자 보수 시에 현금 유출이 발생하는 것입니다. 즉, 비용을 미리 확정시키는 것이므로 설정 시에는 비용과 부채로 인식되기 때문에 이익이 줄고 부채 비율이 늘어나는 효과가 나타납니다. 장기 충당 부채의 조건은 과거 사건의 결과로 인한 현재 의무가 존재해야 하고, 자원 유출 가능성이 높아야 하며, 금액을 신뢰성 있게 추정할 수 있어야 합니다.

재무상태표의 마지막 항목

재무상태표의 마지막 항목인 자본에 대해 알아보겠습니다. 자본은 자본금, 자본잉여금, 이익잉여금 등으로 이루어집니다. 자본금은 액면가에 발행 주식 총수를 곱한 금액이며 보통 초기 설립 때 납입 자본금 이후에는 증자, 감자, 주식 배당 등의 이유로 변동됩니다. 자본금의 변동 이유 중 가장 중요한 것은 증자와 감자인데, 정보 분석에서 이미 설명했으므로 참고하기 바랍니다.

■ 표 4-2 자본의 분류

자본	
자본금	보통주 자본금, 우선주 자본금
자본잉여금	주식발행초과금, 기타 자본잉여금(감자차익, 자기주식처분이익)
이익잉여금	법정적립금(이익준비금 등), 임의적립금(사업확장적립금, 재무구조개선적립금 등)
	미처분이익잉여금(또는 미처리결손금)
자본조정	자기주식, 주식할인발행차금, 주식매수선택권, 감자차손 및 자기주식저분손실
기타포괄손익누계	장기투자증권평가손익, 해외사업환산손익, 현금흐름위험회피 파생상품평가손익 등

발행되는 주식에는 보통주와 우선주가 있습니다. 보통주는 의결권이 있고, 우선주는 의결권이 없습니다. 반면 우선주는 배당을 우선적으로 받을 권리를 부여받습니다. 보통주 자본금과 우선주 자본금은 구분하여 기재해야 합니다. 실제 거래 시에는 보통주가 우선주보다 비싸게 거래되지만, 배당 조건이 월등히 좋거나 수량이 너무 적어서 수급으로 움직이는 경우에 우선주가 보통주보다 비싸게 거래되기도 합니다. 워런 버핏의 경우 장기적인 경쟁 우위 기업은 배당에 차별을 두는 우선주가 필요 없다고 했지만, 국내의 경우 대기업 주식은 대부분 보통주와 우선주로 각각 발행되어 거래되고 있습니다.

자본잉여금은 자본 거래로 발생한 잉여금으로, 주식 발행 초과금이 대표적입니다. 액면가 5,000원짜리 주식을 발행했던 회사가 성장성이 좋고 투자자의 기대가 높아져 더 높은 금액으로 주식을 발행해도 될 때, 발행가 1만 원으로 주식을 발행하면 1만 원 중에 액면가 5,000원은 자본금이 되고, 액면가 초과분인 5,000원은 자본잉여금이 됩니다. 이렇게 주식을 발행하면 자산 계정의 현금이 증가하는 동시에 자본 계정에서 자본금과 자본잉여금이 동시에 증가합니다.

자본잉여금이 재원이 되어 주식을 발행하는 것을 무상증자라고 하는데, **무상증자를 하면 자본 계정의 자본잉여금이 감소하는 동시에 자본금이 증가하므로 기업의 가치에는 전혀 영향을 미치지 않습니다.** 이러한 회계 처리를 이해한다면 증자와 감자가 기업에 미치는 영향을 쉽게 이해할 수 있습니다.

자본잉여금보다 중요한 이익잉여금

　이익잉여금은 영업 활동으로 인한 이익의 내부 유보분을 말합니다. 손익계산서 계정에서 수익에서 비용을 뺀 금액인 당기순이익이 매년 재무상태표 계정에서 이익잉여금으로 쌓여갑니다. 따라서 이익잉여금이 계속 증가하는 기업일수록 순이익이 계속 발생한다고 보면 됩니다. 기업의 영업 활동과 관련된 잉여금이고 배당의 재원이 되므로 재무상태표의 자본 항목 중 가장 중요하게 보아야 하는 부분입니다. 또한 기업이 재투자를 할 때 채권이나 주식 발행으로 조달한 자금보다 내부 유보 자금으로 재투자를 하는 편이 조달 비용 측면에서 유리합니다. 이익잉여금이 자본잉여금보다 중요한 또 다른 이유이기도 하지요.

　이익잉여금이 배당으로 쓰일지, 재투자의 재원으로 쓰일지는 기업이 판단할 문제입니다. 신규 기업 또는 급성장 기업이라면 재투자 기대 수익률이 높을 수 있으므로 자사주 소각이나 배당보다 재투자하는 편이 기업 또는 주주에게 더 유리할 것입니다. 반면 성장 기업의 단계를 지난 성숙 기업이어서 재투자 기대 수익률이 낮은 기업일수록 자사주 소각이나 배당을 하는 편이 기업 또는 주주에게 더 유리할 것입니다.

당기순이익이 누적되면 이익잉여금이 되지만, 반대로 당기순손실이 누적되면 이월 결손금이 됩니다. 이월 결손금이 커지면 자본금으로 손실을 충당하는 자본 잠식 상태가 됩니다. 자본 잠식의 크기가 자본금의 50% 이상이면 관리 종목으로 지정되고, 2년 연속 지속되거나 완전 자본 잠식이 되면 상장 폐지까지 될 수 있습니다. 이러한 자본 잠식 기업들은 자본 잠식을 해결하기 위해 감자 후 유상증자를 하는 경우가 많으니, 자본 잠식 기업에 대한 투자는 가급적이면 자제해야 한다는 점을 꼭 기억하기 바랍니다.

주식투자는 수익을 내는 것도 중요하지만, 손실이 나지 않는 것이 더 중요합니다. 잃지 않으면 기회가 오지만, 투자금을 잃고 나면 시장에서 퇴출되어 기회조차 사라지기 때문입니다. 가치 분석을 하고 재무제표를 공부하는 데는 저평가된 우량 회사를 찾는 목적도 있지만, 부실기업에 투자하는 리스크를 피하기 위해서입니다. 아무리 재료가 좋고 차트가 예쁘더라도, 재무제표를 보면서 적자 지속 기업, 자본 잠식 기업을 확인해야 합니다. 항상 삼박자로 분석하여 성공 확률은 높이고 위험은 피하는 습관을 들입시다.

5장

일정 기간의 경영 성과를 알 수 있는 손익계산서

> ☑ **MAIN POINT**
>
> 손익계산서에서 구분되어 기재되는 이익 중에서 매출총이익과 영업이익, 당기순이익의 차이점과 그 중요성에 대해 각각 자세히 알아보자.

가장 중요한 수치 3가지

재무상태표가 특정 시점의 재무 상태를 나타내는 표로 자산, 부채, 자본으로 구성되어 있다면, 손익계산서는 일정 기간의 경영 성과를 나타내는 표로 수익과 비용으로 구성되어 있습니다. 수익에서 비용을 뺀 것을 이익이라 하는데, 이익은 매출총이익, 영업이익, 당기순이익으로 구분하여 계산합니다. 매출액에서 직접적으로 대응되는 비용인 매출 원가를 빼면 매출총이익이 나옵니다. 매출총이익에서 판매비와 관리비를 빼면 영업이익이 됩니다. 영업이익에서 금융 수익 비용과 기타 수익 비용 및 법인세 비용을 고려하면 당기순이익이 산출됩니다. 이러한 손익계산서의 계산 구조를 이해한다면 손익계산서를 볼 때 가장 중요한 수치는 매출액, 영업이익, 당기순이익임을 알 수 있습니다.

좀 더 구체적으로 매출액과 영업이익, 당기순이익의 관계에 대해 알아보겠습니다. 계산 구조상 정상적인 영업 활동을 하는 회사라면 매출액이 상승하면 영업이익과 당기순이익이 비례해서 증가합니다. 또한 장부 작성 시 자의적인 판단이나 의도적인 분식 가능성을 고려한다면 가장 위에 위치하고 있는 매출액의 수치가 가장 신뢰성이 높음

■ 그림 5-1 재무상태표와 손익계산서의 관계

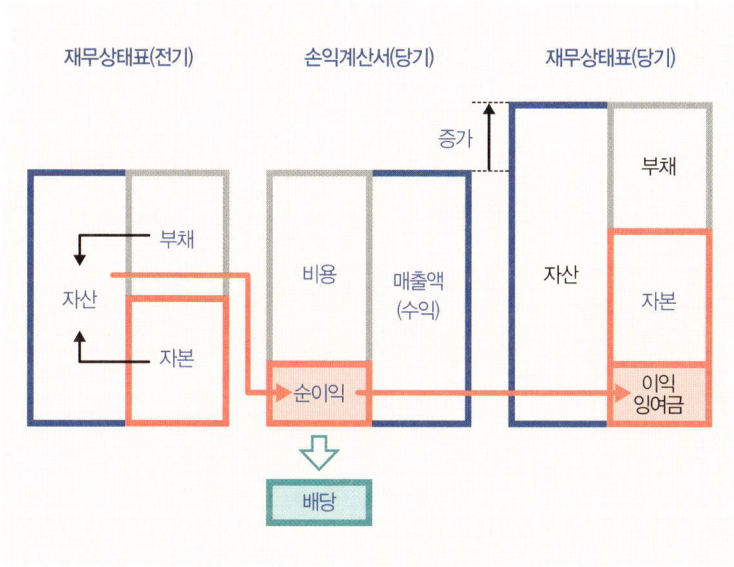

을 알 수 있습니다. 이런 점을 고려할 때 매출액의 크기와 증가율은 매우 중요합니다.

또 실제 사업 측면에서도, 과거 공급자가 적고 수요가 많아 만들기만 하면 팔리던 공급자 중심의 사회와 달리 현재는 공급자가 늘어나면서 경쟁이 치열한 수요자 중심의 사회입니다. 수요자의 선택에 따라 매출이 증가되고 감소되는 것이죠. 공급자 중심의 사회에서는 생산 관리를 통한 원가 절감으로 이익을 냈지만, 현재는 원가 절감과 상관없이 수요자의 선택으로 인한 매출액의 증가로 이익을 내는 것이 더욱 중요합니다. 따라서 매출액이 지속적으로 증가하는지 여부를 확인하는 것이 중요합니다.

영업이익이 나지 않고 적자가 발생하여 그 상태가 지속되면 관리 종목 편입, 상장 폐지의 고려 대상이 되는데 왜 당기순이익이 아니고 영업이익인지 생각해볼 필요가 있습니다. 영업이익은 매출총이익에서 판관비를 차감한 것으로, 영업 활동과 직접적인 관련이 있는 이익입니다. 반면 당기순이익에는 비경상적이고 비반복적으로 발생하는 기타 수익_{비용}이 반영됩니다. 기업은 영업 활동에서 수익을 극대화하여 기업 가치를 증가시키는 것이 목적이므로 영업이익이 지속적으로 나는 것이 중요합니다. 관리 종목 편입이나 상장 폐지의 가능성이 높은 종목을 피하기 위해 영업 적자가 지속되는지 여부를 살펴봐야 하지만, 원칙적으로 당기순이익보다 영업이익이 더 중요한 수치임을 명심하기 바랍니다.

손익계산서의 맨 위에 위치한 것

매출액은 손익계산서의 가장 맨 위에 위치한 것으로, 영업 활동으로 인한 가장 중요한 수치입니다. 특히 과거에 비해 최근 들어 당기순이익보다 매출액의 중요성이 점점 높아지고 있습니다. (매출액=수량×가격)으로 계산되므로 매출액이 늘어나려면 판매 수량이 증가하거나 판매 가격이 인상되어야 합니다. 판매 가격의 인상은 시장의 형태와 기업의 가격 결정권 여부에 따라 달라지고, 판매 수량은 사회적, 계절적, 산업적 영향이 있지만 제품의 질과 마케팅 등에 따라 달라집니다.

매출액을 볼 때 업종별 수익 인식의 특성에 대해서도 알아야 합니다. 수익 인식은 발생주의를 원칙으로 하며 보통 판매 시 수익으로 인식하는데, 특별한 업종의 경우에는 판매 기준으로만 수익을 인식하기에는 부적절한 경우가 있습니다. 예를 들어 건설업, 조선업 같은 수주 산업은 공정 과정별 진행률에 따라 수익을 인식합니다. 특정 시점을 판매 완료 시점으로 정하면 지속적으로 들어가는 비용에 따른 손실 누적이 문제가 되기 때문입니다.

분기별 매출액이 들쑥날쑥한 경우에는 분기별, 계절별 매출 변동 요인이 있는지 생각해볼 필요가 있습니다. 에어컨을 만드는 회사는 여름에 매출이 많고, 보일러를 만드는 회사는 겨울에 매출이 많이 발생하는 것을 떠올리면 됩니다. 이런 계절적 특성을 알아야 분기별 매출의 변동을 정확히 해석할 수 있습니다.

매출 원가는 상품 또는 제품 등을 매입 또는 생산하는 데 소요된 비용이며, 제조 과정 경비는 재료비와 노무비의 비중이 높습니다. 특히 원재료비의 비중이 높은 업종의 경우에는 원재료 가격의 급등락에 따라 이익이 영향을 받게 되어 주가에 영향을 미칩니다.

매출 원가는 (기초 재고액+당기 매입액-기말 재고액)으로 산출하는데, 매출 원가와 기말 재고_{재고자산}가 서로 역의 관계에 있음을 알 수 있습니다. 즉, 기말 재고액_{재고자산}이 과대계상되면 매출 원가가 과소계상되고, 이익이 과대계상됩니다. 그러므로 재무제표에서 재고자산이 급격하게 증가하면서 매출 원가가 과소계상되었는지 살펴봐야 할 것입니다.

마지막으로 매출총이익률은 업종을 고려해야 합니다. 일반적으로 매출총이익률이 높은 기업은 영업이익률이 높은 경우가 많으므로 매출총이익률을 확인할 필요가 있습니다. 매출총이익률이 40% 이상이면 이익률이 꽤 높은 업종에 속하거나 경쟁 우위에 있는 기업일 확률이 높습니다. 반대로 20% 미만이면 극심한 경쟁이 이루어지는 업종에 속해 있거나 경쟁 열위에 있는 기업일 확률이 높습니다.

유통업종은 상품에 일정 이윤을 붙여 판매하는 형태로 경쟁이 심한 업종이므로 매출총이익률이 그리 높지 않은 반면, 신약 개발에 성공한 바이오업종은 제품 경쟁력이 높고 진입 장벽이 높을수록 매우 높은 매출총이익률을 유지할 것입니다.

영업이익이
높은 기업을 찾는 방법

영업이익은 매출총이익에서 판매와 일반 관리비를 뺀 것입니다. 판매비는 기업의 판매 활동에서 발생한 비용이고, 관리비는 기업의 일상적인 유지 및 관리를 위한 비용으로 급여, 복리후생비, 접대비, 광고선전비, 연구 개발비, 감가상각비 등이 있습니다. 판관비 항목 중에 가장 비중이 큰 것은 인건비와 감가상각비 등이며, 제약바이오업종이나 반도체업종 같은 경우에는 연구 개발비의 비중이 높은 경우도 있습니다. 강한 브랜드나 독점적인 기술력이 있는 기업은 영업이익률이 높은데, 판매비나 연구개발비가 적게 들기 때문입니다.

영업이익의 숫자만 보고 분석할 때는 영업이익의 분기별 변동 여부, 영업이익률의 가감 등을 중요하게 볼 필요가 있지만, 조금 구체적으로 볼 때는 판매와 일반 관리비 항목을 주의 깊게 확인해야 합니다. 특히 큰 변동 없이 안정적으로 판관비가 잘 지출되는지 봐야 합니다. 갑자기 비정상적으로 판관비가 늘어날 경우 허위 계상이 있는지 의심해야 하고, 사업 내용이 경쟁력을 상실해 추가로 마케팅 비용을 많이 지출한 것은 아닌지 확인해야 합니다. 전년에 비해 마케팅 비용이 많이 늘어났다는 것은 올해 매출이 떨어져 광고 홍보비에 더 많은 지출을 했을 확률이 높기 때문입니다. 잘나가는 히트 상품이나 서비스는 자신감이 있기 때문에 크게 마케팅비를 지출하지 않을 것입니다. 다음으로 비중이 큰 감가상각비에 대한 변동 내용을 확인해야 합니다.

영업이익이 중요한 이유 중 하나는 코스닥 종목의 경우 영업 손실이 사업연도로 5년 연속이면 투자주의환기종목으로 지정되기 때문입니다. 투자주의환기종목은 관리종목이나 상장폐지로 악화할 우려가 있는 부실위험징후 기업입니다. 다만, 기술 성장 기업부에 해당하는 종목은 예외입니다.

재무제표상의 개념은 아니지만, 변동비와 고정비로 구분하는 것도 주식투자자가 알아두어야 할 내용입니다. 변동비는 매출에 비례해서 발생하는 비용으로 대표적으로 원재료가 있으며, 고정비는 매출과 비례하지 않고 고정적으로 발생하는 비용으로 일반 급여와 감가상각비 등이 있습니다. 변동비 비중이 높은 기업은 매출과 비례해서 이익이 발생하지만, 고정비 비중이 높은 기업은 매출이 커질수록 이익 규모가 커지고 매출이 작아질수록 손실 규모가 확대됩니다. 보통 대규모 장치가 필요하거나 연구 개발이 필요한 고정비가 큰 기업들이 경기 활황기에 주가가 급등하고 경기 불황기에 주가가 급락하는 것이 이에 해당합니다.

어려워도 알아두면 좋을 당기순이익 보기!

당기순이익은 영업이익에서 기타 수익 비용과 금융 수익 비용, 지분법 손익을 가감한 후 법인세 비용을 차감한 것입니다. 각 계정 과목별로 살펴보겠습니다.

첫째, 기타 수익과 기타 비용입니다. 영업외 손익 중 금융 손익이나 지분법 손익에 속하지 않는 기타의 항목으로, 임대료 수익, 유형자산 처분 손익, 무형자산 손상 차손 등이 이에 해당합니다. 이는 영업 활동과 관련이 없는 비정기적인 손익입니다. 금액이 크거나 주기적으로 발생한다면 주석을 통해 그 내용을 확인해야 합니다. 특히 기타 수익으로 인한 어닝 서프라이즈를 조심해야 합니다. 당기순이익이 급증했지만 매출액과 영업이익의 변동이 크지 않다면 어떤 항목에 의해 당기순이익이 증가했는지 파악할 필요가 있습니다.

둘째, 금융 수익과 금융 비용입니다. 이자 수익 비용과 외환 차손익, 외화 환산 손익, 파생상품 관련 손익 등이 이에 해당합니다. 이 중 특히 과도한 이자 비용이 지급되는지 확인할 필요가 있습니다. 또한 글로벌 시대에서 환율 변동이 클 경우 수출입 기업 혹은 외화 자산과 외화 부채가 있는 기업은 외화 환산 손익이나 외환 차손익이 크게 발생할 수 있으니 주의할 필요가 있습니다. 과거 환율을 헤지하기 위해 외화 상품에 가입했다가 오히려 반대로 포지션이 움직이면서 몇백억 원씩 손해를 보고 은행과 중소기업 간에 소송이 발생한 경우도 있었습니다.

셋째, 지분법 손익입니다. 지분법 적용 자회사인 관계 기업의 당기순이익을 지분율만큼 적용한 것입니다. 일반적으로 지분율이 20~50%에 해당하는 자회사를 관계 기업이라고 하여 지분법을 적용하며, 지분율이 50% 이상 해당되는 자회사를 종속 기업이라고 하여 연결 재무제표 작성의 대상이 됩니다. 영업이익에는 영향을 미치지 않지만 당기순이익에는 영향을 미치는 항목 중에 비교적 반복적으로 발생하는 항목이 이자 손익과 지분법 손익이며 그 비중 또한 큰 편이니 기억하기 바랍니다.

영업이익에서 위의 세 가지 손익을 가감하면 법인세 비용 차감 전 순이익이 되며, 법인세를 차감하면 최종적인 당기순이익이 계산됩니다. 손익계산서의 법인세 비용은 실제 납부액이 아닌데, 이는 법인세는 권리의무확정주의에 의해 과세 소득을 결정하기 때문에 발생주의에 의한 회계 이익과 다르기 때문입니다. 최종적으로 계산된 당기순이익은 재무상태표의 미처분 이익잉여금이 되어 매년 이익잉여금을 증가시키면서 배당 또는 재투자 재원으로 쓰이게 됩니다.

연결 손익계산서는 당기순이익 항목 아래에 지배 기업 소유주 귀속분과 비지배 지분 귀속분으로 금액이 나눕니다. 지배 기업의 소유주 귀속분은 지배 기업의 순이익에 자회사 순이익의 지분율을 곱한 금액이 합산되며, 비지배 지분 귀속분은 자회사 중에서 종속 기업의 순이익 중 지배 기업 지분율을 제외한 순이익입니다. 앞서 말했지만, 연결 재무제표의 이해는 매우 어려우므로 기초 개념만 이해하고 넘어가도 됩니다.

손익계산서의 제일 아래에는 주당 순이익이 표시됩니다. 주당 순이익은 우선주 배당을 차감한 후 발행된 보통주에서 자기 주식을 뺀 수량으로 보통주 순이익을 나눈 값입니다. 즉, 주당 순이익의 의미는 유통되는 보통주 1주당 벌어들인 순이익을 뜻합니다. 주당 순이익은 기본 주당 순이익과 희석 주당 순이익으로 구분하여 기재하는데 희석 주당 순이익은 보통주 전환 가능성이 있는 전환 사채, 신주 인수권부 사채, 전환 우선주 등이 보통주로 전환되었을 경우를 가정하여 주당 순이익을 계산한 것을 말합니다.

마지막으로 손익계산서와 별개로 포괄 손익계산서가 있습니다. 당기순이익에서 기타 포괄 손익을 가감하여 총포괄 손익을 계산한 표로, 기타 포괄 손익은 아직 손익으로 확정되지 않았지만 미래에 발생할 수 있는 포괄적인 의미의 손익으로 후속적으로 당기 손익으로 재분류되는지 여부로 구분됩니다. 이 부분 역시 이해가 어려운 내용이므로 기초 개념만 이해하면 됩니다.

영업이익의 내용보다 당기순이익의 내용이 훨씬 더 어려운 이유는 일시적 손익에 대한 계정 과목이 굉장히 광범위하기 때문입니다. 기업의 본질이 지속적인 이익 창출로 성장하는 것이라는 점에 비추어 볼 때 영업이익의 안정적인 성장이 당기순이익의 일시적인 급증보다 훨씬 중요하다고 할 것입니다.

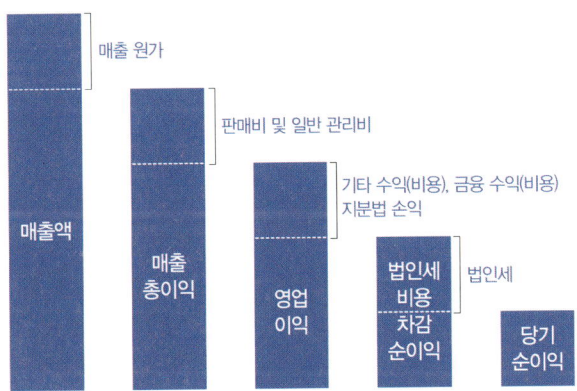

■ 그림 5-2 매출액과 각종 이익의 계산

6장
현금흐름표와 자본변동표 확인하는 방법

✓ MAIN POINT

최근 들어 더욱 중요성이 커진 현금흐름표의 의미에 대해 알아보고 영업 활동, 투자 활동, 재무 활동에 의한 현금흐름의 차이점과 중요성에 대해서 공부하자.

일정 기간의 현금흐름을 나타내는 표

현금흐름표는 일정 기간 회계 기간의 현금의 흐름을 나타내는 표입니다. 재무상태표는 특정 시점을 기준으로 작성하지만, 손익계산서와 현금흐름표는 일정 기간을 기준으로 작성합니다. 세 가지 재무제표는 모두 중요하지만, 개인적으로는 경영 성과를 측정하기 위해 작성하는 손익계산서가 가장 중요하다고 생각합니다. 다만 손익계산서는 발생주의를 기본으로 작성되기 때문에 이를 보완하기 위해 현금주의에 의해 작성된 현금흐름표를 같이 봐야 합니다.

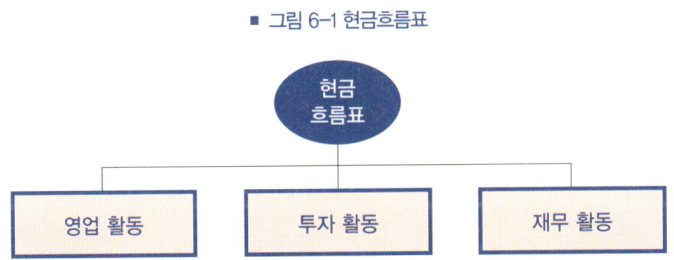

■ 그림 6-1 현금흐름표

현금흐름표에서는 현금의 흐름을 영업 활동, 투자 활동, 재무 활동으로 구분하고 있습니다.

세 가지 중 가장 중요한 현금흐름은 영업 활동의 현금흐름입니다. 반복적이고 경상적인 기업의 영업 활동으로 발생한 것이기 때문입니다. 투자 활동 현금흐름은 자산의 취득과 처분에 관련된 것이며, 재무 활동 현금흐름은 주주의 지분 투자 또는 배당, 차입금의 유입 또는 상환 등에 관련된 것입니다.

현금흐름표의 가장 큰 유용성은 손익계산서가 지닌 발생주의의 한계를 보완하는 데 있습니다. 기업의 목적은 이익의 극대화입니다. 그래서 손익계산서의 당기순이익을 중요하게 보는데, 순이익이 흑자인데도 회사가 망하는 경우가 있습니다. 이를 흑자 도산이라고 합니다. 흑자 도산의 이유는 여러 가지가 있지만, 일시적으로 재무 구조가 악화되어 부도가 나는 경우가 있고, 흑자는 흑자인데 회사에 현금이 없는 경우가 있습니다. 후자의 경우 당기순이익은 플러스, 영업 활동 현금흐름은 마이너스로 표시되며 과도한 외상 거래로 기업의 존속이 위태로워질 수 있다는 것을 의미합니다. 이렇듯 현금흐름표는 손익계산서의 한계를 보완해주는 역할을 합니다.

과거에는 기업이 주주의 재산이라는 측면에서 주주의 재산 가치를 평가하는 재무상태표가 중요했습니다. 자산에서 부채를 뺀 순자산 가치보다 시가총액이 더 작은 기업은 저평가 기업으로 불리며 좋은 기업으로 평가되었습니다. 하지만 순자산이 크다는 것이 기업의 이익성과 성장성을 나타낼 수 없다는 것을 인식하면서 손익계산서가 상대적으로 중요해졌습니다. 영업이익과 당기순이익에서 나아가 미래의 잠정이익까지도 계산하면서 이익성과 성장성에 기업의 가치 평가 기준을 맞추었습니다. 미래 잠정 이익의 현재 가치보다 현재 시가총액이 더 작은 기업이 저평가 기업으로 불리면서 저PER주 혁명이 일어났습니다. 그 이후 미래의 현금흐름을 현재 가치로 할인하는 방법으로 기업의 가치를 평가하게 되면서 현금흐름표의 중요성이 점점 커지고 있습니다.

현금흐름표는 작년의 기말 현금이 올해의 기초 현금이 되고 여기에 올해에 증감된 현금을 가감하여 올해의 기말 현금을 구하는 구조입니다.

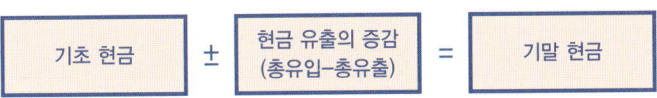

■ 그림 6-2 현금흐름표의 계산 구조

이때 작년보다 올해의 현금이 늘었는지 줄었는지보다 중요한 것은 현금흐름의 구체적인 내역입니다. 즉, 영업 활동, 투자 활동, 재무 활동 중 어느 활동에서 현금이 늘었는지, 그 구체적인 이유는 무엇인지 체크하는 것이 현금흐름표를 살펴보는 진짜 목적입니다.

영업 활동과 현금흐름을 비교해서 보자

영업 활동 현금흐름은 투자 활동과 재무 활동이 아닌 기업의 모든 수익 창출 활동에 관련한 현금의 흐름을 말하며, 직접법과 간접법의 두 가지 계산법이 있습니다. 현금흐름표 작성은 연결 재무제표와 함께 회계학에서 가장 어려운 부분이므로 개념을 이해하면 충분합니다. 즉, 재무제표를 작성하는 법이 아니라 작성된 재무제표를 읽는 법을 공부하면 됩니다. 직접법은 현금이 들어오고 나오는 것을 직접 계산하는 것이고, 간접법은 이미 계산된 당기순이익에서 출발하여 영업 활동 현금흐름과 관련 없는 조정 사항을 가감하여 계산하는 방법입니다.

■ 그림 6-3 간접법 계산식

간접법의 기본 개념은 현금흐름과 관련 없이 발생주의에 의해 계산된 당기순이익을 현금주의에 의한 영업이익으로 바꾸는 것입니다.

그래서 현금 유출이 없는 비용이나 현금 유입이 없는 수익을 가감하는 것이지요. 예를 들면 조정 항목 중 비교적 금액이 크고 정기적으로 발생하는 항목이 감가상각비인데, 감가상각비는 현금의 유출이 전혀 없지만 당기순이익을 계산할 때 이미 비용으로 들어가 있으므로 가산해야 합니다.

또한 영업 활동으로 인한 자산 부채의 변동을 가감하는 것도 발생주의로 보면 이미 수익이나 비용으로 인식되었지만, 현금주의로 보면 아직 현금 유출입이 없기 때문입니다. 가장 쉬운 예로 외상 매출금과 외상 매입금을 떠올리시면 됩니다. 외상 매출 시에 당기순이익에는 수익으로 잡혔지만, 현금 기준으로 아직 수익이 아니기에 외상 매출금이 증가한 만큼 당기순이익에서 차감하는 것입니다.

==영업 활동 현금흐름을 볼 때 손익계산서상의 영업이익 또는 당기순이익과 비교하면서 오차가 큰지 비교해보는 것이 매우 중요합니다.== 보통 손익계산서상에서 이익이 나면 현금흐름표에서 영업 활동 현금흐름도 플러스가 됩니다. 그런데 손익계산서상에서는 이익인데 영업 활동 현금흐름이 마이너스로 나오면 정상적인 상황이 아니므로 주의 깊게 살펴볼 필요가 있습니다. 발생주의로는 이익이지만 현금주의로는 손실이 난 것으로 현금이 없는 수익이 과대계상되었을 확률이 높습니다. 예를 들면 재고자산이나 매출 채권이 과대계상되었을 가능성을 체크해야 합니다. 이익이 커지려면 매출이 많거나 매출 원가가 작아야 합니다. 매출이 늘었는데 현금 매출보다 외상 매출이 크게 늘어

나거나 재고자산을 과대계상해서 매출 원가가 과도하게 줄어든 경우에 손익계산서상의 이익은 커지지만 영업 활동 현금흐름은 감소할 수 있습니다.

손익계산서상의 이익과 현금흐름표의 영업 활동 현금흐름이 둘 다 플러스면 좋은 회사, 둘 다 마이너스면 나쁜 회사, 서로 부호가 반대라면 이상한 회사라고 판단하면 됩니다. 영화 〈좋은 놈, 나쁜 놈, 이상한 놈〉처럼 말이죠.

기업 활동의 본질은 영업!

투자 활동 현금흐름이란 자산의 취득과 처분에 관련된 것으로 토지, 건물, 기계 장치, 금융 상품, 유가 증권 등의 취득이나 처분에 따른 현금 유출 또는 현금 유입을 말합니다. 이러한 투자 활동 현금흐름은 기업의 라이프 사이클에 많은 영향을 받습니다. 기업의 라이프 사이클을 시작, 성장, 성숙, 쇠퇴의 4단계로 본다면, 시작과 성장 단계에서는 초기 투자와 재투자 등 투자가 지속되는 시기이므로 투자 활동 현금흐름은 마이너스가 되고, 성장 단계를 넘어 쇠퇴 단계에 들어섰다면 투자가 정체되며 오히려 투자자산의 처분 등으로 투자 활동 현금흐름은 플러스가 됩니다. 또 성장 단계에서는 주로 영업 활동과 관련된 건물, 기계 장치 등의 자산을 많이 취득하고, 성숙 단계에서는 금융 상품, 유가 증권 등의 취득이 많다는 것도 기억하시기 바랍니다.

기업의 투자 활동은 유·무형자산에 대한 투자와 금융 상품 등의 투자로 구분하는 것이 중요합니다. 일반적으로 영업 활동과 관련된 토지, 건물, 기계 장치 등의 유형자산 취득이 유가 증권 등의 투자자산 취득보다 더 올바른 현금의 운용이라고 여겨집니다. 기업 활동의 본질은 영업 활동이기 때문입니다. 다시 말해, 투자 활동 현금흐름은 기업의 투자 사이클에 따라 달라질 수 있으며, 영업과 관련된 것인지, 무관한 투자 활동인지 구분해서 살펴봐야 할 것입니다.

재무 활동 현금흐름이란 자기자본 또는 타인자본을 조달하고 상환하는 과정에서 발생하는 현금흐름입니다. 주식의 증자나 감자 또는 배당금 지급 등 자기자본 관련 현금흐름과 차입 및 상환 등 타인 자본 관련 현금흐름으로 구분할 수 있습니다.

첫째, 주주의 지분 투자와 관련된 현금흐름입니다. 주식을 증자하거나 감자할 때 발생하는 현금 유출입이 있고, 배당으로 인한 현금 유출이 있습니다. 이익으로 조달된 내부 유보 자금으로 재투자 등 자금을 운용하는 기업이 좋은 기업이지, 주식을 발행해서 자금 운용을 하는 기업은 좋은 기업이 아닙니다. 따라서 통상적으로 주식을 파는 행위인 증자로 인한 현금의 유입은 좋다고 평가할 수 없습니다. 반면 배당으로 인한 현금의 유출은 주주 이익의 분배라는 측면에서 긍정적으로 평가할 수 있습니다. 즉, 재무 활동 현금흐름은 플러스보다 마이너스가 좋습니다.

둘째, 차입금과 관련된 현금흐름입니다. 내부 유보 자금이 부족하여 차입하고 상환 능력이 생겨서 상환한다는 논리로 접근해보면, 역시 플러스보다 마이너스가 더 좋다는 것을 알 수 있습니다.

종합적으로 볼 때 재무 활동 현금흐름은 마이너스를 보이는 것이 상대적으로 낫다고 평가할 수 있습니다. 상대적이라고 표현한 이유는 영업 활동과 투자 활동으로 인한 현금흐름이 마이너스인 기업이 아주 좋은 재투자 기회가 생긴 경우에는 어쩔 수 없이 재무 활동으로 현금을 조달해야 하기 때문입니다. 특히 사업의 초기에는 영업 활동 현금흐름은 마이너스이고 투자 활동 현금흐름은 플러스일 확률이 매우 높은데, 이런 경우 재무 활동으로 현금을 유입할 수밖에 없습니다.

아래의 표는 현금흐름표를 볼 때 기업의 상황을 좀 더 쉽게 파악할 수 있도록 작성한 것입니다. 일반적인 상황을 나타낸 표이므로 가볍게 참고하면 됩니다.

■ 표 6-1 현금흐름표를 통한 기업의 해석

영업 활동	투자 활동	재무 활동	해석
+	−	−	가장 좋음 / 이익으로 재투자, 채무 상환, 배당
+	−	+	좋음 / 이익이 있고, 재투자를 위해 자금 조달
+	+	+	비정상 / 이익이 있으나, 투자는 안 하면서 자금 조달
+	+	−	중간 / 이익이 있으나, 재투자 없이 채무 상환, 배당
−	−	+	중간 / 손실 중인데 재투자를 위한 자금 조달
−	−	−	비정상 / 손실 중인데 재투자는 하려 하며 자금 상환
−	+	+	나쁨 / 손실 중인데 재투자는 안 하면서 자금 조달
−	+	−	가장 나쁨 / 손실 중이며 자산을 팔아서 자금 상환

일정 기간의
자본 변동을 확인할 것

　자본변동표는 일정 기간의 자본 변동을 나타내는 표로 전기 말 자본 잔액에서 당기 말 자본 잔액으로의 자본 변동 내역이 표시됩니다. 지금까지 설명한 재무제표인 재무상태표, 손익계산서, 현금흐름표, 자본변동표 중 재무상태표만 기간의 개념이 들어가 있음에 주의할 필요가 있습니다. 손익계산서와 현금흐름표, 자본변동표는 회계 기간 동안의 변동과 흐름을 나타낸다면, 재무상태표는 회계 기간 말일의 재무 상태를 나타내는 표입니다.

　경제학에 저량 stock 과 유량 flow 의 개념이 있습니다. 저량은 현재 시점에서의 양, 유량은 일정 기간의 총량을 뜻합니다. 유량과 저량은 밀접한 관계가 있습니다. 흐르는 물은 고이지 않듯이, 순이익이 계속 발생하고 현금흐름이 원활해야 좋은 기업이라고 할 수 있습니다. 최근 들어 가치 평가 기법에서 순자산 가치의 중요성이 점점 약해지고 있다는 것을 기억해야 합니다.

　자본상태표에 자본의 변동 내역은 자본금, 자본잉여금, 이익잉여금, 기타 자본 항목, 기타 포괄 손익, 비지배 지분 등으로 구분되어 작성됩니다. 자본 변동의 주요 내용은 증자, 감자, 배당, 자기 주식의 취득 등이 포함되며, 자본의 변동 중 가장 바람직한 변동은 이익잉여금의 증가입니다.

재무비율도 모르고 투자한다고?

✓ MAIN POINT

재무제표의 수치를 이용하여 계산하는 각종 지표의 개념과 의미를 이해하고 실전 투자에 어떻게 적용할 수 있는지 공부하자.

기업의 가치를 비율로 수치화해서 비교

■ 그림 7-1 기업 평가의 각종 가치 지표

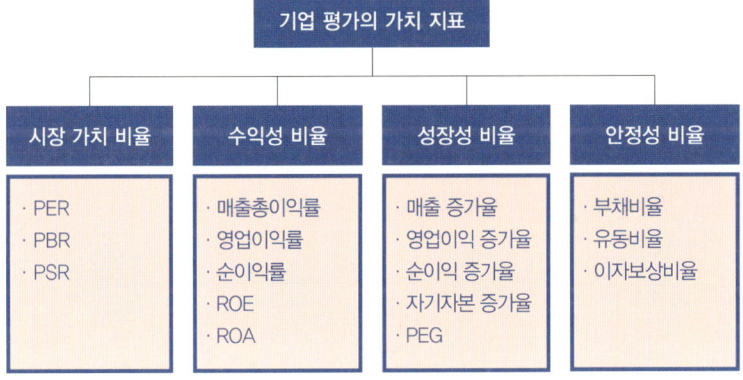

기업의 가치 평가 방법에는 여러 가지가 있는데, 그중 하나가 상대 가치 평가입니다. 상대 가치 평가란 기업의 가치를 비율로 수치화함으로써 두 기업 이상의 가치를 비교하는 것입니다. 두 기업 이상의 가치를 비교하기 위해서는 기준이 있어야 하는데, 그 기준이 시가총액입니다. 시가총액 대비 순이익, 시가총액 대비 순자산, 시가총액 대비 매출액을 비율화한 것이 PER과 PBR, PSR입니다.

한 기업의 절대 가치를 평가해서 시가총액과 비교하여 저평가 여부를 판단하는 것과 여러 기업의 시장 가치 비율을 구해서 비교하는 것은 분명 차이가 있습니다. 먼저 분석의 편의성 면에서는 시장 가치 비율을 구하는 것이 한 기업의 절대 가치를 구하는 것보다 훨씬 편할 것입니다. 또 절대 가치 평가에는 기업의 가치를 여러 가지로 평가할 수 있으며 그 값을 구하는 사람들의 주관에 따라 달라질 수 있다는 문제가 있습니다. ==반면 시장 가치 비율은 누가 구해도 같은 값이 나올 것이고, 각각의 비율이 순이익, 순자산, 순현금흐름 등을 나타내고 있다는 점에서 상황에 따라 적절하게 사용할 수 있다는 장점이 있습니다.== 특히 초보 시절에 절대 가치 평가에 어려움이 있다면 시장 가치 비율만이라도 정확히 이해하고 찾아보는 습관을 가지기 바랍니다.

우선, 주가 수익 비율 PER은 주가를 주당 순이익 EPS로 나눈 값을 말합니다. 주가와 주당 순이익에 각각 주식수를 곱하면 분자는 시가총액이 되고 분모는 당기순이익이 됩니다.

$$\text{주가 수익 비율 (PER, Price Earning Ratio)} = \frac{\text{주가}}{\text{주당 순이익 (EPS)}} = \frac{\text{시가총액}}{\text{당기순이익}}$$

PER은 당기순이익과 관련된 지표입니다. 원금의 회수 기간을 뜻하기도 하는 PER은 현재의 수익 가치를 잘 비교할 수 있다는 장점이 있는 반면, 수익 이외의 것은 전혀 반영되지 않으며 기업의 성장을 반영하지 못한다는 한계를 가지고 있습니다. 예를 들어 시가총액 100억 원인 A기업의 1년 당기순이익이 10억 원이라면 PER은 10입니다. 이는 원금을 회수하는 데 10년이 걸린다는 것입니다. 시가총액 100억 원인 B기업의 당기순이익이 5억 원이라면 PER은 20이고 원금 회수 기간은 20년이 걸리겠지요. A와 B를 비교하면 어느 기업이 더 좋은 기업일까요? 다른 조건이 동일하다면 같은 시가총액에 당기순이익이 많고 원금 회수 기간이 짧은 A기업이 더 좋은 기업입니다. PER은 상대적으로 낮을수록 좋습니다.

하지만 다른 조건을 고려한다면 여러 가지로 해석이 가능합니다. B기업이 수익은 적지만 순자산 가치가 매우 높을 수도 있고, 수년간 A기업보다 훨씬 큰 폭으로 성장할 수도 있기 때문입니다. 즉, 당기순이익의 관점으로만 비교한다면 PER이 낮은 A기업이 좋지만, 다른 관점에서 본다면 B기업의 이익이 적은데도 시장에서 A기업과 같은 평가를 받고 있으니 다른 조건은 더 좋다고 분석할 수 있습니다. 그래서 PER은 유사 사업 형태를 영위하는 동종 업종끼리 비교하는 데 적합합니다. 그러므로 성장성, 자산 가치, 질적 분석을 고려하면서 비교해야 합니다.

두 번째, 주가 순자산 비율 PBR 은 주가를 주당 순자산 BPS 로 나눈 값을 말합니다. 주가와 주당 순자산에 각각 주식수를 곱하면 분자는 시가총액이 되고 분모는 순자산이 됩니다.

$$\text{주가 순자산 비율}_{\text{PBR, Price Book value Ratio}} = \frac{\text{주가}}{\text{주당 순자산}_{\text{BPS}}} = \frac{\text{시가총액}}{\text{순자산}}$$

PBR은 기업의 순자산과 관련된 지표입니다. 현재의 자산 가치를 반영하여 기업 간에 쉽게 비교할 수 있다는 장점이 있지만 PER이 가지고 있는 한계는 PBR도 가질 수밖에 없습니다. 예를 들어 시가총액 100억 원인 A기업의 순자산이 100억 원이라면 PBR은 1이고, 시가총액이 100억 원인 B기업의 순자산이 50억 원이라면 PBR은 2가 됩니다. ==PBR도 PER과 마찬가지로 낮은 것이 좋습니다.== 하지만 B기업의 자산 가치가 더 낮은데도 A기업과 똑같이 100억 원으로 인정받는다는 것은 자산 가치 이외의 여러 조건을 고려해야 한다는 의미입니다.

==통상적으로 기업의 가치를 평가할 때 순자산 가치와 이익 가치가 중요한 기준이 됩니다. 따라서 시장 가치 비율을 볼 때도 PER과 PBR을 함께 보는 것이 좋습니다.== 동종 업종 내 유사 종목군을 비교했을 때 PER이 낮고 PBR도 낮은 기업의 경우, 적어도 순자산과 이익만 고려했을 때는 저평가되었다고 합리적인 추론을 할 수 있습니다. 이렇게 확인된다면 최종적으로 저평가된 요인이 더 있는지 찾아보고 분석한 후 투자 여부를 결정할 수 있습니다.

세 번째, 주가 매출액 비율 PSR은 주가를 주당 매출액으로 나눈 값을 말합니다. 주가와 주당 순매출액에 각각 주식수를 곱하면 분자는 시가총액이 되고 분모는 매출액이 됩니다.

$$\text{주가 매출액 비율} = \frac{\text{주가}}{\text{주당 매출액 SPS}} = \frac{\text{시가총액}}{\text{매출액}}$$
PSR, Price Sales Ratio

    PSR은 오랫동안 가치 평가에서 중요한 기준이 되었던 순이익이나 순자산이 아닌 매출액에 관련된 지표입니다. 최근 들어 매출액의 중요성이 커지면서 PSR도 점차 중요해지고 있습니다. 예를 들어 시가총액이 100억 원인 A기업의 매출액이 500억 원이라면 이 기업의 PSR은 0.2이고, 시가총액이 100억 원인 B기업의 매출액이 200억 원이라면 PSR은 0.5가 됩니다. 기업은 매출액이 커야 하므로 PSR도 PER이나 PBR처럼 낮은 게 좋습니다.

    원칙적으로 PSR도 업종별로 다르게 판단해야 합니다. 이익률이 낮은 산업의 경우 매출액은 굉장히 크지만 적게 남고, 이익률이 높은 고부가가치 산업의 경우에는 매출액은 작지만 이익을 많이 남길 수도 있기 때문입니다. 또한 적자 기업의 경우에 PER은 무용지물이지만, PSR은 적자 기업에서도 유용한 비교 지표로 쓰일 수 있다는 장점도 기억해야 합니다.

수익을 나타내는 능력을 알 수 있다

수익성 비율은 기업의 수익 창출 능력을 나타내주는 비율로, 경영 성과를 다각적으로 분석하는 데 도움을 줍니다. 먼저 손익계산서상의 주요 항목을 매출액에 대한 백분율로 계산한 매출총이익률, 영업이익률, 순이익률 등이 있습니다. 또한 순이익을 창출하기 위해 사용된 투자 자금에 대한 수익성 비율로 자기자본 이익률 ROE, Return On Equity 과 총자산 이익률 ROA, Return On Assets 이 있습니다.

계산식에서 알 수 있듯이, 매출총이익률은 매출액에서 매출 원가를 뺀 매출총이익과 매출액의 비율, 영업이익률은 매출총이익에서 판관비를 뺀 영업이익과 매출액의 비율, 순이익률은 영업이익에서 금융 수익과 비용, 기타 수익과 비용 등을 가감한 순이익과 매출액의 비율입니다.

이 중에 가장 중요하게 봐야 할 것은 영업이익률입니다. 매출총이익에는 판관비가 포함되지 않고 순이익에는 비경상적이고 비반복적인 손익이 포함된다는 점에서 영업 활동과 가장 관련 있는 영업이익이 중요하기 때문입니다. 고정비 비중이 높은 기업일수록 매출액 증가

==보다 영업이익 증가가 크고 영업이익률도 증가합니다.== 업종에 따라 다르지만, 5~15% 정도의 영업이익률이 평균 수준이며 30%가 넘는다면 아주 좋은 기업입니다. 영업이익률이 50%가 넘는 기업은 시장 진입 장벽이 높은 제품 독점력을 가지고 있다고 볼 수 있습니다.

$$(1)\ 매출총이익률 = \frac{매출총이익}{매출액} \times 100$$

$$(2)\ 영업이익률 = \frac{영업이익}{매출액} \times 100$$

$$(3)\ 순이익률 = \frac{순이익}{매출액} \times 100$$

$$(4)\ 자기자본\ 이익률(ROE) = \frac{순이익}{자기자본} \times 100$$

$$(5)\ 총자산\ 이익률(ROA) = \frac{순이익}{자산} \times 100$$

매출총이익률의 변동이 큰 경우에는 매출 원가에서 비중이 큰 원재료비의 가격 변동을 체크할 필요가 있습니다. 순이익률은 주주의 이익이라는 점에서 영업이익보다 중요하지만, 매년 변동이 심해서 예측 가능성과 신뢰성이 낮다는 단점이 있습니다.

  자기자본 이익률은 자산에서 부채를 차감한 자기자본으로 순이익을 얼마나 창출하는지 나타내는 지표이고, 총자산 이익률은 자산으로 순이익을 얼마나 창출하는지 나타내는 지표입니다. 주식투자자는 주주의 입장에서 기업을 분석해야 하므로, ROA보다 ROE가 더 중요한 지표입니다.

$$\frac{PBR}{PER} = \frac{\frac{주가}{주당\ 순자산}}{\frac{주가}{주당\ 순이익}} = \frac{주당\ 순이익}{주당\ 순자산} = ROE$$

이 공식에 따르면, ROE와 PER은 역의 관계, ROE와 PBR은 정의 관계임을 알 수 있습니다. 예를 들어 A기업의 PER이 10, PBR이 1이고, B기업의 PER이 5, PBR이 1, C기업의 PER이 10, PBR이 2인 경우, 각각 ROE는 10%, 20%, 20%가 됩니다. ROE가 크면 수익성이 좋아서 PER이 낮아지고, PER이 낮아지면 주가가 올라가면서 PBR이 올라간다고 이해해도 좋습니다. 또는 ROE는 자본 성장률의 개념이므로 자본 가치를 나타내는 PBR은 정의 관계, 수익 가치를 나타내는 PER은 역의 관계라고 설명할 수도 있습니다. 결론적으로, 적은 자본으로 높은 수익을 내는 기업일수록 ROE가 커집니다.

과거와 현재의 성장성 비율로 미래를 예측하자

성장성 비율은 재무 상태나 경영 성과가 전년도 또는 전분기에 비해 당기에 얼마나 성장했는지를 나타내는 지표로, 손익계산서상의 증가율인 매출액 증가율, 영업이익 증가율, 순이익 증가율과 재무상태표상의 총자산 증가율, 자기자본 증가율 등이 있습니다.

매출액 증가율은 전기 대비 당기에 매출액이 얼마나 성장했는지 나타내는 지표입니다. 예를 들어 전기 매출액이 100억 원, 당기 매출액이 110억 원이었다면 $\frac{110억\ 원 - 100억\ 원}{100억\ 원} \times 100$인 10%가 매출액 증가율입니다. 영업이익 증가율과 순이익 증가율도 마찬가지로 계산하면 됩니다. 매출액 증가율이 높은 경우 업종 전체가 호조인지, 기업 자체의 매출이 증가한 것인지 분리해서 살펴볼 필요가 있습니다. 물론 가장 좋은 경우는 업황도 좋고 업종 내에서도 선도적인 위치를 차지하여 매출이 증가하는 경우일 것입니다. 매출액 증가율보다 영업이익 증가율이 더 좋다면 고정비 효과를 봤을 확률이 높고 긍정적인 신호로 해석할 수 있습니다. 순이익 증가율이 매출액이나 영업이익 증가율과 다르게 움직인다면 일시적인 손익 발생 때문인지 살펴볼 필요가 있습니다.

$$(1)\ \text{매출액 증가율} = \frac{(당기매출액 - 전기매출액)}{전기매출액} \times 100$$

$$(2)\ \text{영업이익 증가율} = \frac{(당기영업이익 - 전기영업이익)}{전기영업이익} \times 100$$

$$(3)\ \text{순이익 증가율} = \frac{(당기순이익 - 전기순이익)}{전기순이익} \times 100$$

$$(4)\ \text{총자산 증가율} = \frac{(기말자산총계 - 기초자산총계)}{기초자산총계} \times 100$$

총자산 증가율과 자기자본 증가율은 기업의 규모가 얼마나 성장하는지 알 수 있는 지표입니다. 총자산 증가율에는 영업 관련 자산과 비영업 자산의 증가가 섞여 있으므로 영업 관련 자산의 증가를 보기 위해서는 유형자산 증가율을 검토하는 것도 좋습니다. 자기자본 증가율에는 이익잉여금과 자본금 또는 자본잉여금의 증가가 섞여 있으므로, 이익잉여금이 증가했는지 아닌지 구분할 필요가 있습니다.

주식시장에서 오랫동안 계속된 논쟁거리가 있습니다. "가치주 vs. 성장주, 어느 것이 좋은가?" 하는 것입니다. 물론 무엇이 가치주이고 성장주인지에 대해서도 의견이 분분하지만, 가치와 성장 중에 하나를 택해야 한다면 저는 가치보다는 성장을 선호합니다. 즉, 현재 가치 대비 저평가되어 있는 종목보다는 미래 성장 가능성이 높은 종목을 선호한다는 뜻입니다. 미래 성장 가능성은 정확히 예측하기 힘들지만, 과거와 현재의 성장성 비율로 어느 정도 예측할 수 있다는 점에서 성

==장성 비율은 매우 중요하다고 할 수 있습니다.==

시장 가치 비율을 나타내는 지표 중 PER은 현재의 이익 가치를 반영한 지표인데, PER에 성장성을 가미한 지표가 PEG입니다.

$$\text{PEG} = \frac{\text{PER}}{\text{주당 순이익 증가율}} \times 100$$

PEG, Price Earnings to Growth Ratio

순이익 증가율이 높을수록 PEG는 낮아지므로 PER과 마찬가지로 낮을수록 좋은 지표이며, 일반적으로 PEG를 기준으로 저평가와 고평가를 판단합니다. 과거에 비해 가치보다 성장이 더욱 중요한 요소이지만, 성장은 미래에 대한 예측이라는 불확실성이 포함되어 있기 때문에 측정하기가 더 힘들고 부정확하다는 단점이 있습니다.

이 회사의 재무 상태는 얼마나 안정적일까?

안정성 비율은 회사의 재무 상태가 얼마나 안정적인지 측정하는 지표로, 부도나 파산 가능성의 높고 낮음을 판단할 수 있습니다. 앞서 설명한 이익성 비율과 성장성 비율이 재무상태표와 손익계산서의 각 항목에서 계산되는 것과 마찬가지로, 안정성 비율의 부채 비율과 유동 비율은 재무상태표에서, 이자 보상 비율은 손익계산서에서 계산할 수 있습니다.

회사가 망하는 이유는 대부분 빚을 갚지 못해서인데, 안정성 비율에서 가장 중요하게 고려해야 할 항목은 부채입니다. 먼저 부채 비율은 부채에 대한 자본의 비율로, 수치가 낮을수록 좋습니다. 과거에는 200% 정도가 기준이었다면, 최근에는 100%를 표준으로 보고 있습니다. 물론 금융업이나 장치산업 등은 부채 비율이 매우 높은 업종으로 업종에 따라 적정 부채 비율은 달라질 수 있습니다.

이자 보상 비율은 영업이익에 대한 이자 비용의 비율로 이자 보상 비율은 클수록 좋습니다. 이자 비용보다 몇 배나 영업이익을 내는지를 수치화시켰다고 이해하면 됩니다. 이자 보상 비율이 1보다 작은 경

$$(1)\ 부채비율 = \frac{부채}{자본} \times 100$$

$$(2)\ 자기자본비율 = \frac{자본}{자산} \times 100$$

$$(3)\ 이자보상비율 = \frac{영업이익}{이자비용} \times 100$$

$$(4)\ 유동비율 = \frac{유동자산}{유동부채} \times 100$$

$$(5)\ 당좌비율 = \frac{당좌자산}{유동부채} \times 100$$

우는 영업이익으로 이자를 충당하지 못하는 최악의 상황인 것입니다. 힘들게 일해서 은행만 돈 벌게 해주는 셈이죠. 부채에는 이자 지급 의무 등이 없는 매입 채무 등이 포함되어 있으므로, 이자 보상 비율은 이자 지급 의무를 좀 더 구체적으로 알 수 있는 비율이라는 장점이 있습니다. 즉, 부채 비율은 원금 상환 의무에 대한 위험성, 이자 보상 비율은 이자 지급 의무에 대한 위험성을 알 수 있다는 차이점이 있습니다.

유동 비율은 유동자산에 대한 유동부채의 비율로 수치가 클수록 좋습니다. 부채 비율에는 장기 차입금도 포함되어 있지만, 유동 비율은 1년 안에 갚아야 하는 단기 차입금만이 포함되어 있어서 단기적인 재무 안정성을 측정하는 데 의미가 있는 지표입니다. 쉽게 생각하면 1년 이내에 갚아야 할 돈보다 1년 이내에 돈으로 만들 수 있는 자산이 적다면 단기적인 상환 불능 위험에 빠질 수 있습니다. 다만 유동자산에는 재고자산이 포함되므로, 재고자산 비중이 큰 기업은 유동자산에서 재고자산을 뺀 당좌자산으로 계산한 당좌비율도 함께 보는 것이 좋습니다.

무부채 기업이 안정성 측면에서는 좋은 기업이지만, 부채로 조달한 자금으로 이자보다 높은 영업이익을 창출할 수 있다면 수익성 측면에서는 부채 기업이 좋을 수도 있습니다. 과도한 부채와 이자는 기업의 안정성을 해치지만, 안정성을 유지하는 측면에서 적정한 부채 조달은 기업의 수익성과 성장성을 높이는 도구가 될 수 있다는 것을 기억하기 바랍니다.

앞에서 설명한 재무제표의 항목을 공부해도 재무제표를 읽기가 힘든 초보자일수록 여기에서 설명한 비교 지표를 포함한 각종 재무지표가 큰 무기가 될 것입니다. 이러한 지표들을 정확히 이해한다면 HTS의 조건 검색에서 원하는 우량주 조건을 입력하여 종목을 압축시킬 수 있을 것입니다.

8장
가치투자의 대가들은 어떻게 투자했을까?

☑ MAIN POINT

재무제표 수치를 이용한 양적 분석과는 다른 질적 분석의 의미와 중요성에 대해 공부하고 필립 피셔, 워런 버핏, 피터 린치 등이 강조한 보이지 않는 가치를 알아보자.

양적 분석 vs. 질적 분석의 중요성

　재무제표에 나타난 여러 수치를 통해 가치를 계산하여 시장 가격과 비교함으로써 저평가된 종목을 찾기도 하고, 재무 지표 등을 계산하여 여러 기업을 비교함으로써 저평가된 종목을 찾기도 합니다. 이처럼 재무제표가 알려주는 수치로 가치를 분석하는 것을 양적 분석이라고 합니다. 반면 측정 불가능하고 수치화할 수 없는 한계 때문에 재무제표에는 포함되지 않지만, 기업의 가치를 평가하는 데 중요한 요소라고 여겨지는 것으로 가치를 분석하는 것을 질적 분석이라고 합니다. 가치투자의 아버지라고 할 수 있는 벤저민 그레이엄이 한 것이 대표적인 양적 분석이며, 그 이후에 가치투자자들은 양적 분석의 한계를 극복하기 위해 질적 분석 요소를 가미하면서 가치 분석은 더욱 발전해왔습니다.

　여기에서는 필립 피셔, 워런 버핏, 피터 린치 등 전설적인 투자자들이 중요하게 생각했던 질적 요인들을 공부해보겠습니다. 양적 분석과 질적 분석은 대립되는 개념이 아니라 보완되는 개념임을 이해하고, 전설적인 투자자들이 보이는 가치에 보이지 않는 가치를 어떻게 접목시켰는지 생각하는 기회가 되길 바랍니다.

위대한 기업에 투자하라, 필립 피셔

필립 피셔의 투자 대상 기업을 찾는 15가지 포인트

1. 적어도 향후 몇 년간 매출액이 상당히 늘어날 수 있는 시장 잠재력을 가진 제품이나 서비스를 갖고 있는가?
2. 최고 경영진은 매력적인 성장 잠재력을 가진 현재의 제품 생산 라인이 더 이상 확대되지 않고 어려워졌을 때 회사의 전체 매출액을 추가로 늘릴 수 있는 신제품이나 신기술을 개발하려는 결의를 갖고 있는가?
3. 기업의 연구 개발 노력은 회사 규모를 감안할 때 얼마나 생산적인가?
4. 평균 수준 이상의 영업 조직을 가지고 있는가?
5. 영업이익률은 충분한가?
6. 영업이익률 개선을 위해 무엇을 하고 있는가?
7. 노사 관계가 좋은가?
8. 임원들 간에 좋은 관계가 유지되고 있는가?
9. 두터운 기업 경영진을 갖고 있는가?
10. 원가 분석과 회계 관리 능력은 얼마나 우수한가?
11. 해당 업종에서 아주 특별한 의미를 지닌 별도의 사업 부문을 갖고 있으

며, 이는 경쟁 업체에 비해 얼마나 뛰어난 기업인지 알려주는 중요한 단서를 제공하는가?
12. 이익을 바라보는 시각이 단기적인가, 아니면 장기적인가?
13. 성장에 필요한 자금 조달을 위해 가까운 장래에 증자할 계획이 있으며, 이로 인해 현재의 주주가 누리는 이익이 상당 부분 희석될 가능성은 없는가?
14. 경영진은 모든 것이 순조로울 때는 투자자들과 자유롭게 대화하지만, 문제가 발생하거나 실망스러운 일이 벌어졌을 때는 입을 꾹 다물어버리지 않는가?
15. 의문의 여지가 없을 만큼 진실한 최고 경영진을 갖고 있는가?

'성장주 투자의 아버지'로 불리는 필립 피셔는 벤저민 그레이엄과 함께 현대적인 투자 이론을 개척한 인물로 워런 버핏은 자신을 만든 두 스승으로 그레이엄과 피셔를 꼽고 있습니다. 피셔는 《위대한 기업에 투자하라》라는 명저를 남겼는데, 이 책에서 사실에 근거하여 위대한 기업을 찾는 15가지 고려 사항을 설명합니다.

15가지 중 경영진에 관련한 사항이 무려 다섯 가지입니다. 피셔가 말하는 위대한 기업은 최고 경영진은 진실해야 하고, 두터운 기업 경영진을 갖고 있어야 합니다. 또한 임원들 간에 좋은 관계가 유지되고 있으며, 문제가 발생했을 때 입을 꾹 다물면 안 되고, 신제품과 신기술을 개발하려는 의지가 있어야 합니다. 각각의 사항도 중요하지만, 한마디로 기업의 존속과 성장에서 경영진의 역할이 얼마나 중요한지 강조하고 있다고 이해하면 됩니다.

경영진 다음으로 많이 다루는 사항이 사업 부문입니다. 위대한 기업의 사업 부문은 해당 업종에서 아주 특별한 의미를 지녀야 하며, 연구 개발 부문은 생산적이어야 하고, 원가 분석과 회계 관리 능력이 우수해야 합니다. 또한 영업 조직은 평균 이상이어야 합니다.

마지막으로 피셔가 말하는 위대한 기업은 미래를 내다봐야 합니다. 향후 매출액이 상당히 늘어날 정도의 잠재력을 갖고 있든지, 없다면 신제품이나 신기술을 개발해야 합니다. 또한 미래를 위해 생산적으로 연구 개발 노력을 기울여야 하고, 이익을 장기적인 시각으로 살펴보아야 합니다.

15가지 고려 사항 중에 양적 분석의 영역에 해당되는 사항은 영업이익률과 연구 개발비의 생산성 정도임을 생각할 때, 피셔는 위대한 기업을 찾기 위해 재무제표 이외에 사실에 근거한 질적 분석을 매우 중요하게 생각했음을 알 수 있습니다.

오마하의 현인, 워런 버핏

워런 버핏의 12가지 투자 원칙

1. 단순하고 이해하기 쉬운 기업에 투자하라.
2. 일관되고 오랜 역사를 가진 기업에 투자하라.
3. 장기적 전망이 밝은 기업에 투자하라.
4. 경영진이 합리적인 기업에 투자하라.
5. 정직한 기업에 투자하라.
6. 제도적 관행에 도전할 용기가 있는 기업에 투자하라.
7. 자기자본 순이익률이 높은 기업에 투자하라.
8. 주주 이익이 높은 기업에 투자하라.
9. 매출액 순이익률이 높은 기업에 투자하라.
10. 사내 유보금 이상으로 시장가치를 창출하는 기업에 투자하라.
11. 기업의 내재가치를 평가하라.
12. 내재가치보다 주가가 충분히 낮을 경우에만 매입하라.

현존하는 투자자 중 가장 부자이고 살아 있는 전설로 불리는 워런 버핏의 12가지 투자 원칙을 살펴보면, 벤저민 그레이엄에게 양적 분석, 필립 피셔에게 질적 분석의 영향을 크게 받았음을 알 수 있습니다.

먼저 양적 분석의 측면에서는 자기자본 이익률, 매출액 이익률, 주주 이익이 높고 유보금으로 높은 재투자 수익률을 보이는 기업 중에 내재 가치보다 주가가 충분히 낮은 경우에 투자하라고 조언하고 있습니다. 또한 질적 분석의 측면에서는 역사가 오래되고 단순한 사업을 하며 장기적 전망이 밝은 기업, 합리적이고 정직하며 용기가 있는 경영진이 있는 기업인지 판단해야 한다고 합니다.

워런 버핏의 투자 원칙에서 알 수 있듯이 양적 분석과 질적 분석은 함께 하는 것이 더 좋은 기업을 고르는 데 도움이 됩니다. 그리고 워런 버핏도 필립 피셔처럼 경영진에 대한 정보를 중요하게 여겨 합리성, 정직성, 용기 등을 강조하고 있음을 알 수 있습니다.

물론 워런 버핏은 버크셔 해서웨이의 주주서한과 수많은 인터뷰를 통해서 그가 중요하게 생각하는 투자 기준에 대해서 여러 번 밝힌 바 있습니다. 앞의 12가지 원칙은 그중에서 로버트 해그스트롬이 쓴 《워런 버핏의 완벽투자기법》에 나온 내용입니다.

잃지 않는 투자의 대가, 피터 린치

피터 린치의 완벽한 주식의 조건 13가지

1. 따분하고 우스꽝스럽게 들리는 회사 이름

2. 따분한 사업

3. 혐오감을 일으키는 사업

4. 일종의 분리·독립된 자회사

5. 기관이 보유하지 않고, 분석가들이 취급하지 않는 회사

6. 폐기물이나 마피아와 관련 있다고 소문난 회사

7. 음울한 사업을 하는 회사

8. 성장이 전혀 없는 업종의 회사

9. 남들이 관심 없는 틈새를 확보한 회사

10. 사람들이 꾸준히 사는 제품의 회사

11. 기술을 사용하는 회사

12. 내부자가 자사 주식을 매수하는 회사

13. 회사가 자기 주식을 매수하는 회사

우리나라에서는 《전설로 떠나는 월가의 영웅》으로 잘 알려진 피터 린치는 미국에서 가장 성공한 펀드매니저 중 한 사람입니다. 그는 책에서 완벽한 주식의 조건 13가지를 언급했습니다. 이들 조건들을 살펴보면 그가 보통의 펀드매니저의 관점이 아닌 일반 투자가의 관점으로 좋은 기업들을 찾아 나갔음을 알 수 있습니다. 특히 아직 기관투자자들이 관심 두지 않고 있는 소외된 기업에서 10루타 종목을 찾는 노력을 해야 한다는 것을 강조합니다.

또한 '어떤 바보라도 이 사업은 경영할 수 있다'라는 것을 완벽한 주식의 특징으로 보는 것은 워런 버핏의 관점과도 일맥상통한다고 볼 수 있습니다. 피터 린치의 질적 분석의 또 하나의 가장 큰 특징은 생활 속에서 종목을 발굴할 수 있다는 것인데, 이는 그의 투자 성공 사례 대부분이 재무제표보다는 생활 속에서 찾아낸 경험에 의한 것임을 나타내는 것입니다.

1장 삼박자 투자법

2장 시가총액 비교법

3장 분산투자기법

4장 상한가 매매기법

5장 짝짓기 매매기법

6장 신고가종목 매매기법

7장 신규상장주 공략법

8장 생활 속의 종목발굴법

 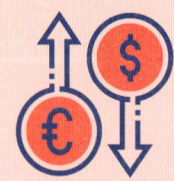  

5부

이세무사 실전투자기법, 8테크

"연습은 실전처럼, 실전은 연습처럼"

올림픽 금메달리스트들에게 결승전에서 떨리지 않았느냐고 물으면, 그들은 하나같이 "연습하듯 차분하게 임했다"라고 말합니다. 실전을 연습처럼 해낼 수 있었던 이유는, 그들이 수천 번, 수만 번을 실전처럼 연습해 왔기 때문입니다. 그렇게 국위선양을 이룬 선수들에게는 절로 고개가 숙여집니다.

주식투자도 이와 비슷한 면이 있습니다. 성공한 운동선수들이 매일 성실하게 훈련하듯, 성공한 투자자들 역시 매일 시장을 관찰하고 분석합니다. 스포츠에서 경험과 실전이 중요하듯, 주식투자에서도 실전 경험은 무엇보다 중요합니다.

그렇다면 주식투자에서 말하는 '실전'이란 무엇일까요?

바로 종목을 선정하고, 그 종목을 매수하며, 적절한 시점에 매도하는 일련의 과정입니다. 하지만 많은 투자자들이 주식 공부를 소홀히 한 채, 타인의 추천에 의존해 종목을 매수하고, 심지어 매수·매도 타이밍조차 스스로 판단하지 못하는 경우가 많습니다. 실전 경험이 주식투자의 핵심 성공 요인임에도 불구하고, 종목 선정과 타이밍 결정을 직접 해보지 않는다면, 투자 기간이 아무리 길어져도 성공은 요원한 일일 수밖에 없습니다.

그렇다면 종목 선정과 매도 타이밍 중, 더 중요하고 어려운 것은 무엇일까요?

바로 종목 선정입니다. 물론 매도 타이밍도 어렵습니다. 주가의 변동에 따라 우리의 심리가 요동치기 때문에, 공포와 탐욕이 판단을 흐리게 만들죠. 하지만 이론적 학습과 실전 경험의 축적이라는 관점에서 보면, 종목 선정이 훨씬 더 중요하고도 어려운 영역입니다.

이 책의 2부에서는 재료를 기반으로 한 정보 분석을, 3부에서는 차트를 기반으로 한 가격 분석을, 4부에서는 재무제표를 기반으로 한 가치 분석을 다루었습니다. 그리고 이제 5부에서는 '실전 투자 기법 8테크'를 통해, 종목 선정의 실전 노하우를 본격적으로 배워보게 될 것입니다.

'8테크'는 단순한 기법이 아닙니다.

제가 정글 같은 시장 속에서 30년을 살아남으며, 수많은 시행착오 끝에 다듬어낸 실전 무기입니다. 시장은 약자를 기다려주지 않습니다. 망설이는 순간, 기회는 사라지고 손실만 남습니다. 남의 판단에 기대는 투자는 결국 남의 실패에 자신의 인생을 맡기고 눈물 흘릴 뿐입니다.

이제 '8테크' 기법으로, 남에게 의존하는 투자자가 아닌—스스로 판단하고 책임지는 진짜 투자자로 거듭나기를 바랍니다.

당신의 성공 투자, 그리고 백억 부자를 위하여!

삼박자 투자법

> **✓ MAIN POINT**
>
> 삼박자 투자법의 개념에 대해서 이해하고, 재무제표 분석, 차트 분석, 재료 분석에 대해 공부하며 그 중요성을 알아보자.

삼박자 분석법이란?

맛있는 식당을 선정하는 기준에는 여러 가지가 있습니다. 맛은 기본적으로 갖추어야 하며, 가능하다면 가격이 비싼 집보다는 저렴한 집, 서비스가 불친절한 집보다는 친절한 집이 맛집이 될 가능성이 높습니다. 맛, 가격, 서비스 이 세 가지 요소가 조화를 이루어야 진정한 맛집으로 평가받을 수 있습니다.

그렇다면 매력적인 매수 종목은 어떤 조건을 갖추어야 할까요? 주식 투자의 본질을, 모두가 주목하기 전의 유망한 '미인주'를 먼저 발굴해 선취매하는 게임이라고 본다면, 다른 투자자들이 어떤 기준으로 매수 종목을 선정하는지 파악하는 것이 중요합니다. 종목을 분석하는 기준은 다양하지만, 일반적으로 투자자들은 가치, 가격, 그리고 정보라는 세 가지 요소를 중심으로 종목을 분석하고 매수 여부를 결정합니다.

필자가 제안하는 삼박자 분석법은 가치, 가격, 정보의 세 가지 측면에서 종목을 종합적으로 분석하여, 이 세 요소가 균형을 이루는 최적의 종목을 찾는 방법입니다. 가치 분석에는 재무제표 분석이 대표적이며, 가격 분석에는 차트 분석, 정보 분석에는 재료 분석이 활용됩니다. 이 세 가지 분석을 함께 활용하면, 한 가지 관점에만 의존할 때 발생할 수 있는 실수나 오류를 효과적으로 줄일 수 있습니다.

하지만 많은 투자자가 이 세 가지 분석 중 한두 가지만 사용하는 경우가 많습니다. 심지어 자신이 하지 않는 분석 방법에 대해선 전혀 필요 없는 것이라며 폄하하는 이들도 있습니다. 과연 그것이 옳은 태도일까요? 가치, 가격, 정보 분석을 고루 학습하고, 이를 실제 매매에 적용해본 경험이 있는 투자자라면 그런 말을 결코 할 수 없습니다. 오히려 그런 주장은 스스로 주식 투자에 대한 지식과 경험이 부족하다는 것을 드러내는 것과 다름없습니다.

주식은 현 시점에서 이론적으로 계산할 수 있는 가치가 존재하지만, 이 가치는 평가하는 투자자마다 다르게 해석될 수 있는 주관적인 요소입니다. 그렇기 때문에 동일한 시점에서도 시장에서는 객관적인 지표인 '가격'을 기준으로 거래가 이루어집니다. 가치와 가격은 장기적으로는 수렴한다고 볼 수 있으나, 단기적으로는 항상 차이를 보입니다. 이러한 차이가 발생하는 가장 큰 이유는 바로 정보의 반영 여부입니다. 가치 평가에 반영되지 않은 정보가 가격에는 초 단위로 실시간 반영되기 때문입니다. 정보는 향후 가치에 반영될 수 있는 중요한 요소일 수도 있고, 가치와는 무관하게 일시적으로 가격에만 영향을 미치는 경우도 있습니다. 이러한 주식 투자의 본질적인 측면에서 보았을 때, 현재 가치보다 저평가되어 낮은 가격에 거래되고 있는 종목을 정확히 찾아내기 위해서는 재무제표 분석, 차트 분석, 재료 분석이 동시에 이루어지는 삼박자 분석이 필수적입니다.

그렇다면 삼박자 분석 중 하나라도 소홀히 한 경우에는 어떤 일이 일어날까요?

① 재무제표 분석을 등한시하면?

기업가치가 형편없는 부실주를 매수하게 되는 경우, 매수종목이 감자에 들어가거나 심지어는 관리종목에 편입됩니다. 최악의 경우에는 상장폐지까지 당하게 되는 불상사가 발생해 공든 탑이 하루아침에 무너질 수 있습니다.

② 차트분석을 등한시하면?

현재 주가, 즉 가격의 위치를 파악하는 데 실패하여 내가 매수한 가격보다 더 비싸게 사줄 바보를 찾지 못해 고점에 물리게 됩니다. 최악의 경우, 그 고점이 수년간 다시는 회복되지 않는 역사적 고점이 되어 원금 회복이 사실상 어려워질 수 있습니다.

③ 재료분석을 등한시하면?

시장참여자들의 관심권 밖에 있는 장기소외주를 매수하게 되는 경우, 주가탄력성이 너무 약해 오르지도 않고, 빠지지도 않는 장기횡보가 지속됩니다. 거래량도 많지 않아서 원하지 않는 장기보유를 하게 되며, 매일 주가만 확인하는 상황이 될 수도 있습니다.

앞의 예에서 보듯이, 3가지 분석법 중 하나만 생략해도 각각 위험한 상황이 올 수 있습니다. 분석법 중 하나에 중점을 두고 분석할 수는 있어도, 분석법 중 하나라도 생략하면 그다지 좋지 않음을 강조하고 싶습니다. 수십 년 이상 프로바둑기사들에게 정석이라고 일컬어졌던 바둑의 수들이 알파고에 의해 새로운 해석이 가능해졌습니다. 일부 주식투자 대가가 제시하는 투자법이 정석투자인 것은 아니며, 필자가 제시하는 삼박자 투자법도 그러합니다. 그래도 삼박자 분석이 한 가지 방법을 사용하는 한박자 분석보다 확률적으로 유리하며, 보다 나은 수익률의 기회가 될 수 있습니다.

재무제표 분석에서 출발하기

재무제표 분석은 삼박자 분석법 중 가장 기본이 되는 분석법입니다. 부실주나 적자지속기업, 심지어 자본잠식기업은 혹시 모를 부도위험을 방지하기 위해서 1차적으로 걸러내야 하는데, 재무제표 분석이 그 역할을 합니다.

그렇다면 거래소와 코스닥 전 종목의 재무제표를 짧은 시간 안에 검색하는 가장 좋은 방법은 무엇일까요? 필자가 쓰는 방법은 다음과 같습니다. 우선 시간 절약을 위하여 HTS 조건검색 기능을 활용하여 시장에서 유행하는 재무제표의 주요 항목들이나 재무지표들을 검토합니다. 그 과정에서 재무제표 우량주를 찾아내고, 그에 해당하는 종목의 재무제표를 다시 한 번 전자공시시스템에서 분석합니다. 그 후에 차트 분석과 재료 분석을 하는 것입니다.

재무제표 분석에 중점을 두고 관심종목을 추려내는 방법은 재무제표 분석에 자신 있는 투자자에게 적합합니다. 재무제표 분석에서는 PER, PBR, PSR 등의 지표만 중요한 것이 아닙니다. 영업이익률 또는 당기순이익률 등의 수익성, 매출액 증가율 또는 이익 증가율 등의 성장성, 또는 부채비율이나 유보율 등 안정성까지 여러 가지 조건들을 자유자재로 넣고 빼서 약 5~10종목 정도를 추려내야 합니다. 그 후에 삼박자 분석으로 정밀 검토하면, 재무제표 분석을 기반으로 한 최고의 매수 종목을 선정할 수 있습니다.

이 방법을 사용하기 위해서는 자유자재로 여러 조건들을 설정해야 하는데, 그러려면 재무제표 각 항목과 각종 지표들에 대한 명확한 이해가 필요합니다.

차트분석에서
출발하기

차트분석은 가치보다 객관적인 지표인 가격이 현재 역사적으로 볼 때 어떤 위치에 있으며, 추세구간인지 비추세구간인지 파악하여 매매전략에 도움을 주는 분석법입니다. 이 분석법은 현재 가격이 저평가 또는 고평가 수준인지를 파악할 수 있으며, 추세구간이라면 매수 후 보유 전략, 비추세구간이라면 저점매수 고점매도 전략 등을 선택할 수 있게 합니다.

그렇다면 거래소와 코스닥 전 종목의 차트를 빠르게 분석하는 방법은 무엇일까요? 앞에서 언급한 조건검색으로 최근 유행하고 있는 패턴이나 자신이 선호하는 패턴을 추려나가는 투자자들이 많습니다. 실제 조건검색을 통해 재무제표 분석에 중점을 둔 종목을 압축하는 방법이나, 조건검색을 통해 차트분석에 중점을 둔 종목을 압축하는 방법은 기술적으로 동일합니다.

이 방법은 차트분석에 중점을 두고 관심종목을 추려내는 것입니다. 그래서 차트분석에 자신 있는 투자자에게 적합합니다. 봉의 형태나 패턴, 그리고 이동평균선의 위치 등 여러 가지 조건을 자유롭게 넣을 실력이 된다면, 이러한 과정을 통해 약 5~10종목 정도를 추려낼 수 있습니다. 그 후 삼박자 분석으로 세밀하게 검토하면, 차트분석을 기반으로 한 최고의 매수종목을 선정할 수 있습니다.

필자도 주식투자를 처음 했던 20여 년 전부터 HTS 자동돌려보기 기능을 이용해 전 종목을 매일 돌려보았었습니다. 3초 간격으로 2,000종목을 모두 돌려보는 시간이 6,000초, 즉 100분이 걸린다고 합시다. 매일 100분이면 전 종목의 차트를 다 돌려볼 수 있습니다. 이렇게 전 종목을 돌려보면서 한눈에 보았을 때 미인차트를 5~10종목 뽑아내어 삼박자 분석을 해나가면 되는 것입니다. 물론 여기에서 중요한 것은 어떤 종목이 미인차트인지 뽑아낼 수 있는 눈입니다. 필자의 경험에 비추어봤을 때, 매일매일 차트를 돌려보면 차트를 보는 눈이 길러집니다. 그림을 책으로 배우지 않고 그림을 보면서 배우고, 음악을 책으로 배우지 않고 음악을 들으면서 배우듯이, 차트 또한 책으로 배우기보다 차트를 보면서 배워야 하기 때문입니다.

차트가 점과 선과 면으로 이루어진 그림이라는 측면에서 보았을 때, 조건검색 기능보다 자동돌려보기 기능을 이용하는 것이 전체를 보며 직관을 높일 수 있는 좋은 방법이라고 봅니다. 여기에 하루 100분이라는 시간적 한계를 극복하고 싶다면, 자동돌려보기 범위를 가능한 시간에 따라 거래소나 코스닥, 또는 업종별로 한정하여 이용할 수 있습니다. 보통 영화 한 편이 100분 내외임을 감안하면, 주식 투자자라면 영화 감상 대신 차트 감상을 추천합니다.

재료분석에서 출발하기

　주관적인 가치와 객관적인 가격이 다르게 형성된 이유인 정보를 찾아내고 분석하는 것이 재료분석입니다. 즉, 재료분석을 통해 현재 가치 평가에 반영되지 않은 정보가 무엇인지, 그 정보가 향후 가치에 영향을 미치는 정보인지, 아니면 가치에는 영향을 미치지 않고 가격에만 영향을 미치는 정보인지를 파악하는 것입니다. 그렇다면 하루에 수없이 쏟아지는 정보들 중에서 중요한 정보만을 빠른 시간 안에 추려내는 가장 좋은 방법은 무엇일까요?

　중요한 정보는 가격에 영향을 미치는 정보일 것입니다. 그렇다고 수많은 정보들을 모두 검색하여 그중에서 가격에 영향을 미치는 중요한 정보를 찾기에는 너무 많은 시간이 걸립니다. 따라서 가격이 오른 종목들의 정보만을 검색하는 것이 시간을 절약할 수 있는 가장 효율적인 재료분석 방법입니다. 투자자 자신이 투입할 수 있는 시간을 고려하여, 하루 중 상승률이 높은 10종목, 30종목, 또는 50종목의 상승에 영향을 미친 정보들을 검색합니다. 추가로 주가에 긍정적인 영향을 미칠 정보라고 판단된다면, 그 종목의 재무제표 분석과 차트분석을 통해 삼박자가 맞는 오늘의 최고 종목을 찾아낼 수 있습니다.

이 방법은 재료분석에 중점을 두면서 관심종목을 추려내는 방법으로, 재료분석에 자신 있는 투자자에게 적합한 방식입니다. 상승 종목의 숨겨진 정보를 찾아내기 위해 인터넷으로 검색해 여러 경로의 정보를 수집하고 해석하는 능력이 있어야 합니다. 여러 경로를 통해 수집된 정보를 분석하여, 향후 주가에 추가적으로 긍정적인 영향을 미칠 수 있는 정보의 종목을 삼박자 분석하는 것입니다.

앞에서 설명한 상승종목 재료분석과 정확히 반대되는 이유로, 하락종목 재료분석을 하는 방법도 있습니다. 하락률이 높은 종목들을 검토하여 주가 하락에 영향을 미친 재료가 일시적인 것이며, 중장기적인 가치 평가에는 영향을 미치지 않을 재료라고 판단된다면 매수 관심종목으로 설정할 수 있습니다. 단, 상승종목의 재료분석으로 설정한 매수 관심종목은 단기 매매 종목으로 유용하고, 하락종목의 재료분석으로 설정한 매수 관심종목은 중장기 매매 종목으로 유용함을 기억해야 합니다.

결국 필요한 것은 지식과 경험이다

　앞에서 삼박자 분석법을 이야기했지만, 결국 중요한 것은 지식과 경험입니다. 재무제표 분석을 위해서는 각각의 재무제표가 어떤 항목으로 구성되어 있는지, 그 항목들이 어떤 의미를 가지며 기업 가치에 어떤 영향을 주는지를 정확히 이해하고 있어야 합니다. 또한 재무제표 항목의 숫자를 활용한 다양한 재무비율이나 재무지표를 직접 계산하거나 해석할 수 있는 능력도 필요합니다. 더불어 전자공시시스템의 분기보고서나 연간사업보고서에 기재된 모든 항목을 읽고 분석할 수 있어야 진정한 가치분석이 가능하다고 할 수 있습니다.

　차트분석을 하려면 차트의 점과 선이 어떻게 형성되는지를 이해해야 하며, 하루의 시가와 종가, 고가와 저가로 만들어지는 봉의 형태가 어떻게 그려지는지, 여러 개의 봉이 만들어내는 패턴이 어떤 의미를 가지는지도 파악할 수 있어야 합니다. 주가와 거래량의 관계를 해석할 수 있어야 하고, 단기 및 장기 이동평균선의 위치가 시사하는 바를 읽어낼 수 있는 분석력도 요구됩니다.

　재료분석을 위해서는 전자공시시스템을 비롯한 다양한 중요 사이트들을 숙지하고 있어야 하며, 포털사이트 정보뿐 아니라 주식투자 전문사이트, 각종 카페나 블로그에 게시된 정보들도 수집하고 해석할 수 있어야 합니다. 이를 위해서는 주식과 관련된 경제 및 산업 전반에 대한 글을 신속하게 읽고 이해할 수 있는 전문지식이 바탕이 되어야 합니다.

마지막으로 모든 것을 종합적으로 분석하고 판단하는 힘이 필요합니다. 재무제표 분석, 차트분석, 재료분석을 위한 지식을 갖추고 매일매일 분석을 하면서 경험을 축적해야 합니다. 지식은 실전을 위한 가장 기초적인 도구이며, 경험은 실전을 통해서만 쌓을 수 있는 결과물입니다. 지식을 갖추고 경험을 쌓으면 삼박자 분석법을 통해 최고의 종목을 선정하게 될 것입니다.

혹시 이런 생각을 할지도 모르겠습니다. 과거 주가의 나열일 뿐인 차트가 무슨 도움이 되느냐, 내부자들이 작성한 재무제표를 믿을 수 있느냐, 작전세력이 만든 모래성과 같은 재료가 과연 무슨 소용이 있느냐고 말입니다.

물론 그렇게 생각할 수 있습니다. 다만 필자의 경험을 한 번 믿어보셨으면 합니다. 필자는 가치분석이 무의미한 선물옵션 시장에서 차트분석만으로 오랫동안 매매를 이어왔으며, 세무사라는 직업을 통해 일반 투자자들보다 더 전문적으로 재무제표를 작성하고 검토해왔습니다. 또한 20여 년 동안 재료 매매를 위해 매일 증권사 리포트와 공시 정보, 언론 기사 등을 분석해온 투자자이기도 합니다. 이러한 경험을 바탕으로, 삼박자 투자법의 유용성을 많은 투자자들에게 알리고 싶은 마음이 간절합니다.

2장
시가총액 비교법

☑ **MAIN POINT**

시가총액의 개념과 중요성을 공부하고, 최근의 시가총액 상위종목의 변화에서 우리나라 산업구조의 변화를 알아보자.

주가 vs 시가총액, 비교해보자

시가총액은 현재 거래되고 있는 시장가격인 시가에 발행주식총수를 곱한 금액입니다. 즉, 시가는 현재 거래되고 있는 1주의 가격이라면, 시가총액은 현재 그 기업이 전체적으로 거래된다고 가정했을 때의 기업 가격을 의미합니다. 여기에서 주의해야 할 점은, 시가총액은 기업의 '가치'가 아니라 기업의 '가격'이라는 점입니다.

그렇다면 주식투자를 할 때 시가총액 정보는 과연 유의미할까요? 기업 분석에서 주가가 더 중요할까요, 아니면 시가총액이 더 중요할까요? 이러한 물음에 대한 해답을 시가총액 비교법을 통해 제시해보겠습니다. 다음은 주식투자 초보자들이 자주 나누는 대화입니다.

A : 어떻게 이 주식이 1,000원 밖에 되지 않지? 1만 원은 가야 되지 않을까?

B : 와우, 어떻게 ○○주식가격이 △△주식가격보다 쌀 수가 있어?

초보자들은 늘 주가에 관심을 많이 둡니다. 반면에 시가총액에 관심을 보이는 초보자는 많지 않습니다. 필자가 보기에는 이것이 주식투자 초기 단계에서 주식공부를 충분히 하지 못해, 주가와 시가총액의 개념을 정확히 이해하지 못하고 혼용하기 때문에 발생하는 오류입니다. 예를 들어보겠습니다.

2025년 5월 30일을 기준으로 삼성전자의 주가는 56,300원이고, 삼양식품의 주가는 1,107,000원입니다. 시가총액의 개념을 이해하지 못한다면, 왜 삼성전자의 주가가 삼양식품보다 낮은지 쉽게 납득하지 못할 것입니다. 더군다나 삼성전자는 우리나라 전체 상장 종목 중 시가총액 1위 기업인데도 말입니다. 단순한 차이도 아니고, 무려 20배 이상 가격 차이가 납니다.

그러면 같은 날 시가총액을 비교해보겠습니다. 삼성전자의 시가총액은 333조 원이고, 삼양식품의 시가총액은 8조 3천억 원입니다. 이를 통해 삼성전자가 삼양식품보다 시가총액이 약 40배 가까이 더 큰 기업임을 알 수 있습니다. 물론 삼양식품은 대표 제품인 '불닭볶음면'의 글로벌 인기에 힘입어 최근 주가가 100만 원을 돌파하며 '황제주'로 등극한 것은 분명합니다. 참고로 삼성전자와 삼양식품의 주가 및 시가총액을 비교한 이유는, 동일한 날짜 기준으로 삼성전자는 액면분할을 통해 주가가 큰 폭으로 낮아졌음에도 불구하고 우리나라 시가총액 1위 기업이며, 삼양식품은 주가가 100만 원이 넘는 주가 1위 상장사이기 때문입니다.

왜 주가로 기업 간 비교를 하면 주가 차이에 대해 설명할 수 없을까요? 이는 '주가' 자체가 원래 비교 가능한 지표가 아니기 때문입니다. 주가가 유의미한 정보가 되는 경우는 단 한 가지, 한 기업의 과거 가격 변화를 바탕으로 미래 가격을 예측할 때입니다. 과거 주가 흐름을 검토하여 현재 주가에서 미래 주가로 어떤 방향으로 흘러갈지를 판단하는 경우가 여기에 해당합니다. 그러나 서로 다른 기업들끼리 주가를 비교하여 어느 기업의 주가가 싸고, 어느 기업의 주가가 비싼지를 평가하는 것은 불가능합니다.

앞에서 예로 든 삼성전자의 주가가 삼양식품의 주가보다 훨씬 낮지만, 시가총액이 훨씬 큰 이유는 결국 주식 수의 차이 때문입니다. 다시 말해, 삼성전자와 삼양식품의 주가 비교는 그 자체로 불가능한 것입니다. 만약 삼성전자와 삼양식품의 시가총액을 비교한다면, 손익계산서 계정에서는 손익 측면을, 대차대조표 계정에서는 자산 측면을 비롯한 여러 가지 변수들을 고려하고 분석하여 어느 기업이 고평가되어 있는지, 어느 기업이 저평가되어 있는지를 비교할 수 있습니다. 물론 이것 역시 쉬운 일은 아닙니다. 실제로 업종이 다른 기업 간의 시가총액 비교는 어려운 데 비해 실질적인 이익은 크지 않습니다.

만약 누군가 다가와 이렇게 말할지도 모릅니다. "이 주식은 액면가 500원인데 주가가 500원밖에 안 돼, 거의 거저라고 할 수 있지. 한 번 사보게 친구!" 그런데 그 기업이 재무제표상 적자투성이고, 유통주식 수가 20억 주에 달해 시가총액이 1조 원임을 눈으로 확인했다면, 그런 말을 하는 사람에게는 단호하게 경고해야 합니다.

"재무제표상 적자투성이인 쓰레기 기업을 1조 원이나 주고 사고 싶니? 멍청한 놈아!"

PER vs 시가총액, 비교해보자

흔히 주가 비교에서 많이 사용하는 PER과 시가총액은 어느 개념이 더 유용한 지표일까요? PER은 '시가총액 ÷ 당기순이익 = 주가 ÷ 주당순이익'입니다. 즉, 시가총액이 1,000억 원인 회사가 당기순이익 100억 원을 벌었다면 PER은 10이 되는 것이고, 마찬가지로 주가가 1,000원인 회사가 주당순이익 100원을 벌었다면 PER 역시 10이 됩니다. 그렇다면 PER은 비교 가치가 있을까요? 당연히 있습니다. 다만 설명한 그대로, 이익에 대한 비교 지표로서의 가치만 있을 뿐입니다.

예를 들어, 동종 업계에서 PER이 5인 기업과 PER이 50인 기업이 있다고 가정해보겠습니다. 이익성이 아닌 다른 어떤 이유로 인해 PER이 5인 회사의 주가가 PER이 50인 회사보다 낮게 거래되고 있다면, 이는 틀림없는 사실입니다. 다만 여기에서 주의할 점이 있습니다. 그렇다면 저PER 주식이 고PER 주식보다 저평가되어 있고, 투자 대상으로서 더 좋은 것이냐고 묻는다면 그에 대한 대답은 "아니오"입니다. 왜냐하면 PER은 주가에 영향을 미치는 여러 변수 중 오직 하나, 즉 당기순이익만을 기준으로 두 기업을 비교하는 지표이기 때문입니다.

원론적인 접근에서 보면, 기업의 현재가치란 미래에 예상되는 현금흐름의 현재가치 합입니다. 이런 측면에서 본다면, 당기순이익이 주가를 형성하는 유일한 변수라고 반론할 수도 있습니다. 하지만 '기업의 현재가치'를 원론적으로 접근하더라도, PER에는 지나간 결산 실적만 반영되어 있을 뿐, 미래에 예상되는 현금흐름은 전혀 반영되지 않고 있습니다. 특히 이익의 성장성을 반영하지 못하는 것은 치명적인 한계입니다. 또한 회계학적 관점에서 영업이익과 당기순이익의 차이를 고려해야 하는 것은 차치하더라도, 순이익 가치 접근법 외에도 순자산 가치 접근법 등 기업 가치를 평가하는 다양한 방법이 존재한다는 점을 함께 생각해보아야 합니다.

여기에 더해서, 기업이 작성하는 재무제표를 신뢰할 수 없는 경우도 있습니다. 재무제표를 100% 신뢰한다고 하더라도, 주가에 영향을 미치는 변수는 재무제표에 나열된 숫자 외에도 매우 다양합니다. 재무제표에서 다루지 않는 경영진의 능력, 기업의 이미지, 브랜드 가치, 내부의 예상치 못하거나 측정 불가능한 우발 위험 등이 그 예입니다. 그렇다면 이런 요소들은 어떻게 해야 할까요? 상장 심사보다 더 엄격한 재무제표 심사가 있을 수 없음에도 불구하고, 상장 공모가를 상장 이후 단 한 번도 회복하지 못하고 하락 추세를 보이는 신규 상장 종목들, 심지어는 신규 상장 이후 재무제표가 극도로 악화되어 소리소문 없이 상장폐지 수순을 밟은 종목들도 존재합니다. 이 경우 재무제표가 틀린 것일까요? 아니면 재무제표를 검토한 전문가가 틀린 것일까요? 재무제표도 맞고 전문가도 맞다면, 주가에 영향을 미치는 변수에 재무제표의 숫자보다 훨씬 중요한 변수들이 많기 때문일까요?

이러한 관점에서 보면, 시가총액은 매우 정직한 지표입니다. 예를 들어 아파트를 매입한다고 가정해보겠습니다. 예산이 10억 원이라면, 10억 원대의 아파트를 3~4군데 둘러본 후, 그 아파트에 10억 원을 지불할 만한 가치가 있다고 판단되면 계약을 체결해 아파트를 구매하게 됩니다. 그 아파트가 과거에 얼마였는지, 향후 얼마나 오를 수 있을지, 전망은 어떠한지, 동네나 학군은 어떤지 등 모든 요소들이 종합적으로 고려되어 가격 10억 원이 형성되는 것입니다.

마찬가지로 삼성전자의 시가총액이 333조 원, 삼양식품의 시가총액이 8조 3천억 원이라는 점을 생각해보면, 이 시가총액 속에는 재무제표는 물론 주가에 영향을 미치는 모든 변수들이 집약되어 있습니다. 이는 오늘 기준으로 그 기업의 가장 정직한 현재 가격을 의미합니다(현재가치가 아닌 현재가격이라는 표현에 반드시 주의해야 합니다). 필자는 기업의 현재 가격인 시가총액보다 더 정확하게 그 기업을 나타내는 지표를 지금까지 본 적이 없으며, 앞으로도 보기 어려울 것이라고 확신합니다. 다시 한 번 강조하지만, 시가총액은 매우 정직하며 가장 중요한 지표입니다.

시가총액 상위종목 순위를 비교 분석해보자

다음은 한국 거래소 2025년 6월 3일 마감종가 기준 시가총액 상위 20 종목입니다.

1위 삼성전자 336조 8천억 원

2위 SK하이닉스 151조 원

3위 삼성바이오로직스 73조 6천억 원

4위 LG에너지솔루션 66조 8천억 원

5위 한화에어로스페이스 39조 4천억 원

6위 KB금융 39조 3천억 원

7위 HD현대중공업 37조 9천억 원

8위 현대차 37조 7천억 원

9위 셀트리온 35조 8천억 원

10위 기아 35조 3천억 원

11위 NAVER 29조 6천억 원

12위 신한지주 27조 7천억 원

13위 두산에너빌리티 26조 원

14위 삼성물산 25조 7천억 원

15위 한화오션 23조 7천억 원

16위 HMM 23조 2천억 원

17위 현대모비스 22조 9천억 원

18위 HD한국조선해양 22조 1천억 원

19위 하나금융지주 20조 원

20위 메리츠금융지주 20조 원

필자의 20여 년 주식투자 경험과 과거 시가총액 순위 변동흐름, 그리고 현재 시가총액 순위 비교를 통해 의미 있는 변화들을 간략하게 요약하면 다음과 같습니다.

- **분석 ① : 2위 SK하이닉스의 약진**

과거 삼성전자 시가총액의 10% 수준에 불과했던 SK하이닉스의 시가총액은 현재 삼성전자의 40% 수준까지 성장했습니다. 인공지능(AI) 기술의 발전으로 고대역폭 메모리(HBM)에 대한 수요가 급증하고 있는 가운데, SK하이닉스는 HBM 분야에서 선도적인 기술력을 보유하고 있으며, 엔비디아와 같은 주요 AI 칩 제조사에 안정적으로 제품을 공급하고 있습니다. 이러한 경쟁력은 SK하이닉스의 실적 향상과 시가총액 증가에 크게 기여했습니다. 2024년 4분기에는 반도체 사업에 집중하고 있는 SK하이닉스가 영업이익에서 삼성전자 전체 사업부를 추월했으며, 분기 기준으로 SK하이닉스가 삼성전자의 전체 실적을 앞선 것은 사상 처음 있는 일이었습니다.

- **분석 ② : 제약바이오주의 성장 지속**

코스피에서는 삼성바이오로직스가 시가총액 3위, 셀트리온이 10위를 차지하고 있으며, 코스닥 시가총액 상위 10종목 중 7종목(알테오젠, HLB, 펩트론, 파마리서치, 리가켐바이오, 휴젤, 에이비엘바이오)이 제약·바이오 업종에 속해 있습니다. 이는 제약·바이오주의 성장이 최근 10년 이상 가파르게 이루어졌음을 보여줍니다. 제약·바이오 업종의 성장은 글로벌 헬스케어 수요 증가, 인구 고령화, 신약 개발 등 다양한 요인에 힘입어 앞으로도 지속될 것으로 예상됩니다.

- **분석 ③ 한화그룹주의 비상**

한화그룹은 방산 및 조선 부문의 성장에 힘입어 시가총액이 크게 증가했습니다. 특히 한화에어로스페이스는 세계적인 국방비 증가와 우크라이나 전쟁, 중동 지역의 긴장 고조 등 지정학적 리스크로 인해 다양한 국가들과 대형 계약을 잇달아 체결하며, 2024년 한 해에만 22조 원 규모의 방산 수주 잔고를 확보했습니다. 한화오션 또한 미국 조선업과의 협력 가능성으로 주목받으며 수혜를 입었습니다. 이러한 성과는 재집권한 트럼프 대통령의 정책 방향과 한화그룹의 글로벌 시장 확대 전략이 맞물리면서 나타난 결과라고 볼 수 있습니다.

- **분석 ④ 금융주의 밸류업**

금융주의 시가총액이 상승하면서 KB금융, 신한지주, 메리츠금융지주, 삼성화재 등 4종목이 코스피 시가총액 상위 20위권에 이름을 올리고 있습니다. 정부의 밸류업 프로그램 추진과 더불어 금융사들이 배당성향을 높이고 자사주 매입을 확대하는 등 적극적인 주주환원 정책을 펼친 것이 투자 심리를 자극한 것으로 보입니다. 금융주의 낮은 주가순자산비율PBR은 투자자들에게 매력적으로 작용했으며, 외국인의 지분율 또한 증가했습니다.

- **분석 ⑤ 현대자동차 그룹주의 부진**

현대차, 기아, 현대모비스 등 현대차그룹주는 여전히 국내외 자동차 시장에서 중요한 위치를 차지하고 있으며, 시가총액 상위권에 속해 있습니다. 그러나 현대차의 경우만 보더라도, 과거 시가총액 2위에서 현재는 5위로 밀려난 점은 자동차 산업이 결코 만만치 않다는 사실을 보여줍니다. 글로벌 경제의 불확실성, 반도체 및 원자재 공급 문제, 전기차와 자율주행차 시장에서의 치열한 경쟁, 판매 실적 부진, ESG 경영 압박 등의 요인이 그룹의 실적에 영향을 미쳤으며, 이로 인해 투자자들의 신뢰가 약화되어 시가총액 하락으로 이어졌습니다.

앞에서 분석한 다섯 가지 변화는 20년 경력의 투자자로서 직감적이고 직관적인 느낌에 더해 3년 전 시가총액 순위와 직접 비교한 후 느낀 변화를 구체적으로 작성했습니다.

시가총액의 변화를 직관적인 느낌으로 분석하는 것은 통찰력을 길러주고, 주식시장을 읽는 자신만의 투자 전략을 수립하는 데 큰 도움이 됩니다. 또한 시가총액 비교 분석은 어찌 보면 본질적으로 직관적인 방식일 수밖에 없습니다. 그 이유는 서로 다른 업종 간에 특정 종목의 시가총액이 다른 종목보다 더 큰 이유를 분석하는 일이 매우 어렵고, 자칫 부정확할 수 있기 때문입니다.

하지만 시가총액 상위 종목들의 단순한 변화를 통해 우리나라의 경제와 산업 현황을 직관적으로 해석하고, 탑다운 방식으로 관심 업종을 선정한 뒤 업종 내에서 시가총액을 비교하는 방식이라면 충분히 유의미한 기법이 될 수 있습니다. 결론적으로 시가총액 상위 종목들의 순위를 비교함으로써 시장 전체의 흐름과 업황 등을 직관적으로 파악할 수 있고, 이를 통해 매매할 업종과 종목을 선정하는 데 도움을 받을 수 있습니다.

동종업계 시가총액 순위를 비교 분석해보자

시가총액 상위종목 분석이 직관적이고 업황 중심의 분석이라면, 동종업계 시가총액 순위 비교는 좀 더 전문적이고 업종 중심의 분석이라 할 수 있습니다. 다음은 코스닥 바이오업체들의 시가총액 순위를 매긴 것입니다(2025년 6월 3일 기준). 시가총액 상위 5개 기업 모두 4조 원 이상입니다.

1위 알테오젠 18조 7천억 원

2위 HLB 6조 9천억 원

3위 펩트론 5조 3천억 원

4위 파마리서치 5조 원

5위 리가켐바이오 4조 1천억 원

6위 휴젤 4조 1천억 원

7위 에이비엘바이오 3조 9천억 원

8위 클래시스 3조 7천억 원

9위 삼천당제약 3조 4천억 원

10위 코오롱티슈진 3조 2천억 원

11위 셀트리온제약 2조 1천억 원

12위 젬백스 2조 1천억 원

　　동일자 기준 코스닥 시가총액 상위 20위 중 12종목을 바이오업체들이 차지하고 있습니다. 동종업계 시가총액 순위 비교분석은 시가총액을 기준으로 재무제표를 비롯한 기타 주가에 영향을 미치는 관련 변수들을 비교함으로써, 해당 종목들의 시가총액 적정 평가 여부를 판단하고 매매 대상 종목을 추려나가는 것입니다. 동종 바이오업체들의 시가총액에 차이가 나는 이유는 무엇인지, 현재 발생하고 있는 수익 가치 때문인지, 아니면 미래에 벌어들일 수 있는 미래 수익 가치 때문인지, 혹은 현재 진행 중인 연구에 의한 신약 개발 가능성 때문인지 등의 이유를 파악해보아야 합니다. 그러면 비교 대상 기업과 해당 기업의 시가총액 적정성을 미루어 짐작할 수 있습니다. 참고로 피부미용/의료기기 관련 바이오 산업은 전 세계적으로 성장세를 보이고 있습니다. 코로나19 팬데믹 이후 미용 및 건강에 대한 관심이 증가하면서 관련 제품과 서비스의 수요가 확대되고 있으며, 특히 아시아 시장을 중심으로 한류와 K-뷰티의 영향으로 한국 기업들의 제품이 주목받고 있습니다. 이는 파마리서치, 휴젤, 클래시스와 같은 기업들의 성장에 긍정적인 영향을 미치고 있습니다. 현시점 이후 이 세 종목의 시가총액 변화를 살펴본다면, 동종업계 내 시가총액 변화에 대한 좋은 교육 자료가 될 것으로 예상됩니다.

앞에서는 코스닥시장의 바이오업종 상위 종목을 예로 들었지만, 동종업종의 시가총액 순위 비교분석은 다양하게 적용할 수 있습니다. 예를 들면, 1,000억 원에서 2,000억 원 사이의 음식료업종 기업들을 정렬하여 비교분석할 수도 있습니다. 또는 2,000억 원에서 3,000억 원 사이의 반도체업종 기업들을 정렬하여 비교분석할 수도 있습니다. 이렇게 동종업계 기업들의 시가총액을 정렬해서 비교해본다면, 어느 종목이 고평가되었고, 어느 종목이 저평가되었는지, 그래서 어떤 종목에 투자해야 하는지를 판단할 수 있는 눈이 생기고, 나만의 방법을 만들 수 있습니다. 사실 이건 어렵게 생각할 필요가 없습니다. 이사하려고 3~4군데 아파트를 돌아보다 보면, 돈을 지불하기에 아깝지 않은 아파트가 있고, 아무리 생각해도 너무 비싸서 계약하고 싶지 않은 아파트가 있는 것과 비슷합니다. 비교분석을 하다 보면 자신만의 기준과 방법이 생기게 됩니다.

소형주 혹은 대형주, 공략에 유리한 쪽은?

종목을 분석하고 매매 종목을 선정하는 시가총액 비교법의 중요성은 아무리 강조해도 지나치지 않습니다. 그렇다면 시가총액은 기업 간의 비교분석을 할 때만 의미가 있을까요? 아닙니다. 시가총액에 따른 주가 움직임의 특징을 구분하는 데도 효과가 있습니다. 즉, 대형주와 중형주, 소형주의 주가 속성을 포함한 여러 차이점을 분명히 알고 매매에 임해야 좋은 결과를 얻을 수 있습니다.

가장 큰 차이점은 기업의 안정성입니다. 기업의 현재 가격, 즉 시가총액이 높다는 것은 회사가 상대적으로 안정적이라는 이야기입니다. 물론 적자 기업들도 간혹 있지만, 부자가 망해도 3년은 간다는 말처럼 안정적이었던 회사가 적자 전환했다고 해서 바로 시가총액이 1/10, 1/100 토막으로 줄어들지는 않습니다. 어쨌든 평균적으로 보면 시가총액이 큰 회사가 시가총액이 작은 회사보다 재무구조나 주가 흐름이 훨씬 더 안정적입니다. 바로 떠오르는 기업이 있지 않습니까? 우리나라 주식시장 시가총액 1위인 삼성전자입니다. 이것은 우리나라에서 누구나 가장 안정적인 기업으로 삼성전자를 인정한다는 뜻입니다.

또 하나 중요한 차이점은 시가총액이 작은 소형주가 대형주에 비해 주가 변동성이 훨씬 크다는 것입니다. 여기서 주가 변동성이 크다는 것은 주가가 많이 빠진다는 뜻이 아닙니다. 정확히 말하면 베타계수가 높은, 즉 지수의 변동에 대해서 해당 기업의 주가 변동성이 더 크다고 이해하면 됩니다.

예를 들면 지수가 1% 상승할 때, 대형주는 0.8% 상승하고 소형주는 3% 상승합니다. 지수가 1% 하락할 때, 대형주는 0.8% 하락하고 소형주는 3% 하락합니다. 이렇게 이해하면 됩니다. 즉, 상승장에서는 주가 변동성이 큰 종목을 보유하고 있으면 수익이 커질 것이고, 하락장에서는 주가 변동성이 작은 종목을 보유하고 있으면 손실이 작을 것입니다.

이러한 논리로 잃어도 되는 작은 돈을 투자하는 소액 투자자들은 소형주 매매에 치중하는 것이고, 시장 수익률을 목표로 하는 펀드매니저들은 대형주 매매에 집중하는 것이라고 이해해도 됩니다. 중요한 것은 소형주와 대형주의 특성을 이해하고, 매수하려는 종목의 특성이 안정적인지 불안정한지, 가벼운지 무거운지 등을 파악하려고 노력해야 한다는 점입니다.

20년 이상 주식투자를 한 필자의 기억에 남는 큰 수익은 추세를 잘 타고 들어간 중소형주였습니다. 큰 손실 역시 기업가치가 불량함을 무시하고 매수했던 중소형주에서 났었습니다. 결국 소형주와 대형주, 어느 쪽을 공략할지 여부는 주식투자의 절대 원칙인 수익률과 위험의 관계를 고려하는 것입니다. 높은 수익률을 택할 것인지, 낮은 위험을 택할 것인지는 투자자의 선택에 달려 있습니다.

분산투자기법

> ☑ **MAIN POINT**
>
> 분산투자는 기법보다는 꼭 지켜야 할 원칙이라는 것을 알고 위험을 낮추는 투자전략에 대해서 배워보자.

분산투자란 무엇인가?

대학교 재무관리 참고서를 보면 앞부분에서 현재가치와 미래가치, 위험과 수익률에 대해서 배운 후 분산과 포트폴리오에 대해 배웁니다. 이 정도 되면 대부분의 학생들은 진저리를 내며 나가떨어집니다. 그런데 정작 중요한 현대 재무관리의 이론들은 그다음 장부터 시작됩니다. CAPM, 자본예산, 자본구조, 주식가치평가, 파생상품 등 뒤로 갈수록 보다 현대적인 재무관리 기법들, 그리고 상대적으로 주식투자와 좀 더 관련 있는 내용들이 나옵니다.

물론 실제로 투자를 하다 보면 그다지 실전적이지는 않습니다. 필자도 주식투자를 하면서 가장 도움을 많이 받은 학문은 회계학도 재무관리학도 아닌 경제학이었습니다. 마찬가지로 재무관리 책에서 주식투자에 실제로 가장 도움을 많이 받은 내용은 앞부분에 포진하고 있는 위험과 수익률, 그리고 분산과 포트폴리오에 대한 부분입니다. 결국 기본이 가장 중요함을 알 수 있습니다.

분산투자란 무엇일까요? 가장 많이 나오는 예는 바로 우산장사와 짚신장사의 예입니다. 비가 오면 짚신 파는 자식이 걱정되고, 날씨가 좋으면 우산 파는 자식이 걱정인 이야기입니다. 이 이야기를 분산투자로 바꿔보겠습니다.

1년 중 비가 오는 달이 6개월, 안 오는 달이 6개월이라고 가정합니다. 비가 올 때 우산장사는 월간 수익률이 10%, 안 올 때는 0%라고 가정합니다. 또한 짚신장사는 비가 올 때 월간 수익률이 0%, 안 올 때는 10%라고 가정합니다. 우산장사의 1년 연평균 수익률은 60%이고, 짚신장사 또한 1년 연평균 수익률은 60%임을 쉽게 알 수 있습니다. 즉 우산장사든 짚신장사든 기대수익률은 월평균 수익률 5%로 같다는 것을 알 수 있습니다. 실제로는 비가 오느냐 안 오느냐에 따라 10%와 0%를 반복하고 있는 것입니다.

그런데 만약 투자자가 우산장사에 50% 비중으로 투자하고, 짚신장사에 50% 비중으로 투자하면 어떻게 될까요? 비가 올 때는 우산장사에서 5%의 수익이 나고, 비가 안 오면 짚신장사에서 5%의 수익이 납니다. 즉 비가 오건 안 오건 확정적인 월평균 수익률 5% 수익이 발생하는 것입니다. 앞의 사례에서 분산투자에 대한 여러 가지 힌트를 얻을 수 있습니다.

① 분산투자의 목적은 동일한 수익률에 낮은 위험 추구입니다.
② 분산투자 효과가 커지기 위해서는 역의 상관관계가 있어야 합니다. 우산과 짚신처럼 상관관계가 −1에 가까울수록 분산효과는 커집니다.
③ 분산투자는 비체계적인 위험을 제거할 수는 있으나 체계적인 위험까지

제거할 수는 없습니다. 예를 들면 기상변화로 1년 내내 비가 오거나, 또는 기술발전으로 짚신을 더 이상 신지 않고 운동화를 신는 경우 등의 위험은 제거할 수 없습니다.

분산투자의 개념이 정리되나요? 이제 주식시장에서 적용될 수 있는 좀 더 실전적이고 구체적인 분산투자기법을 알아보겠습니다.

분산투자만의 장점이 있다

이쯤에서 다음과 같은 질문이 나올 것입니다. "분산투자는 집중투자에 비해 상대적으로 우월한 전략인가?" 위험관리 측면에 한정해서 대답한다면 "그렇다"입니다. 상식적으로 간단한 이야기입니다. 예를 들어 지금 투자자금이 1억 원인데 100만 원씩 100종목을 사서 갖고 있다고 해보겠습니다. 실제 수익률이 얼마일지는 모르겠지만, 계좌가 0원이 될 확률은 거의 없습니다. 반대로 투자자금이 1억 원인데 한 종목에 1억 원 전부를 소위 말하는 몰빵매수를 했다고 가정해보겠습니다. 이러면 실제 수익률이 얼마일지는 모르지만, 계좌가 0원이 될 가능성은 존재합니다. 왜냐하면 부도위험 등을 포함한 악재에 의한 급락은 어느 기업이나 도사리고 있기 때문입니다.

앞의 내용과 연계해서 단기투자와 장기투자 중 어디에 분산투자가 더 효과를 미치는지도 중요합니다. 이에 대한 답을 하기 전에 주식을 보유하는 것과 현금을 보유하는 것, 어느 것이 더 위험한 행위인지 다시 생각해보아야 합니다. 당연히 주식을 보유하는 것이 더 위험한 행위입니다. 현금은 기대수익률이 0인 동시에 위험이 0인 자산이기 때문입니다. 단기투자는 스캘핑이든, 데이트레이딩이든, 스윙이든, 기회가 왔을 때 주식을 매수하기 위해 현금을 보유하고 있는 시간이 장기투자에 비해 상대적으로 훨씬 깁니다. 또한 단기투자는 목적상 빠른 판단과 빠른 매매가 중요하기 때문에 매매 종목 숫자가 많으면 집중력이 떨어져 단기매매에 불리합니다. 이것을 고려했을 때 단기투자는 보다 집중투자에 가까워야 하며, 장기투자는 보다 분산투자에 가까워야 합니다.

그런데 이러한 내용을 실전적으로 경험하지 못한 1~2년차 투자자들이 우연히 한 종목을 사서 1년을 갖고 있었는데 큰 수익을 거두게 되면, 자신의 실력을 과신하여 그 이후부터 주식투자는 한두 종목 집중하여 장기투자하는 것이 성공의 지름길이라고 떠들어대는 경우가 흔합니다. 혹시 주변에서 누군가 그러고 있는지 잘 살펴보시기 바랍니다. 얼마 지나지 않아 소리 소문 없이 주식시장이라는 무서운 정글에서 사라질 가능성이 높습니다.

이와는 반대로 단기투자를 한다고 10개 이상의 종목을 매매하면서 위험을 낮추려 애쓰는 투자자도 있습니다. 그렇게 하면 위험은 낮아지겠지만 매매 집중도가 떨어지고, 신경은 신경대로 엄청 쓰면서 수익은 나지 않습니다. 소위 말해서 밤새 고스톱 치고 본전만 하는 경우가 발생하게 됩니다. 그러다 뭐가 잘못됐는지 반성할 틈도 없이, 주변의 성공한 장기투자자가 "2년만 장기투자하면 200%의 수익률을 확실히 올릴 수 있다"며 찍어주는 한 종목에 갖고 있는 돈 전액을 투자하게 됩니다. 결국 장기투자에서도 실패하고 맙니다.

요약하자면 집중투자와 분산투자를 비교했을 때, 위험감소 측면에서는 분산투자가 월등히 유리합니다. 물론 투자기간이나 투자규모, 매매스타일 등에 따라 분산투자 시 종목의 수를 적절히 조절해야 합니다.

포트폴리오 구성 방법
_섹터냐 종목이냐?

분산된 자산의 집합체인 포트폴리오를 어떻게 구성해야 할까요? 큰 관점에서는 투자대상별 포트폴리오로 부동산, 주식, 채권, 현금 등의 투자 비중을 결정해야 합니다. 최근의 시대에 맞춰 글로벌 분산효과를 거두기 위해서는 투자 대상 국가도 결정해야 합니다. 이 책에서는 우리나라 주식시장을 대상으로 포트폴리오를 구성하는 방법을 설명하겠습니다.

보통 포트폴리오를 구성할 때 구성 종목 숫자만 생각하는 투자자가 있습니다. 하지만 그 이전에 먼저 결정해야 할 것이 업종별 분산입니다. 즉, 포트폴리오 구성 종목을 10종목으로 결정했는데, 그 10종목을 모두 제약바이오주로만 한다거나 또는 반도체 관련주로만 결정한다면 포트폴리오의 분산 효과는 매우 적을 것입니다. 왜냐하면 앞에서 언급한 것처럼 포트폴리오의 분산 효과를 극대화시키기 위해서는 종목 간 상관관계가 -1에 가까워야 하기 때문입니다. 그런데 동일업종이나 동일 테마 종목들의 상관관계는 -1이 아닌 1에 가깝습니다. 따라서 포트폴리오 구성을 할 때는 반드시 업종을 고려해 결정해야 합니다.

업종 또는 테마를 결정하면 각 업종 또는 테마의 종목들을 편입하여 포트폴리오를 구성하면 되는데, 이때 가장 적정한 포트폴리오 구성 종목 숫자는 정답이 없습니다. 당연히 투자자 개인의 주관이 개입되어야 합니다. 필자는 업종 또는 테마는 2~3개 정도, 포트폴리오 구성종목 숫자는 5~10개 정도가 적정하다고 생각합니다. 왜냐하면 5종목 미만으로는 분산투자의 효과가 나오기 힘들고, 10종목 이상으로는 계좌 관리나 매매 집중도 면에서 단점이 생겨 포트폴리오 관리에 실패하는 경우가 발생할 수 있기 때문입니다. 물론 감당할 수 있고 스타일이 맞는다면 자금 규모 또는 시장 상황에 따라 더 집중투자하고 싶으면 3종목, 더 분산투자하고 싶으면 15종목 정도까지 포트폴리오 구성이 가능하다고 봅니다.

포트폴리오 종목을 구성할 때 업종이나 테마별로 분산투자하면서 동시에 대형주와 중소형주도 고려하면 좋습니다. 대형주와 중소형주는 각각 주가 움직임의 상관관계가 있기 때문입니다. 포트폴리오를 구성할 때 대형주인지 중소형주인지까지 고려하면 좀 더 효과적인 분산투자가 됩니다. 이때도 대형주 편입 비율이 높은 것이 나은지, 중소형주 편입 비율이 높은 것이 나은지는 시장 상황이나 투자 규모, 단기투자나 장기투자 여부 등을 고려해 결정해야 합니다.

포트폴리오를 구성할 때 마지막으로 고려해야 할 부분은 투자 비중입니다. 어떻게 비중을 두는 것이 좋을까요? 각 종목별로 동일한 투자 비중이 좋을까요? 아니면 가중치를 부여한 서로 다른 투자 비중이 좋을까요? 이 역시 정답은 없습니다. 필자가 추천하는 방법은, 초보일수록 동일한 투자 비중이 더 적합하고, 투자 실력이 늘어날수록 가중치를 부여할 수 있다고 생각합니다. 초보 투자자 시기에 스스로의 판단에 확신을 가지고 가중치를 부여하면, 결과적으로 틀릴 확률이 높습니다. 아이러니하게도 초보일수록 가중치를 부여하고 있고, 투자 실력이 늘어날수록 오히려 동일한 투자 비중을 선호하고 있는 경우가 많습니다.

다시 한 번 강조하지만, 업종 또는 테마 등의 섹터 수와 그에 따른 투자 종목 수, 대형주와 소형주의 편입 비율, 그리고 종목 간 투자 비중 등에 대해 정답은 없습니다. 각자 판단할 수밖에 없습니다. 그렇지만 분산투자에도 원칙은 있다는 것을 명심하고, 이를 지키려고 노력해야 합니다. '나는 분산투자를 잘하고 있어'라고 생각하는 투자자들의 계좌를 막상 열어보면, 한 종류의 테마주만 10종목을 보유하고 있는 경우가 많습니다. 또는 한 종목에 50% 이상을 투자하고, 나머지 10종목에 5%씩 투자하면서 투자 비중에서 실패한 경우도 있습니다.

늘 생각해야 할 것은, 원칙이 있는 경우의 예외는 '원칙에서 크게 벗어날 수 없다'는 점입니다. 원칙에서 크게 벗어나는 예외가 인정된다면, 그 원칙은 더 이상 원칙이 될 수 없습니다.

매매시점 분산투자 vs 매매가격 분산투자

　한 종목에 대해 매매 시점을 달리하거나, 매매 가격을 달리해 매매하는 것을 분할매매라고 합니다. 이 책에서는 포트폴리오 분산투자나 분할매매나 위험을 감소시키기 위한 목적은 동일하다고 보고, 분할매매를 분산투자 개념으로 생각해보고자 합니다. 사실 실전 매매에서는 포트폴리오 분산투자에 의한 위험 감소 효과보다 매매 시점 또는 매매 가격의 분산투자(분할매매)가 훨씬 더 중요합니다. 투자자가 아직 그 중요성을 깨닫지 못했다면, 투자 기간이 짧거나 매매를 자주 하지 않는 '보유' 성격의 장기투자자일 확률이 높습니다.

　주식투자를 오래 하다 보니 주변에서 필자에게 주식 관련 질문을 많이 합니다. 그중에서 가장 많이 받는 질문이 있습니다.

　"A종목 사도 되는지 좀 봐주실래요?"

　웬만하면 모른다고 둘러대지만 친분에 따라서 종목검토 후에 매수가능여부를 대답해줄 때가 있습니다. 매수하라는 조언 뒤에는 항상 다음 질문이 따릅니다.

　"지금 사요? 얼마에 사요?"

이런 경우 내 대답은 한결같습니다.

상대방이 초보이고 단기투자 종목이면, "1/3씩 3일 동안 사세요."
상대방이 초보이고 중장기투자 종목이면, "1/3씩 3주 동안 사세요."
상대방이 초보가 아니고 단기투자 종목이면, "현재가에 1/3, 현재가 +10% 상승시 1/3, 현재가 +20% 상승시 1/3씩 사세요."
상대방이 초보가 아니고 중장기투자 종목이면, "현재가에 1/3, 현재가 +20% 상승시 1/3, 현재가 +40% 상승시 1/3씩 사세요."

그러면 또 질문을 합니다.
"현재가에 1/3 샀는데 하락하면 언제 추가매수해요?"
이런 경우 내 대답은 역시 한결같습니다.
"물타기하고 싶다는 가격이 오면 그때 손절매하고 나와요."
여기에 매매시점의 분산투자, 매매가격의 분산투자에 대해서 말하고 싶은 내용이 다 있습니다.

첫째, 매매시점 분산투자는 투자기간에 따라 매수시점을 조절합니다.
둘째, 매매가격 분산투자는 투자기간에 따라 매수가격대를 조절합니다.
셋째, 매매가격 분산투자의 경우 물타기는 자제합니다.
넷째, 분할매매의 비율은 통상 1/2, 1/3, 1/5 정도의 비율이 적당하며 경험상 균등할로 분할매매하는 것이 가장 좋습니다.

많은 투자자가 "물타기는 자제한다"라는 문장에 의구심을 가질 것입니다. 다수의 투자자가 실제로 소위 말하는 불타기 기법보다 물타기 기법을 더 마음 편하게 여기고 있으며, 물타기 기법으로 수익을 내고 있는 투자자도 있을 것입니다(불의 속성은 활활 위로 올라가면서 타는 것이고, 물의 속성은 아래로 흘러내리는 것입니다. 추세상승시 추가매수를 하는 것을 불타기 기법, 추세하락시 추가매수를 하는것을 물타기 기법이라고 가정합니다). 실제로 투자자들 사이에서 한때 유행했던 엔벨로프 기법이 이에 해당합니다. 하지만 물타기 기법이든, 엔벨로프Envelope 기법이든, 주가의 움직임이 비추세 구간의 박스 내에서 움직일 때 강력한 무기가 될 수 있음은 명확합니다.

그러나 마틴게일Martingale 전략을 조금이라도 고민해본 투자자들이라면 물타기류 기법들의 위험성을 인지할 수 있습니다. 마틴게일 전략이란 카지노 전략 중 하나입니다. 예를 들어 바카라에서 최초 베팅을 1로 했다면, 틀릴 때마다 2배수를 베팅하는 방식입니다. 결국 언젠가는 맞게 되고, 맞는 순간 그동안 잃은 돈을 전부 회수할 수 있기 때문입니다. 그러나 1, 2, 4, 8, 16, 32, 64, 128, 256, 512, 1,024의 배수를 생각해보면, 1달러를 베팅한 후 10번 연속 틀렸을 경우 11번째 베팅 금액은 1,024달러가 됩니다. 즉, 최초 투자금액의 1,000배 이상까지도 베팅 금액이 늘어날 수 있음을 감안하고 이 전략을 시행해야 합니다. 극단적으로 말하면, 1달러를 벌기 위해 무한대의 손실을 각오하는 전략입니다.

따라서 마틴게일 전략에서 승리하기 위해서는 두 가지 조건이 필요합니다. 첫째, 테이블에 최고 베팅 한도가 없어야 합니다. 둘째, 내 투자 자금이 무한하게 있어야 합니다. 10번이 아닌 100번, 1,000번도 연속해서 틀릴 수 있기 때문입니다. 물론 수학적으로 그렇습니다. 마틴게일 전략의 위험성을 이해한 투자자라면 주식 투자에서 물타기의 위험성도 이해할 수 있을 것입니다. 다만 앞에서도 말했듯이, 추세와 비추세 중 비추세 움직임은 결국 박스권의 움직임일 것이고, 이 경우 물타기는 최고의 기법이 될 수 있습니다.

하지만 여전히 위험 감소 측면에서는 하락 종목에 추가 투자를 결정하는 것은 좋은 방법이라고 할 수 없습니다. 왜냐하면 비추세 구간의 박스 하단이 깨져 하락 추세로 전환하는 차트를 찾아본다면, 바닷가의 모래알보다 더 많이 찾을 수 있기 때문입니다. 만약 본인이 물타기 기법이 불타기 기법보다 심리적으로 편안하고, 경험적으로도 수익을 더 많이 주었다고 판단하고 있다면, 적어도 그에 따르는 위험성만큼은 인지하고 있어야 합니다.

물타기 매수란 내려가는 종목에 대해 추가 매수를 하는 것이며, 내려가는 이유는 여러 가지가 있음을 명심해야 합니다. 단순히 박스권 움직임으로 주가가 상승과 하락을 반복하는 경우도 있지만, 부도와 같은 급락의 이유가 있어 내려가는 종목도 있다는 것을 항상 기억해야 합니다. 역사적 고점에 물리게 되면 평생을 기다려도 최초 매매가격 이상으로 주가가 오르지 못하는 일도 발생할 수 있습니다. 이를 반드시 기억해야 합니다.

분산투자의 목적은 위험 관리입니다. 투자자들 중에는 분산투자를 수익률을 높이기 위한 전략으로 오해하는 경우가 있습니다. 하지만 앞에서도 설명했듯이, 분산투자는 수익률을 높이기 위한 것이 아니라 위험을 낮추기 위한 전략입니다. 수익률과 위험이 트레이드오프 관계에 있다는 점을 생각해본다면, 분산투자를 함으로써 오히려 수익률이 낮아지는 것을 느낄 수도 있습니다. 그렇더라도 분산투자를 하지 않겠다는 판단을 내리기 전에, 분산투자를 통해 위험은 낮추면서 수익률은 유지하겠다는 판단을 해야 합니다. 그것이 분산투자의 본질이며, 주식투자의 본질입니다. 주식 투자자는 수익률 극대화와 위험 극소화라는 양극단 사이에서 균형을 맞추는 줄다리기를 꾸준히 해 나가는 사람입니다. 그리고 그 유일한 해답은 분산투자입니다.

4장
상한가 매매기법

> ☑ **MAIN POINT**
>
> 재료 분석에서 상한가 종목 또는 상승률이 높은 종목의 분석이 매우 중요하다는 것을 배우고 매매에 적용해 보자.

왜 상한가 분석을 할까?

주식투자자라면 본인이 보유한 종목이 상한가를 기록하는 날이 최고의 날이라는 것에 동의할 것입니다. 2015년 6월 15일부터 상하한가 폭이 30%로 확대 시행된 이후 과거에 비해 상한가 종목이 줄어들었습니다. 하지만 여전히 상한가 제도가 존재하는 우리나라 증시에서 상한가의 의미를 이해하고, 상한가 분석의 중요성을 인식하는 것은 매우 중요합니다. 특히 연속 상한가의 경우 복리 효과가 극대화되면서 단기간에 주가가 급등하는 가장 빠른 방법이기 때문에, 연속 상한가에 대한 이해 역시 중요합니다.

거래소와 코스닥 시장을 통틀어 연속 상한가 역대 최고 기록을 보유한 종목은 동특(현재 리드코프)입니다. 동특의 경우 2000년 1월 20일 첫 상한가인 1,750원에서 주가가 출발하여 3월 17일까지 거의 두 달 동안 40연속 상한가 행진을 이어가며 158,300원까지, 무려 90배가 넘는 주가 상승을 기록했습니다. 1999~2000년이 코스닥 시장에 투기세력들이 활개 치던 시기였다는 점과 당시 코스닥 상한가 제한폭이 12%였다는 점을 감안한다면, 40연속 상한가 기록은 아마도 영원히 깨지기 어려울 것입니다.

　이런 동특 사례에서 상한가 분석의 의미는 두 가지 측면으로 생각해볼 수 있습니다. 첫째는 상한가 종목 자체에 매수로 참여할지를 판단하여 급등주의 상승폭을 직접 노리는 전략이고, 둘째는 상한가 종목을 분석함으로써 시장의 흐름을 읽고 강한 테마주를 선별해내는 전략입니다. 실제로 동특이 40연속 상한가를 기록하던 시기는 A&D Acquisition & Development, 인수후개발라는 기법이 처음 등장했던 시기로, 이로 인해 다른 A&D 테마주들도 동반 급등하는 흐름이 이어졌습니다. 이러한 점을 기억한다면, 상한가 종목 수는 과거에 비해 줄었더라도 연상 작용을 활용하는 단기 투자자에게 상한가 분석은 여전히 중요한 전략이라 할 수 있습니다.

상한가 종목 분석을 어떻게 해야 하나?

　필자는 20년 전 주식투자 초보 시절부터 지금까지, 장이 마감하면 가장 먼저 상한가 종목을 분석합니다. 최근에는 과거에 비해 상한가 종목 수가 현저히 줄어들었기 때문에 상승률 상위 30종목을 분석하고 있습니다. 상한가 종목(상승률 종목 분석)을 매일 분석할 때는 각 종목의 재무제표와 차트, 그리고 재료를 바탕으로 삼박자 분석을 진행합니다. 그럼에도 불구하고 필자가 가장 중점을 두는 분석은 차트나 재무제표보다는 재료 분석입니다. 오랜 경험에 비추어 보면, 상한가 급등은 재무제표가 우량하거나 차트가 좋은 종목보다는 강력한 재료를 보유한 종목에서 발생하는 경우가 많다는 사실을 알고 있기 때문입니다.

　재료 보유주의 상한가에는 두 가지 패턴이 있습니다. 첫 번째는, 재료가 외부에 노출되기 전에 세력이나 내부자가 선취매를 하여 상한가에 진입하는 경우입니다. 재료가 노출되기 전 상한가를 기록한 종목은 어떤 재료를 보유하고 있는지 파악하기 위해 과거 공시나 인터넷 정보, 증권사 리포트 등을 참고해 그 크기를 추정합니다. 이후 그 재료가 해당 종목의 주가에 얼마나 영향을 미칠지를 판단하는 것이 가장 중요한 관건입니다.

재료 보유주의 상한가 패턴 두 번째는, 재료가 노출되면서 대중들의 매수가 몰려 상한가에 진입하는 경우입니다. 재료가 노출된 이후의 상한가 종목은 재료의 크기를 판단하는 것도 중요하지만, 선취매한 세력들의 매수 물량이나 목표가 등을 가늠하는 것이 더 중요합니다. 재료가 노출된 이후에는 시세 마감으로 이어질 확률이 매우 높기 때문에, 잘못된 판단으로 단기 고점에서 매수하는 실수를 범할 수 있기 때문입니다. 이러한 세력들의 매수 물량이나 목표가를 유추하는 방법으로는, 회원별 매매 동향에서 순매수 창구를 분석하여 매집 시기와 매수 단가 등을 추적하는 기법이 일반적으로 사용됩니다.

이렇게 상한가 종목(상승률 상위 종목)의 상승 이유를 찾아나가는 과정을 거친 후에는, 직접 매매에 적용할 종목과 간접 매매를 위한 테마주를 정리해야 합니다. 이때 주의할 점이 있습니다. 매일 이러한 과정을 반복하다 보면, 직접 매매에 적용할 종목이 시장의 강약과 특성에 따라 자주 발생할 수도 있고, 혹은 자주 발생하지 않을 수도 있습니다. 마찬가지로 간접 매매를 위한 테마주 역시 분석 결과에 따라 의미 있게 정리되는 날이 있고, 그렇지 못한 날이 있습니다. 즉, 상한가 종목을 매일 분석한다고 해서 매일 매매 기법에 딱 맞는 종목이나 테마가 나오는 것은 아닙니다. 이는 장세에 따라 혹은 각자의 투자 스타일에 따라 달라집니다.

직접매매 적용 I
_연속상한가종목의 공략

 상한가종목 분석을 통해 직접매매를 할 종목은 어떤 기준으로 선정하는 것이 좋을까요? 투자자 각자의 경험과 노하우에 따라 달라질 수 있지만, 필자 경험상 중요하게 생각하는 기준은 다음과 같습니다.

① 상한가 진입속도
② 상한가 진입 이후 상한가에서 거래된 양
③ 상한가 진입 이후 상한가가 풀렸는지의 여부
④ 상한가 잔량
⑤ 시간외 거래량과 시간외 단일가에서의 상한가 지속여부

 재료가 기준에 포함되지 않은 이유를 묻는다면, 이는 가치와 가격이라는 개념으로 설명할 수 있습니다. 가치가 높은 기업일수록 시가총액이 높듯이, 재료가 우수한 상한가 종목은 앞서 제시한 다섯 가지 기준을 충족시킬 가능성이 있습니다. 즉, 가치가 주관적인 개념이고 가격이 객관적인 결과인 것처럼, 재료에 대한 평가는 주관적인 분석

이며 상한가에 진입하는 여러 상황들은 객관적인 결과물이라는 점을 이해해야 합니다.

상한가 진입속도는 장 초반에 빠르게 진입할수록 좋은 상한가이며, 당연히 갭상한가 종목이 가장 강한 상한가입니다. 상한가 진입 이후 상한가에서 거래된 거래량이 적을수록 좋습니다. '상한가 진입 이후 상한가가 한 번도 풀리지 않은 상한가'가 '상한가를 들락날락한 상한가'보다 더 강한 상한가임은 말할 필요도 없습니다. 또한 상한가 잔량은 장중 내내 유지된 물량이 많을수록 좋습니다. 마지막으로 체크해야 하는 것은 장 마감 무렵 상한가 매도물량이 나오거나 시간외 거래에서 매도물량이 나오는 경우, 그리고 시간외 단일가 거래에서 상한가를 유지하지 못하는 경우입니다. 이러한 종목들은 물량을 털어내기 위한 세력들의 하루짜리 눈속임 상한가 마감일 가능성이 높기 때문에 주의해야 합니다.

앞에서 언급한 이러한 조건들을 충족하는 상한가 종목은 상한가 폭이 30%로 확대 시행된 이후로는 자주 나타나지 않습니다. 그럼에도 불구하고 이러한 조건을 충족하는 상한가 종목이라면 단기 공략이 가능할 수 있습니다. 다만, 이는 매우 공격적인 투자 전략이기 때문에 각별한 주의가 필요합니다. 공략이 성공적으로 이루어진다면 단기간에 큰 수익을 기대할 수 있지만, 반대로 실패할 경우 단기간에 큰 손실로 이어질 수 있으므로 많은 연습과 충분한 연구가 반드시 수반되어야 합니다.

이러한 상한가 종목은 다음 날 주가 움직임을 관찰해 본 투자자라면 알 수 있습니다. 매우 변동성이 큰 주가 움직임을 보이기 때문에 굉장히 빠른 판단력이 요구되며, 매수 후에 바로 손절 매도가 나오는 경우도 있습니다. 연속 상한가 종목을 공략할 때는 실시간으로 현재가 창을 주의 깊게 관찰하면서, 매수 후에는 매도 창을 열어놓고 대기하며 긴장을 늦추지 말아야 합니다. 속칭 주식투자 '선수'들은 상한가 종목을 보유할 때 화장실도 가지 않고 장중 내내 호가 창을 바라보고 있다는 점을 기억해야 합니다.

직접매매 적용 II
_강한 갭상한가종목의 공략

앞에서 첫 상한가 종목을 장 마감 후에 분석하면서 강한 첫 상한가 종목을 선별하고, 다음 날 연속 상한가를 염두에 두고 공략하는 전략을 설명하였습니다. 이번에는 장전 예상 체결가 분석을 통해 강한 갭 상한가를 예상하면서 상한가에 공략하는 방법이 있습니다. 이 방법의 가장 큰 전제 조건은 장 시작 전 동시호가에서 상한가 매도 물량이 상한가 매수 물량보다 현저히 적은 갭 상한가 종목이어야 한다는 것이며, 이 경우에는 상한가 물량 배분 원칙을 반드시 알아야 합니다.

이 기법에서는 종목선정의 가장 큰 전제조건은 다음과 같습니다. 갭상한가종목이어야 하며, 상한가매수잔량이 매도잔량의 10배 이상이며, 많을수록 좋기 때문에 때로는 총 발행주식수에 육박하는 정도의 장전 동시호가 상황인 경우도 있습니다.

과거에는 하루에 상한가 종목이 30종목 이상 나왔으며, 그중에는 갭 상한가 종목이 1~2종목씩 출현하였습니다. 또한 이러한 갭 상한가 종목들은 시초가를 상한가로 출발하고 하루 종일 흔들림 없이 장을 마감할 확률이 굉장히 높았습니다. 그러나 요즘은 상황이 다릅니다. 우선 시초가 갭 상한가 종목 자체가 거의 출현하지 않을 뿐더러, 만약 출현하더라도 하루에 30% 상승으로 인한 이익 실현 욕구로 인해 매도세가 출회되면서 음봉으로 마감할 확률이 매우 커졌습니다. 이러한 이유로 상한가 폭이 30%로 확대 시행된 이후에는 이 기법이 거의 폐기 처분되었다고 볼 수 있습니다. 하지만 필자 개인적으로는 초강세 테마 장세가 형성되는 날에는 다시 재활용될 수 있는 기법이라고 생각합니다. 왜냐하면 영원히 수익을 내는 기법이 존재하지 않는 것처럼, 폐기된 기법이라도 언제 다시 수익을 내는 기법으로 바뀔지 장담할 수 없기 때문입니다.

이 기법을 사용하려는 투자자는 단기매매에 능해야 하며, 적어도 오전 8시 30분부터 장을 준비하고 장중에 시장을 지속적으로 바라볼 수 있는 투자자여야 합니다. 그 이유는 간단합니다. 장 시작 전에 매수 주문을 넣어야 하고, 만약 매수 주문 물량이 체결되었을 경우 상한가가 장중에 풀렸을 때 빠르게 손절 매도 주문을 낼 수 있어야 하기 때문입니다. 또한 투자자가 갖추어야 할 또 하나의 조건은 소액으로 투자하는 투자자여야 한다는 점입니다. 이러한 종목은 자주 출현하지 않을 뿐만 아니라, 출현하더라도 많은 물량이 체결되지 않고 소액 체결로 마무리되는 경우가 많기 때문입니다. 따라서 자금 규모가 크거나 단기매매에 익숙하지 않은 투자자에게는 적합하지 않은 매매기법이라 할 수 있습니다.

갭상한가를 공략하는 방법과 이 방법에 적합한 투자자에 대해 설명드렸습니다. 하지만 그보다 더 중요한 것은 상한가 물량 배분 원칙에 대한 이해입니다. 장전 동시호가에서의 물량 배분에는 몇 가지 우선 원칙이 존재합니다. 첫 번째는 가격 우선 원칙입니다. 그러나 상한가로 출발하는 종목의 경우, 상한가 매수 주문 물량이 상한가 매도 주문 물량보다 많기 때문에 모든 매수 주문이 체결되지는 않습니다. 이때 가격 우선 원칙 다음으로 수량 우선 원칙이 적용됩니다. 다만, 특정 투자자에게 과도한 매도 물량이 한 번에 체결되는 것을 방지하기 위해 '수정된 수량 우선 원칙'이 적용되어 물량을 배분하게 됩니다. 이 원칙에 따르면 모든 매수 주문 물량에 대해 최초로 100주씩 우선 배분하고, 잔여 매도 물량이 있을 경우 500주씩, 그 다음은 1,000주씩, 이어서 2,000주씩 배분하는 방식으로 진행됩니다.

갭상한가 종목에 매수주문을 넣은 경험이 있는 투자자라면 100주 체결량에 허탈했던 기억이 있을 것입니다. 실제로 10,000주 정도의 주문을 넣었는데 100주만 체결되었다면, 이는 1%의 체결비율로 굉장히 적은 물량임에 틀림없습니다. 하지만 다시 생각해보아야 합니다. 10,000주 주문을 넣었는데 장 마감까지 100주가 체결되었다는 것은, 다음 날에도 상한가에 진입할 확률이 높다는 뜻입니다. 반대로 10,000주 주문을 넣었는데 10,000주 전량이 체결되었다면, 이는 상한가가 깨지면서 손절매도가 나가야 할 확률이 높아졌다는 신호일 수 있습니다. 경쟁률이 매우 높은 공모주에 투자했을 때 공모 배정 물량은 적지만 상장 당일 고가에 매도할 확률이 높고, 경쟁률이 낮은 공모주는 물량은 많지만 수익이 거의 나지 않는 것과 같은 이치라고 이해하면 됩니다. 이 기법을 연구하고 자주 사용하다 보면, 어느 정도의 주문으로 100주를 받을 수 있는지 적정 주문 수량이 자연스럽게 파악될 것입니다. 이 점을 기억하시기 바랍니다.

필자 경험으로는 이 기법이 익숙치않은 초보자일수록 많은 수량의 매수주문은 절대 넣지 말고, 적은 수량의 매수주문으로 연습하는 것이 좋습니다. 가장 큰 장점은 주문체결이 되지 않으면 본전이라는 것입니다. 그러므로 과한 욕심을 버리고 체결이 되지 않더라도 적은 수량의 매수주문으로 감을 익힐 것을 권하고 싶습니다.

간접매매 적용
_테마주 공략

　상한가 폭이 30%로 확대되면서 직접 공략할 수 있는 상한가 종목을 찾기가 쉽지 않다고 말씀드렸습니다. 그럼에도 불구하고 상한가 종목을 분석하는 것이야말로 시장에서 움직이고 있는 테마주를 가장 정확하게 정리하고 분석하는 출발점임을 부인하기는 어렵습니다. 과거에는 상한가 종목이 매일 30여 종목씩 나왔기 때문에 상한가 종목만 분석해도 테마주의 흐름을 충분히 읽어낼 수 있었습니다. 하지만 현재는 상한가 종목이 하루에 몇 종목 나오지 않기 때문에 상승률 상위 종목들을 함께 살펴보아야 합니다. 투자자마다 분석에 투입할 수 있는 시간이 다르기 때문에 일률적으로 말하기는 어렵지만, 필자는 매일 두세 시간씩 일간 상승률 TOP 30 종목을 분석하고 있습니다.

　일간 상승률 TOP 30종목을 매일 분석하면서 동일 업종 종목들과 동일 테마주 종목들을 묶어내는 연습을 해보시기 바랍니다. 그렇게 하다 보면 오늘 테마주의 상승 흐름이 보이기 시작하고, 하루 이틀의 연속선상에서 이러한 흐름들을 추적해 나가면서 시장의 흐름과 테마주의 흐름을 읽어낼 수 있게 됩니다. 이 분석 방법은 기간을 길게 설정할 경우 중장기 테마주 분석에도 매우 중요한 분석 도구가 됩니다.

예를 들면, 월간 상승률 TOP 30 또는 연간 상승률 TOP 30을 분석하면 해당 월의 가장 강한 테마주와 시장의 흐름, 또는 해당 연도의 가장 강한 테마주와 시장의 흐름을 파악할 수 있습니다. 필자는 매일 일간 상승률 TOP 30, 매주 주간 상승률 TOP 30, 매월 월간 상승률 TOP 30, 매 분기 분기 상승률 TOP 30, 매 반기 반기 상승률 TOP 30, 매년 말 연간상승률 TOP 30, 3년간 상승률 TOP 30, 5년간 상승률 TOP 30까지 분석하고 있습니다.

이러한 일련의 과정을 통해 테마주의 흐름을 읽어낸 후에는 두 가지 방법 중에서 선택해야 합니다. 첫 번째는 관심 테마주 종목 중 상승률 TOP 30에 속하는, 상승하고 있는 대장주 성격의 종목을 추격 매수하여 상승 추세의 상승분을 자신의 수익으로 취하는 방법입니다. 두 번째는 관심 테마주 종목 중 상승률 TOP 30에 포함되어 있지 않은 소외주를, 테마주 내의 순환매를 예상하고 선취매하는 방법입니다. 필자는 경우에 따라 이 두 가지 방법을 혼용하여 사용합니다. 장이 강세장이거나 테마가 강할 경우에는 상승 추세의 대장주 성격의 종목을 추격 매수하고, 장이 약하거나 테마가 약할 경우에는 테마주 내에서 아직 상승하지 않은 종목을 발굴하여 순환매를 예상하고 선취매를 합니다. 두 가지 방법 중 어느 것을 선택할지에 대한 결정 기준은 결국 위험과 수익률 중 어느 부분을 더 적극적으로 고려할 것인지에 달려 있으며, 또한 자신의 투자 성향이 어떤 전략에 어울리는지를 판단하는 것이기도 합니다.

 약간은 잔소리 같지만 이 책을 읽는 투자자들에게 분석을 위한 시간투자를 아까워하지 말라고 조언하고 싶습니다. 만약 필자에게 "어떻게 일간 상승률 TOP 30종목을 매일 3시간씩 분석을 할 수가 있었죠?"라고 묻는다면, 하루에 3시간도 분석하지 않으려는 투자자들 덕분에 감사하게도 20년 동안 주식시장에서 살아남을 수 있었다고 대답해주고 싶습니다.

5장
짝짓기 매매기법

> ✅ **MAIN POINT**
>
> 짝짓기 매매의 핵심인 테마주 또는 지분관계회사를 파악하는 방법을 배우고 실전 매매에 적용해 보자.

보완재와 대체재, 개념이해를 하자

　필자는 대학원에서 와인을 공부했을 정도로 와인을 즐깁니다. 다른 술보다 와인을 좋아하는 이유는 여러 가지가 있는데, 그중 하나는 와인의 종류가 밤하늘의 별만큼이나 많다는 점입니다. 와인은 종류만큼 맛과 향도 다양하여 각각의 와인마다 잘 어울리는 음식이 있으며, 잘 어울릴 때 와인의 가치가 더욱 빛납니다. 프랑스에서는 와인과 음식의 조화를 '결혼'이라는 뜻의 '마리아쥬marriage'라고 부릅니다. 마리아쥬의 기본 원칙에는 같은 지역, 색의 조화, 음식 소스에 사용된 와인 등 몇 가지가 있습니다. 그중 하나가 음식과 와인의 상호보완적인 성질입니다. 와인의 단맛은 음식의 짠맛을 누그러뜨리고, 와인의 신맛은 기름기를 완화시키는 방식입니다. 와인과 음식이 서로 보완적인 성질을 가진다면, 그 와인은 해당 음식에 어울리는 와인이라고 할 수 있습니다.

　이렇게 서로 보완적인 역할을 하는 것을 경제학에서는 보완재라고 합니다. 경제학에도 앞에서 설명한 '마리아쥬' 개념이 존재하는 셈입니다. 경제학적인 관점에서 우리가 사용하는 재화에는 서로 보완적인 역할을 하는 보완재와 서로 대체적인 역할을 하는 대체재가 있습니다. 이 두 개념을 이해하는 것은 주식투자에 있어 매우 중요합니다. 그렇다면 보완재와 대체재는 무엇일까요?

필자가 지금까지 배운 학문 중에서 가장 재미있게 배운 것은 경제학입니다. 그중에서도 미시경제학을 특히 흥미롭게 공부하였습니다. 미시경제학의 기본은 가격론이며, 수요와 공급의 법칙이 가장 근간이 되는 원칙입니다. 다른 조건이 일정할 때, 가격에 따라 수요와 공급이 결정되며, 수요량과 공급량이 일치하는 지점에서 균형가격이 형성됩니다. 수요공급의 법칙은 주식투자에 있어서도 주가 결정에 충분히 응용할 수 있기 때문에 반드시 이해하고 넘어가야 하는 개념입니다.

투자자들은 "수급이 가장 중요합니다"라고 말합니다. 여기서 수급이 바로 수요와 공급의 약자이며, 주식가격이 오르려면 수요(매수세)가 늘어나든지 공급(매도세)이 줄어들든지 해야 합니다. 따라서 수요(매수세)에 영향을 미치는 변수가 무엇인지, 공급(매도세)에 영향을 미치는 변수가 무엇인지 늘 생각하고 수급을 파악하는 연습을 해야 합니다. 그렇게 하다 보면 주식가격 변동을 예측하는 능력을 키울 수 있습니다.

경제학에서 수요공급의 법칙을 공부할 때 등장하는 내용 중 하나가 대체재와 보완재입니다. 대체재는 서로 다른 재화에서 비슷한 효용을 얻는 재화, 즉 서로를 대체할 수 있는 재화를 뜻합니다. 보완재는 서로 다른 재화에서 한 가지 효용의 효과를 상승시키는 재화, 즉 서로를 보완할 수 있는 재화를 뜻합니다. 대체재의 예로는 돼지고기와 소고기를 들 수 있습니다. 돼지고기와 소고기를 함께 소비하면 효용의 상승효과를 만들 수 없고, 각각 소비하면 비슷한 효용을 느낄 수 있습니다. 그렇기에 돼지고기와 소고기는 대체재의 관계입니다. 보완재의 예로는 커피와 설탕을 들 수 있습니다. 커피와 설탕을 함께 소비하면 효용의 상승효과를 만들 수 있기 때문에 두 재화는 보완재의 관계입니다.

보완재와 대체재의 가격과 수요의 상관관계를 생각해보면 다음과 같습니다. 보완재는 한 상품의 가격이 하락하여 수요가 상승하면, 해당 상품의 보완재 수요 역시 함께 증가합니다. 반면에 대체재는 한 상품의 가격이 하락하여 수요가 증가하면, 대체재의 수요는 줄어들게 됩니다. 즉, 대체재와 보완재는 서로의 가격과 그에 따른 수요량의 변화가 상대방에게 영향을 미치고 있음을 알 수 있습니다. 그것이 긍정적인 방향이든, 부정적인 방향이든 말입니다.

주식시장에서도 대체재와 보완재 개념을 그대로 차용하여 사용할 수 있습니다. 투자자 전체 자금의 투자 측면에서 본다면, 제한된 자금으로 인해 일정 주식을 선택하여 한정적으로 매수할 수밖에 없습니다. 그러므로 모든 주식은 기본적으로 서로 대체재의 관계를 가집니다. 이는 돼지고기, 소고기, 닭고기 등을 한 번에 먹지 않고 각각 선택하여 먹는 것과 유사한 이치입니다. 반면에 고기를 먹을 때 쌈채소를 곁들이듯이, 특정 종목군들은 함께 움직이면서 효용을 증가시켜 투자자의 이익을 극대화시키는 경우가 있습니다. 이러한 종목들은 서로 보완적인 관계에 있음을 이해해야 합니다.

보완재 관계에 있는 주식은 가격의 관점에서 보면 주가가 같은 방향으로 움직입니다. 앞에서 언급한 '마리아쥬' 관점에서 본다면, 궁합이 잘 맞아 서로의 장점을 이끌어내는 시너지 효과를 일으키는 관계입니다. 와인을 마실 때도 음식과의 조화를 생각하는데, 하물며 주식투자를 할 때는 주식 간의 조화를 고려하고 주가의 상관관계를 연구해야 하는 것은 당연한 일입니다. 각 주식의 상관관계에 대한 이해는 대단히 중요한 개념입니다. 만약 약 2,000종목이 존재하는 우리나라 주식시장에서 서로 간의 주가 상관관계를 데이터화할 수 있는 프로그램이 존재한다면, 큰 수익을 보장받을 수 있을지도 모릅니다. 아니 어쩌면 누군가는 이미 그 프로그램을 개발하여 매매에 활용하고 있을 수도 있습니다. 시장에서는 A가 오르면 B도 오르고, B가 오르면 C는 내리는 등 수많은 관계가 실타래처럼 얽혀 있습니다. 그 비밀을 풀어낸다는 것은 남들보다 먼저 선취매수할 수 있는 기회를 가진다는 의미이기도 합니다.

다음 내용에서는 주가의 움직임에 따라 서로 명확한 상관관계를 가지는 테마주와 지분관계 회사에 대해 설명드리겠습니다. 저는 이러한 관계를 '짝짓기 매매법'이라고 부릅니다. 짝짓기 매매법의 핵심은 유사한 주가 움직임을 보이는 종목군을 사전에 관심종목 그룹으로 분류해두고, 그중 하나가 상승 움직임을 보일 때 상승의 속도와 크기를 예측하여 적절한 매매 전략을 세우는 데 있습니다. 짝짓기 매매를 성공적으로 활용하기 위해서는 동일한 방향의 주가 흐름을 보이는 성격의 종목들을 미리 관심 그룹으로 분류해두는 것이 중요합니다. 이후 이들 종목 간 주가의 상관관계를 경험을 통해 체득하고, 그 경험을 바탕으로 데이터를 정리하여 실제 매매에 활용하는 방식입니다.

짝짓기 매매 I
_테마주 매매

 짝짓기 매매법의 가장 흔한 유형은 테마주 매매입니다. 일반적으로 테마주란 주가에 영향을 미칠 수 있는 하나의 재료에 공통적으로 연결되어 주가의 등락을 함께하는 종목을 말합니다. 넓게 보면 증권주, 건설주, 자동차 관련주, 반도체 관련주, 게임주 등 업종이나 사업내용이 유사한 종목들도 테마주로 묶을 수 있습니다. 따라서 유사한 업종, 비슷한 사업내용, 혹은 하나의 재료에 반응하여 비슷한 주가 흐름을 보이는 종목들을 모두 테마주로 정의하고, 테마주별로 관심종목을 설정해두는 것이 테마주 매매의 첫걸음입니다. 다음은 필자가 관심종목 그룹으로 설정한 테마주의 대표적인 사례입니다. 실제 주식시장에는 이보다 훨씬 많은 테마주가 존재합니다. 각 증권사 HTS에서도 테마주 관련 정보를 제공하고 있지만, 자신만의 기준으로 테마주 그룹을 구성해두는 것이 무엇보다 중요합니다.

2차전지주 | NAND주 | 3D 프린터주 | 4차 산업 수혜주 | 5G주 | MLCC주 | OLED주 | 가상현실VR주 | 가상화폐(비트코인 등)주 | 게임주 | 온라인

교육주 | 남북경협주 | 메타버스주 | 면역항암제주 | 바이오시밀러주 | 방산주 | 비만다이어트주 | 사물인터넷주 | 수소차주 | 스마트카주 | 스마트팜주 | 스마트팩토리주 | 시스템반도체주 | 아프리카돼지열병ASF주 | 엔터테인먼트주 | 여름주 | 우주항공산업주 | 원자력주 | 의료기기주 | 수출규제(국산화 등) 주 | 전력설비주 | 제지주 | 조선기자재주 | 증강현실AR주 | 지능형로봇 | 인공지능AI주 | 창투사주 | 치매주 | 태양광에너지주 | 피부미용주 | 폐기물처리주 | 풍력에너지주 | 해저터널주 | 화장품주 | 황사 | 미세먼지주 | 희귀금속(희토류 등)주 (이상 가나다순)

이 목록은 실제 수년 동안 주식시장에서 움직임을 보였던 테마주들의 일부 사례로, 간단하게 정리한 것입니다. 실제로 테마주를 구분하고 관심종목을 설정할 때에는 소주제로 나누어 분류할수록 주가 간 상관관계를 명확히 관찰할 수 있어 매매에 더욱 도움이 됩니다.

예를 들면 다음과 같습니다. 제약바이오주에 50종목 이상이 포함되어 있으므로 전체를 하나의 대분류로 설정합니다. 그리고 제약지주사, 신약개발주, 소형제약주, 화장품사업을 하는 제약주, 의료기기 관련주, 바이오시밀러 관련주, 삼성바이오 관련주 같은 소분류로 세밀하게 구분하여 관심종목 그룹을 구성해두어야 합니다. 그래야만 실질적으로 매매에 직결되는 짝짓기 매매를 실행할 수 있습니다.

소분류 관심종목그룹으로 한 번 해놓았다고 해서 그걸로 끝이 아닙니다. 매일 업그레이드를 해야 합니다. 테마주 관심종목그룹 내에 새로 편입시킬 종목은 편입시키고, 삭제시킬 종목은 삭제시켜야 합니다. 새롭게 시장에서 만들어진 테마주를 새로운 테마주그룹으로 만들거나, 반대로 더 이상 시장에서 의미 있는 움직임을 보이지 못하는 테마주그룹이 있다면 삭제도 해야 합니다. 이렇게 중요한 내용들을 업데이트하고, 업그레이드를 해야 합니다. 관심종목그룹 관리는 테마주 매매, 짝짓기 매매에서 중요한 사전준비 과정입니다.

그렇다면 관심종목그룹 설정 이후 단계인 동일 테마주 종목들의 주가 상관관계는 어떻게 체크해야 할까요? 가장 중요한 것은 시장의 관심을 받아 주가가 동반 상승할 때의 상관관계입니다. 시장에서 소외되었거나 심지어 동반 하락할 때의 주가 상관관계는 의미가 없습니다. 왜냐하면 테마주 매매, 즉 짝짓기 매매는 상승할 때 수익을 내는 단기 매매 전략인 경우가 대부분이기 때문입니다. 따라서 주가가 동반 상승할 때 종목 간의 상승률을 파악해 관심종목 순서를 매일 업그레이드해야 합니다. 즉, 관심종목 목록의 제일 위부터 순서대로 주가 상승률이 높은 종목으로 순서를 바꿉니다. 이렇게 업그레이드를 하다 보면 테마주에서 대장주와 졸개주를 구분할 수 있게 됩니다. 업그레이드를 꼭 해야 하는 이유는 대장주와 졸개주의 관계가 영원히 지속되는 것이 아니고 수시로 바뀌기 때문입니다.

그렇다면 대장주를 매수하는 것이 좋을까요, 졸개주를 매수하는 것이 좋을까요? 경우에 따라 다르지만 대장주를 매수하는 것이 좋은 결과를 가져올 확률이 높습니다. 일반적인 경우라면 졸개주는 결국 대장주의 주가 움직임에 연동되는 존재이기 때문에 상승 시에는 대장주가 더 큰 폭으로 오르고, 반대로 하락 시에는 졸개주가 더 큰 폭으로 하락하기 때문입니다. 다만 앞에서 언급했듯이 대장주와 졸개주의 위치는 언제든지 바뀔 수 있습니다. 그러므로 어느 정도 대장주로 치고 나갈 확신이 드는 졸개주가 있다면, 고가로 상승한 대장주보다 저가에 맴돌고 있는 졸개주를 선취매하는 것이 좋은 결과를 가져오는 전략일 수 있습니다.

정리해보면, 보다 공격적이고 단기매매에 능한 투자자라면 대장주를 추격매수하는 것이 좋은 전략이 될 확률이 높습니다. 반면에 좀 더 보수적이며 중기매매에 능한 투자자라면 테마주 내 순환매를 대비하여 아직 오르지 않은 졸개주를 선취매수하는 것이 좋은 전략이 될 것입니다.

짝짓기 매매 II
_지분 관계회사

사실 앞에서 설명한 테마주를 활용한 짝짓기 매매는 코스닥 투자를 하는 일반 투자자들 사이에서 성행하였습니다. 투자 경험이 오래되었다면 익히 알고 있거나 실전 매매를 해본 경험이 있을 것입니다. 또한 짝짓기 매매법이 아니더라도 시장에는 훨씬 다양한 기법과 매매법이 존재합니다. 하지만 이번에 설명드릴 지분 구조에 의한 짝짓기 매매는 잘 모르거나, 알더라도 실전 매매에 시도하지 않은 투자자가 대부분일 것입니다.

과거 우리나라 주식시장에서는 지분 구조가 주가에 영향을 미치는 주요 변수로 인식되지 않았습니다. 그러나 최근 들어 그 영향력이 점점 커지고 있습니다. 그 이유는 다음과 같습니다. 첫째, 연결 재무제표에 따라 지배회사의 실적이 지분법으로 연결되기 때문입니다. 둘째, 순환출자의 해소와 대주주의 지배력 강화를 위한 지주회사의 중요성이 커지고 있기 때문입니다. 셋째, 2024년 상반기 상승세를 보였던 LS-LS ELECTRIC, HD현대-HD현대중공업 등과 같이 지분 관계에 있는 종목들의 동반 상승이 여전히 이어지고 있기 때문입니다.

앞에서 언급한 세 가지 이유 모두 중요하지만, 특히 세 번째 요인으로 인해 이제는 지분 구조 파악이 짝짓기 매매 전략에서 매우 중요하게 되었습니다. 물론 지분 관련 짝짓기 매매 전략은 과거부터 큰 수익을 주는 전략이었으며, 2023년에는 이차전지 관련주가 시장의 주도주 역할을 하고 있었습니다. 에코프로비엠이 초반에 급등하고, 뒤따라 에코프로의 주가가 움직이기 시작했을 때입니다. 결국에는 에코프로가 에코프로비엠보다 더 큰 폭으로 상승하기도 하였습니다. 이처럼 지분 구조에 의한 짝짓기 매매 종목이 유행하면서 2023년부터 2024년 사이에는 셀 수 없을 정도로 많은 짝짓기 종목이 등장하였습니다. 그 중 대표적인 종목 일부만 추려보면 다음과 같습니다.

에코프로 - 에코프로비엠

POSCO홀딩스 - 포스코퓨쳐엠

솔브레인홀딩스 - 솔브레인

코스모화학 - 코스모신소재

코스맥스비티아이 - 코스맥스

피에스케이홀딩스 - 피에스케이

HD현대 - HD현대일렉트릭

LS - LS ELECTRIC

효성 - 효성중공업

현대자동차 - 현대로템

한화 – 한화에어로스페이스

HD한국조선해양 – HD현대중공업

특별히 자료를 찾아보지 않아도 대표적으로 생각나는 짝짓기 매매 종목이 이 정도입니다. 3종목 이상이 떼를 지어서 움직였던 그룹주들도 상당합니다. 2023~2024년 사이에 매매했던 중요 그룹주만 정리해도 다음과 같습니다.

HD현대그룹주: HD현대, HD현대중공업, HD현대일렉트릭, HD현대미포 등
한화그룹주: 한화, 한화에어로스페이스, 한화오션, 한화시스템
두산그룹주: 두산, 두산에너빌리티, 두산밥캣, 두산로보틱스

실제로 2023년 주도주인 에코프로비엠의 주가 급등과 에코프로의 주가 상승, 2024년 LS ELECTRIC의 주가 급등과 LS의 주가 상승은 지분관계를 파악해야 하는 동기부여가 될 것입니다. 또한 HD현대그룹주 중에서 조선 관련주의 순환매가 나올 당시에 앞에서 설명한 지분구조를 파악한 투자자들은 그렇지 못한 투자자들에 비해 높은 수익을 거둘 수 있었다는 것을 반드시 기억하세요.

필자는 주식투자자에게 창의력이 중요하다고 생각합니다. 이 창의력이 가장 큰 역할을 하는 것이 짝짓기 매매법이라고 봅니다. 짝짓기 매매법을 활용하다 보면 과거에는 없던 새로운 재료가 나오는데, 이

새로운 재료에 대해 창의적인 연상법을 발휘하면 남들보다 빨리 관련 테마주를 예상하고 더 빨리 선취매할 수 있습니다.

과거에 나온 재료에 의한 테마주는 미리미리 준비하는 성실성이 성공투자의 관건이고, 처음 나오는 새 재료에 의한 테마주는 먼저 생각하는 사람, 즉 창의력이 성공투자의 관건입니다. 그러니 새로운 재료가 나왔고 아직 테마주가 형성되어 있지 않은 재료라면, 그 재료의 수혜업종과 수혜업종 내의 주가움직임이 유사한 종목들을 찾아야 합니다. 그렇게 새로운 테마주를 공략하는 창의적인 연상법이 필요합니다.

신고가종목 매매기법

☑ **MAIN POINT**

추세매매에 대해서 공부하고 신고가 종목을 찾는 방법을 배워 실전 매매에 적용해 보자.

추세매매란 무엇인가?

추세란 일반적으로 어떤 현상이 일정한 방향으로 나아가는 경향을 의미합니다. 추세는 주식의 움직임을 분석하는 기술적 분야에서 매우 중요한 개념입니다. 주식의 움직임은 크게 추세와 비추세의 움직임, 2가지로 나눌 수 있습니다.

첫 번째는 비추세입니다. 비추세는 주가가 한 방향으로 나아가는 경향을 아직 갖지 못하여 상승과 하락을 반복하는 움직임을 뜻합니다. 통상적으로 비추세 구간 이후 갑작스러운 급등이 오거나, 갑작스러운 급락이 나오면서 상승추세 또는 하락추세로 주가움직임이 나오는 것이라고 이해하면 됩니다. 비추세 움직임을 보이는 주식은 비추세 구간의 고점과 저점을 잘 잡아내어 구간저점에서 저점매수, 구간고점에서 고점매도 기법을 구사하는 박스권 매매가 유일한 필승법입니다.

두 번째는 추세입니다. 추세는 주가가 한 방향으로 나아가는 경향을 가진 움직임을 보이는 경우입니다. 일단 추세를 형성한 종목에 대한 투자는 비추세구간 종목의 박스권 매매와는 다른 매매법이 필요합니다. 추세에는 상승추세와 하락추세가 있는데, 상승추세종목에 대한 포착과 그 매매기법이 이번 장에서 다룰 내용입니다.

하락추세는 다음과 같습니다. 하락추세종목에 투자하기 위해서는 바닥을 다지는 것을 확인하고 상승으로 전환하는 것이 확인된 이후 매수에 가담하는 매매법이 있습니다. 또한 바닥을 다지지 않았지만 예측에 의한 선취매수를 하는 매매법도 있습니다. 두 경우 모두 매수보다 매도가 훨씬 중요합니다. 하락추세에서 예상했던 상승으로 추세 전환이 나오지 않는다면, 중장기 동안 지속적인 추세 하락이 불가피하므로 빠른 판단으로 손절매를 결정해야 합니다. 하락추세종목의 턴어라운드를 잘만 잡아낸다면 10루타 상승종목을 포착할 수 있습니다. 하지만 확률은 그리 높은 편은 아닙니다. 또한 손절매 판단을 미루다가 지속적인 하락추세 패턴에 걸리면 평생 돌아오지 못할 역사적 고점대의 취득가를 막연하게 기다리는 우를 범할 수 있으므로 주의해야 합니다.

다음 장에서는 상승추세종목에 대해 설명하겠습니다.

상승추세종목은 어떻게 포착할 것인가?

상승추세종목에 올라타 중장기적으로 올라가는 추세 속에서 전리품을 얻고 싶다면 어떻게 상승추세종목을 포착할 수 있을까요? 현재 거래소와 코스닥의 종목수를 대략 2,000종목이라고 가정해보겠습니다. 하루가 24시간을 분으로 환산하면 1,440분, 한 종목당 1분씩만 봐도 2,000분으로 하루를 꼬박 봐도 시간이 모자릅니다. 다른 방법은 없는 것일까요?

정답은 주가상승률 상위종목을 확인하는 것입니다! 한 종목당 1분씩 2,000종목을 매일 볼 수는 없지만, 한 종목당 1분씩 200종목을 매일 볼 수는 있습니다(3시간 20분 소요). 그런데 한 종목당 1분씩 보면 볼 수 있는 정보가 극히 제한적입니다. 그럼 한 종목당 10분을 보면 어떨까? 그러면 30종목을 보는데 하루 5시간이 걸립니다. 이것이 바로 TOP 30 종목분석입니다. 물론 과거 상한가 30% 이전 시절에는 하루 평균 상한가 20~30종목이 배출되었기에 상한가종목을 분석하면 되었지만, 요즘은 상한가종목이 하루에 고작해야 2~3종목 정도 밖에 나오지 않아 분석의 의미가 없습니다.

어쨌든 TOP 30종목을 검색하고 연구하는 목표는 크게 두 가지입니다. 첫째, 직접 공략할 종목을 선정하기 위해서입니다. 상승종목 자체의 매수 가능 여부 분석 이후에는 상승추세의 판단과 매수 매력도에 따라 매수 가담 여부를 결정합니다. 매수 매력도의 결정은 삼박자 분석법으로 하는 것은 물론입니다. 둘째, 간접 공략할 종목을 선정하기 위해서입니다. 상승종목들의 공통점을 찾아내어 현재 시장의 흐름을 잡아내고 테마주의 움직임을 포착한 이후에는, 짝짓기 매매기법이나 테마주 매매기법을 통해 수익 창출을 위한 노력을 해야 합니다.

TOP 30은 일간만 해서는 안 됩니다. 주간, 월간, 분기, 반기, 연간 3년간, 5년간, 10년간 등 다양한 기간을 설정해야 합니다. 일간·주간은 단기매매, 월간 이상의 분석은 주로 중장기투자를 위함입니다. 즉 단기투자자들은 일간상승률이나 주간상승률 정도가 훨씬 중요하고, 반대로 중장기투자가들은 월간 이상, 장기투자자들은 연간 이상의 상승률 분석이 큰 도움이 될 것입니다.

이와 같이 보조지표를 이용하지 않고 상승률 순위로만 추세종목을 찾아낼 수 있는 것은 굉장히 매력적입니다. 필자 개인적으로는 주가의 모든 정보는 현재 가격에 녹아 있으며, 현재가를 보고 모든 것을 알아챌 내공이 되지는 않았기에 봉의 형태를 보고, 이동평균선 주가 그래프를 보고, 그래도 안 되니 각종 보조지표를 보는 것이 아닌가 싶습니다. 실제로 필자 주변의 고수들 중에 보조지표를 보는 투자자는 별로 없습니다. 결국 기술적 분석상 각종 보조지표는 가격의 변화라는 원 데이터를 구미에 맞게 이리저리 바꾸어 놓은 변형 데이터일 뿐입니다. 그래서 상승추세의 종목은 상승률 상위 종목에서 다 잡아낼 수 있다고 생각합니다.

필자는 "턱걸이 20개를 하려면 턱걸이 1개를 하면 된다"는 말을 좋아합니다. 이 말처럼 주가가 1년 동안 1,000% 오르려면 하루에 10% 이상 여러 번 올라야 합니다. 1년 동안 가장 크게 오를 종목을 공략하기 위해서는 그날그날 가장 크게 오른 종목을 검색해보고 왜 올랐는지 연구해야 합니다. 차트 분석하고 재무제표 분석하고 재료 분석을 하면 됩니다. 그런데 그 당연한 것이 하기 힘듭니다. 한 종목당 10분, 30종목이면 300분, 하루 5시간을 투자하기가 힘듭니다. 그러나 하루 10분이 걸리던 한 종목 분석이 점점 익숙해지면 하루 5분 정도로 줄일 수 있습니다. 종목당 5분이면 150분, 즉 2시간 30분이면 가능해지는 순간이 옵니다. TV 프로그램 〈생활의 달인〉에 나오는 달인들이 장기간 숙련을 통해 눈감고도 요리하듯이 말입니다.

만약 매일매일 상승률 100종목 연구를 위해 각 종목의 삼박자 분석, 즉 재무제표 분석, 차트분석, 재료분석을 하는 투자자가 있다고 가정하겠습니다. 그러면 그는 필자보다 매일 주식연구를 3배 열심히 하는 것이고, 3배 더 좋은 매수종목을 찾을 확률이 높아지고, 3배 더 좋은 수익이 날 것임에 틀림없습니다.

단기매매를 위해 매일 일간상승률 TOP 30을 분석하는 것이 효과적이듯이, 중장기 투자를 위해서는 월간, 연간 또는 다년간 TOP 30

분석이 굉장히 중요합니다. 실제로 이러한 분석을 통해서 제약바이오주는 맛있는 식당이라는 이론을 만들 수 있었습니다. 2015년 바이오시밀러 관련 셀트리온, 2017년 신약개발 관련 신라젠, 2020년 코로나 관련 신풍제약 그리고 2023년 의료AI 관련 루닛, 2025년 의료기기 관련 파마리서치의 상승을 보면서 2~3년에 한 번씩 텐배거 종목을 만들어내는 제약바이오주는 맛있는 식당과 같습니다. 누구나 맛있는 식당을 가고 싶어 하지, 맛없는 식당은 가고 싶어 하지 않습니다. 그러나 맛이 있다고 해서 가격이 상관없는 것은 아닙니다. 음식 가격도 식당 선택에 매우 중요합니다. 예를 들어 맛있는 식당이 가격을 올린다면 소비자들은 비싸진 가격에 일시적으로 발길을 돌리겠지만, 다시 가격을 내린다면 소비자들이 몰릴 것입니다. 하지만 맛없는 식당은 가격을 올리면 그나마 있던 손님도 찾아오지 않을 것이고 결국 문을 닫게 됩니다. 이런 관점에서 제약바이오주는 '맛있는 식당'입니다. 일시적으로 가격이 비싸져도 가격이 떨어질 때까지 기다리면 되는 것입니다.

신고가종목 매매기법이란?

    상승률상위종목들을 검색하면서 차트를 볼 때 핵심적으로 봐야 하는 사항이 바로 신고가 여부입니다. 신고가 여부는 증권사별 HTS에 따라 다르지만 대부분 신고가종목 메뉴를 지원합니다. 상한가종목 메뉴, 상승률상위종목 메뉴를 지원하는 것과 비슷합니다.

    상승추세종목을 잡아내기 위한 가장 좋은 방법은 신고가종목 메뉴를 매일 검색해보는 것입니다. 상승률을 1일, 주간, 월간, 연간 등으로 구분하여 볼 수 있듯이 신고가종목도 5일신고가, 20일신고가, 60일신고가, 52주신고가, 역사적 신고가 등으로 기간 구분이 가능합니다. 단기 신고가는 단기매매에, 장기 신고가는 장기매매에 적합합니다. 이 중에서 가장 중요한 신고가는 역사적 신고가입니다.

    역사적 신고가는 2가지 특별한 의미가 있습니다. 첫째, 전 고점의 매물압박이 없습니다. 둘째, 상승목표치가 없습니다. 차티스트에게 전 고점은 전 고점의 매물압박과 상승목표치의 개념이 있습니다. 그런데 역사적 신고가란 이제 더 이상 전 고점이 남아있지 않기에 전 고점의 매물압박도 수치상 상승목표치의 개념도 없어지는 것입니다. 그렇다면 신고가종목에 대한 매매기법은 어떤 것일까요?

신고가종목 매매기법의 매수시점 잡기는 하락추세종목의 매수시점 잡기처럼 두 가지 방법이 있습니다. 첫째는 신고가 돌파 확인 후 매수하는 방법이며, 둘째는 신고가 돌파 전에 예측매수하는 방법입니다. 첫 번째보다는 두 번째 방법이 더 좋은 것은 매수가격이 낮기 때문입니다. 하지만 신고가 돌파에 실패할 확률이 높다는 점에서, 첫 번째 신고가 돌파 확인 후 매수하는 방법을 추천합니다.

매도타이밍을 잡는 방법은 조금 복잡합니다. 추세상승 시에 만들어지는 조정박스권의 하단이 깨지면 매도하는 것이 가장 좋습니다. 즉 추세매매의 핵심은 상승추세종목을 그 상승추세의 끝까지 보유하여 이익을 최대화시키는 것입니다. 그래서 상승추세종목이 조정을 받을 때 상승추세가 끝나고 하락추세로 전환하는 것인지, 상승추세는 지속되지만 일시조정을 받고 있는지의 판단이 추세매매 성공의 가장 중요한 열쇠입니다.

상승추세 연장선상의 조정인지, 하락추세로 전환인지의 판단은 결국 조정박스권의 하단을 붕괴시키는지 아니면 하단을 지켜내는지로 판단하는 수밖에 없습니다. 상승추세 중에 조정권에 진입하면 비추세로 작은 박스권을 만듭니다. 상승추세 속 작은 비추세 박스권의 고점을 다시 힘차게 돌파하면 상승추세가 지속되는 것이고, 작은 비추세 박스권 저점을 붕괴시키면 하락추세로서 전환가능성이 굉장히 높아진다고 보는 것입니다. 이 내용은 앞 세대의 추세매매 트레이더들의 실증분석으로, 또한 필자의 실증분석으로 높은 성공확률을 가진 매매기법이라고 생각합니다.

이때 거래량도 반드시 보아야 할 지표입니다. 상승추세를 유지하기 위해서는 적절한 거래량을 수반하는 것이 좋습니다. 또한 조정박스권의 하단을 대량거래를 터뜨리면서 깨고 내려간다면 하락추세로 전환할 가능성이 높다는 것도 기억해야 합니다. 다시 강조하지만 가격은 속일 수 있지만, 거래량은 속일 수 없다. 이 점을 명심해야 합니다.

불을 탈 것인가, 물을 탈 것인가?

앞에서 다룬 신고가종목 매매기법을 정리해보면 다음과 같습니다. 추세매매의 핵심은 '올라가는 종목을 사라'입니다. 신고가종목 매매기법은 추세매매기법의 핵심기법입니다. 상승추세종목은 일일 상한가도 나오고, 주간 상승률 TOP 30에도 포함되면서 오르는 종목이기 때문에 상승률종목분석을 통해서 발굴해낼 수도 있고, 아니면 신고가종목 메뉴를 통해서 발굴해낼 수도 있습니다. 신고가종목은 상승추세를 유지하면서 짧은 구간의 비추세 박스구간을 만드는데, 그 박스구간의 상단돌파는 상승추세지속, 하단돌파는 추세하락전환으로 판단될 수 있습니다.

추세매매기법 중 오르는 종목을 더 매수하는 피라미딩 기법을 한 줄로 요약하면 다음과 같습니다. "올라가는 종목을 사고, 더 올라가는 종목을 더 사라." 그런데 일반투자자들은 '내려가는 종목을 사고, 더 내려가는 종목을 더 사는 기법'을 많이 사용하고 있습니다. 주변만 둘러봐도 알 수 있지 않습니까? 일반투자자 대다수가 돈을 잃고 있습니다. 참 신기하지 않습니까? 누군가는 돈을 벌 텐데 우리 주변에는 없습니다. 그렇다면 반대로 생각해봐야 하지 않겠습니까? '올라가는 종목을 사고, 더 올라가는 종목을 더 사는 투자자'가 조용히 웃으며 돈을 벌고 있다고 말입니다.

불의 속성은 활활 위로 올라가면서 타고, 물의 속성은 아래로 흘러내려가는 것입니다. 우리는 지금까지 자연의 섭리 때문에 위에서 아래로 내려가는 것에 너무 익숙해져 있습니다. 하지만 물의 속성에만 젖어서 손해를 보고 있다면 다시 한 번 생각해봐야 하지 않을까요?

그렇습니다. 이제는 이 세계에 뛰어든 투자자로서 자연의 섭리보다 주가의 섭리를 받아들여야 할 때입니다.

7장
신규상장주 공략법

> ☑ **MAIN POINT**
>
> 신규상장주의 상장 절차를 공부하고, 신규상장주에 대한 직접 공략 또는 간접 공략을 익혀 실전 매매에 적용해 보자.

공모주 투자란?
신규상장주 투자란?

2024년에는 국내 증권시장에 총 117개의 신규 상장 기업이 입성하였으며, 이 중 스팩SPAC을 제외한 77개 기업이 코스피와 코스닥 시장에 상장되었습니다. 특히, 상반기에는 공모주 시장이 활황을 보였으며, 우진엔텍과 현대힘스와 같은 기업들은 상장 첫날 주가가 공모가의 4배까지 상승하는 '따따블' 현상을 기록하기도 했습니다. 하반기에는 금리 인상, 글로벌 경기 불확실성, 투자심리 위축 등의 영향으로 다소 침체된 모습을 보였으나, 2025년에는 카카오엔터테인먼트, SSG닷컴, 컬리 등 시장 참여자들의 큰 관심을 끄는 대어급 공모주들의 상장이 예정되어 있어, 신규 상장 종목에 대한 관심이 그 어느 때보다도 뜨거울 것으로 예상됩니다.

과거 사례를 살펴보면 상장 이후 상승을 지속하며 공모가 대비 큰 폭의 상승을 보인 종목도 있지만, 상장 당일 고점을 그 이후 회복하지 못하고 하락추세를 형성한 종목도 있습니다. 이런 것을 보면 신규상장주를 무조건 멀리할 필요도 없지만, 무조건 공략할 수도 없습니다. 신규상장주 공략을 하려면 신규상장주 또는 공모주에 대한 정확한 이해가 필요합니다.

유통시장인 증권시장에서 바라본 신규상장주는 발행시장에서 보면 공모주입니다. 이런 점에서 신규상장주를 공략하기 위해서는 반드시 이 개념을 정확히 이해해야 합니다. 다음에 나오는 내용들은 공모주 투자를 위해서는 조금 부족하지만, 신규상장주가 어떤 과정을 거쳐 공모를 하고 신규상장되어 유통시장에서 거래가 되는지 이해하는 데는 부족함이 없을 것입니다.

1단계 : 기업공개

기업공개 IPO, Initial Public Offering 는 거래소 시장 혹은 코스닥 시장에 기업이 투자자를 유치하고 기업가치를 끌어올리기 위해 주식을 상장시키는 절차입니다. 창업자 및 투자자 등 개인이나 소수 주주로 구성되어 소유구조가 폐쇄적인 기업이, 일반에 주식을 공개하고 재무내용 등 경영정보를 공시하여 대중 투자자들로부터 자본을 조달받는 것이라고 이해하면 됩니다. 공모(공개모집)라는 절차를 통해 개인 및 기관투자자들로부터 자금을 투자받고, 회사의 발행주식을 나누어주고, 장내 주식시장에서 자유롭게 거래가 가능하게 되는 것입니다.

2단계 : 신주모집, 구주매출

기업공개를 하면서 신주모집, 구주매출 등 2가지 방식 또는 병행 방식을 취하게 됩니다.

① **신주모집** : 회사가 새로 주식을 발행하고 다른 주주가 이를 취득하는 방식입니다. 기업이 새롭게 발행한 주식을 상장하고 반대급부로 투자금을 받기 때문에 많은 자금이 회사로 유입됩니다. 하지만 새로운 주식을 발행하는 만큼 해당 기업의 총 발행주식이 많아져 기존 대주주 지분율이 하락하게 되고 지배구조가 흔들릴 위험성이 있습니다.

② **구주매출** : 기업의 소유구조분산 목적과 자본조달 목적으로 대주주나 일반 주주 등 기존 주주가 이미 보유하고 있는 주식 지분 중 일부를 대중에게 공개적으로 파는 것을 말합니다.

3단계 : 수요예측

주식을 공모할 때 인수가격을 결정하기 위하여 공모주 청약전에 기관투자가들로부터 수요를 조사해서 수요와 공급의 적정한 수준을 맞춰 가격을 결정하는 방법을 말합니다. 기관의 참여 건수가 많고 경쟁률이 높다면 그만큼 기관투자자로부터 큰 관심을 갖고 있다고 해석하면 됩니다.

4단계 : 보호예수 물량 등 유통가능 주식 확인하기

회사 최대주주 등이 보유하고 있는 주식은 상장 후 의무적으로 일정 기간 동안 매각이 제한됩니다. 이를 '보호예수'라고 합니다. 보호예수는 기업들이 등록할 때 공모 전의 실적 예상치에 비해 등록 후 실적이 지나치게 떨어지는 경우가 많기 때문에, 대주주가 공동책임을 지도록 일정 기간 주식을 묶어 놓는 방편으로 활용됩니다. 상장 이전에 회사에 투자한 벤처캐피탈, 운용사 등 투자자들도 자발적, 비자발적으로 보호예수가 걸립니다. 보호예수 물량이 많을수록 공모주 투자자에게는 유리합니다. 상장 첫날부터 많은 물량이 매물로 나올 가능성이 적기 때문입니다. 이렇게 보호예수 및 매도금지 물량, 유통가능 물량, 의무보유확약 신청 내역 등을 청약 전에 투자설명서 같은 공시 등에서 확인해 분석할 필요가 있습니다.

5단계 : 공모주 청약

기업을 공개하여 주식공모를 할 때 투자자들이 그 주식을 사겠다고 표시하는 것입니다. 즉, 기업이 주식시장에 상장하기 위해 외부에 기업공개를 해 일반인으로부터 청약을 받아 주식을 배정하는 것이 공모주 청약입니다. 공모주 청약에 의한 주식취득은 공모주식이 증권거래시장에 상장된 후 주가가 보통 발행가를 웃돌기 때문에, 공모주 청약을 하면 많은 시세차익을 얻을 수 있습니다. 그래서 인기가 높지만, 최근에는 주가가 공모가보다 내려가는 경우나 청약 시 경쟁이 심하여 주식배정을 많이 받지 못해 투자대비 효용이 낮다는 점도 유의해야 합니다.

6단계 : 공모주 청약 절차

관심 기업의 공모 일정을 확인하고 청약하고자 하는 기업을 분석하여 청약 여부가 결정되면, 해당 청약 주관 증권사에 계좌를 개설한 후 2일 동안 진행되는 청약일에 증권사 영업점과 인터넷 등에서 청약을 신청합니다. 대부분 증거금은 청약 금액의 50%를 요구합니다. 청약일로부터 2거래일이 지나면 납입기일과 환불일이 동시에 진행됩니다. 증거금에서 경쟁률에 의해 배정받고 남는 자금은 모두 투자자에게 환불되며, 배정받은 금액은 해당 기업에 납입됩니다.

7단계 : 상장 첫날 가격 제한폭

공모주는 시장의 신규상장주에 대한 기대심리, 수급, 보호예수 물량 등 여러 요인으로 인해 상장 첫날 급등을 하거나 공모가 미만으로 거래되는 등 매도 타이밍을 잡기가 어려울 정도로 변수가 많습니다. 이에 2023년 6월, 금융당국은 IPO 시장의 건전성을 제고하기 위해 상장 당일 거래 가격의 변동폭을 공모가 기준 60~400%로 대폭 확대하였습니다. 신규상장 종목의 신속한 가격 발견과 공정한 거래 기회를 제공하기 위한 개정이었습니다.

즉, 공모가격 10,000원짜리 기업이 상장 첫날 거래된다면 최대 40,000원까지 상승 가능하여, 당일 수익률은 공모가 대비 300%가 됩니다. 상장일 아침 9시 장 시작과 함께 결정되는 시초가 역시 이 가격 제한폭 사이인 6,000원~40,000원 사이의 매수, 매도호가 사이에서 결정됩니다. 상장 첫날 주가가 공모가격의 400%까지 치솟은 이른바 '따따블'을 기록한 첫 종목은 2차전지 자동화 장비 기업 케이엔에스입니다. 케이엔에스는 공모가격 23,000원의 400%인 92,000원에 거래를 마쳤습니다. 1,000억 원에도 미치지 못했던 케이엔에스의 시가총액은 단숨에 3,000억 원을 돌파하였습니다.

신규상장주 투자를 위한 공모주 관련 내용들을 간략히 살펴보았습니다. 공모주 투자와 신규상장주 투자의 가장 큰 차이점은 안전한 티끌을 취할 것인가 불안전한 태산을 취할 것인가로 이해하면 됩니다.

먼저 공모주 투자는 경쟁률을 고려했을 때, 배정받는 물량이 굉장히 적습니다. 1년 내내 공모주 시장을 따라다니며 모든 종목에 물량 배정을 받는다면 예치금 대비 연 10% 내외의 수익을 예상할 수 있습니다(사실 이 정도도 요즘 1년 이자율을 생각한다면 "아이고, 감사합니다!"라고 인사해야 할 수준이긴 하다). 어찌 보면 큰 기대 수익은 아니지만, 반대로 공모주 투자를 해서 망했다는 사람은 아직 한 명도 본 적이 없으니 안전한 티끌일 수 있습니다. 티끌도 언젠가는 태산이 되는 것처럼 말입니다.

반대로 신규상장주 투자는 기존에 거래되고 있는 주식투자와 전혀 다를 바가 없습니다. 불안전한 태산을 취하다가 그 태산 위에 올라설 수도 있고, 그 태산 밑에 깔릴 수도 있습니다. 이 점을 반드시 알아야 합니다. 주식투자의 제1원칙은 언제나 위험과 수익률의 상관관계임을 명심 또 명심해야 합니다.

신규상장주 공략의 진정한 의미

　신규상장주식 공략법은 1999년 벤처붐에 의한 코스닥시장 대세 상승 시기에 시장참여자들에게 굉장히 유행했던 투자기법입니다. 벌써 15년이나 지난 매매기법입니다. 혹시 이 기법을 자세히 모르는 투자자들을 위해 간단히 설명해보겠습니다. 사례는 그 당시 신규상장되어 아직도 코스닥에서 유통되고 있는 '다음'과 '버추얼텍'입니다.

　다음(현재 카카오)은 1999년 11월 11일에 신규상장되어 26연속상한가를 치고 물량이 풀렸지만, 거기서 2배의 상승을 더 하면서 신규상장가 대비 36배의 상승을 기록하였습니다. 아직도 상장유지가 되고 있으니 차트를 직접 확인할 수 있습니다. 거래 없는 점상한가라 먹을 게 없었을 것 같다고요? 버추얼텍을 보시기 바랍니다.

　버추얼텍은 2000년 1월 11일 신규상장되어 신규상장가 대비 27배가 상승하였습니다. 버추얼텍은 상장 전부터 유명세 때문에 물량 없이 점상한가로 움직인 다음과 달리, 중간중간 거래를 터뜨리면서 주가가 30배 가까이 상승했었습니다. 이 종목 역시 지금도 차트를 직접 확인할 수 있습니다.

다음과 버추얼텍만 있었던 것은 아닙니다. 1999년 후반부터 2000년 초반까지 상장 후 연속상한가 기본 20방 이상씩 움직였던 로커스, 핸디소프트, 장미디어, 싸이버텍홀딩스 등을 보시기 바랍니다. 그 당시의 신기술 주도주들뿐만 아니라 거의 모든 신규상장주들이 상장하면 공모가 대비 10배는 기본이고 30배까지 상승했었습니다. 물론 당시에는 기술주에 대한 광풍이 있었기에 주가에 거품이 있었습니다. 하지만 투자자는 정의의 사도나 도덕 선생님이 아닙니다. 공정한 룰을 위반하지 않는 선에서 수익을 내는 것이 최고의 덕목이자 절대선입니다. 1999년과 2000년의 시장참여자들 중에 코스닥을 두려워하고 거래소에서만 머물렀던 투자자(이들은 그 당시 코스닥은 거품이라고 싸잡아 비난했지만, 실제 속마음은 코스닥 상승에서 소외되는 것을 매우 두려워했습니다)는 상대적 박탈감에 매일 괴로워했을 것입니다. 반면에 코스닥 광풍의 바람을 잘 올라탄 투자자는 최고의 수익률을 냈을 것입니다.

2025년 6월 현재, 신규상장주 공략은 이제 과거처럼 쉽지 않습니다. 하지만 아직도 틈새는 열려 있고, 그 벌어진 틈새로 들어가 수익이라는 과실을 쟁취해야 합니다. 그렇다면 최근의 신규상장주 공략법은 어떻게 바뀌었을까요? 일단 2가지로 나누어서 생각해보기로 하겠습니다. 첫째는 신규상장주를 직접 공략하는 방법이고, 둘째는 신규상장주와 짝짓기 매매를 할 수 있는 종목을 미리 선점해 공략하는 방법입니다.

신규상장주 직접공략법

신규상장주 직접공략법은 간단합니다. 상장 전에 미리 정보를 입수해 가치를 평가해보고 공모가 적정성 여부를 판단하는 것입니다. 그리고 상장 당일 아침 장전 8시 50분부터 예상체결가 변동을 통해 9시까지 첫날 상장 시초가의 예상체결가를 지속적으로 관찰해야 합니다. 그래서 투자자 본인이 생각했던 적정가치 이하에서 첫날 상장 시초가가 시작된다면, 시장가 매수를 통해 상승에 베팅을 하면 됩니다. 반대로 적정가치 이상에서 상장 시초가가 시작된다면, 매수를 포기하면 됩니다. 이 루틴대로 하면 손절매 5~10%를 감수하고 수익률 20~30%를 노릴 수 있습니다.

공모가 적정성 여부와 가치판단

일단 기관의 수요예측이 적정했는지, 공모가 밴드의 상단이나 하단 어디에서 결정되었는지, 또한 그렇게 결정된 공모가에 공모경쟁률은 어느 정도가 형성되었는지가 공모가 적정성 여부에 대한 핵심 판단 기준입니다. 이와 더불어 대주주 지분구조와 기존 기관 보유 물량, 또는 보호예수 물량 등을 파악하여 상장 후 수급을 체크해야 합니다. 또한 가치 판단에 있어서는 업종과 업종 내 위치가 가장 중요하므로, 재무제표로 판단하기보다 업종의 업황과 위치를 중심으로 가치 판단을 해야 합니다.

상장 시초가 형성

8시 50분부터 시작되는 예상체결가 변동에서 가장 중요한 것은 9시에 임박한 시점입니다. 생각해보십시오. 당신이 큰 물량을 매도하고 싶은 매도 희망자라면, 비싸게 팔고 싶은 마음에 미리 매도주문을 내놓기보다 9시 정각에 매도주문을 할 것입니다. 반대로 당신이 큰 물량을 매수하고 싶은 매수 희망자라면, 싸게 사고 싶은 마음에 미리 매수주문을 내놓기보다 9시 정각에 매수주문을 할 것입니다. 그러므로 9시에 가까워질수록 좀 더 의미 있는 예상체결가가 될 것입니다. 요즘은 스마트폰 시각을 이용하지만, 주식투자 초기 시절에는 116으로 8시 55분에 전화를 걸어서 9시 정각에 맞추어 매수 또는 매도주문을 넣었습니다. 이 부분에 대한 이해와 적용은 생각보다 중요합니다.

하지만 더 중요한 것은 신규상장주의 시초가 범위에 대한 이해입니다. 이 제도에 대한 이해가 신규상장주 매매의 핵심인데, 공모가의

60%와 400% 사이에서 결정됩니다. 만약 공모가가 10,000원이라면 상장 당일 동시호가의 매수주문과 매도주문이 결합해 하한가 6,000원과 상한가 40,000원 사이에서 결정되는 것입니다.

예를 들어 자신만의 분석기법으로 신규상장주 공모가가 10,000원이지만 15,000원의 가치가 있다고 분석했다고 가정합니다. 만약 9시에 가까운 시간에 예상체결가가 공모가 10,000원 근처라면, 시초가에 시장가 매수를 하면 될 것입니다. 만약 9시에 가까운 시간에 예상체결가가 공모가의 2배인 20,000원에서 형성될 것 같으면 매수를 포기하면 됩니다.

신규상장주 상장 첫 주 주가패턴

신규상장주의 상장 첫 주 주가패턴은 다음 4가지로 나눌 수 있습니다.

- **패턴 ①** : 공모가를 훨씬 상회하여 시초가 형성 후 당일 상한가 이후 추가상승합니다. 이 패턴이 가장 깔끔하게 주가가 올라가고 수익도 마음 편히 낼 수 있습니다. 공모가가 저평가되었거나, 업종이나 업종 내의 위치가 굉장히 매력적이거나, 또는 수급상 공급물량이 많지 않은 경우입니다.
- **패턴 ②** : 공모가를 훨씬 상회하여 시초가 형성 후 당일 하한가

이후 추가하락합니다. 이 패턴에 걸렸다면 빨리 탈출해야 합니다. 그렇지 않으면 단기간에 큰 손실을 볼 수 있습니다. 물량을 팔아먹을 목적으로 시초가 형성시 가매수를 이용하여 올린 후 지속적으로 주가가 추가하락하면서 공급물량이 나오는 경우입니다.

- **패턴 ③** : 공모가 근방에서 시초가 형성 후 당일 상한가 이후 추가상승합니다. 위험이 그리 크지 않은 만큼 수익도 크게 나는 편은 아닙니다. 다만 상장일에 대량거래가 터지면서 공모물량과 기관물량을 세력이 다 받아낸 후 올린다면 의외로 큰 상승이 나오는 경우도 있습니다.

- **패턴 ④** : 공모가 근방에서 시초가 형성 후 당일 하한가 이후 추가하락합니다. 공모가 근방에서 출발했기 때문에 아래로 방향을 잡았다 하더라도 크게 위험하지 않고, 중기적으로 공모가를 회복하는 경우도 많습니다. 만약 공모가를 회복하지 못한다면 도덕적 해이가 있는 기업일 확률이 높으므로 장기투자는 말리고 싶습니다.

신규상장주 간접공략법

앞에서 언급한 신규상장주 공략법은 과거에는 굉장히 수익이 좋았지만, 최근 몇 년 동안에는 수익률이 그다지 좋지 않았습니다. 신규상장종목 직접공략이 굉장히 리스크가 있는 매매기법임을 생각하면 더욱 그렇습니다. 그래서 시장세력들을 포함한 투자자들이 애용하는 신규상장주 공략법은 두 번째 방법입니다. 신규상장주 간접공략법의 가장 큰 장점은 신규상장주의 직접공략법보다 위험이 훨씬 낮다는 것입니다. 기관의 매물폭탄을 크게 염려할 필요도 없으며, 상장 첫날 시초가가 뻥튀기된 후 단기간에 20~30% 하락을 걱정할 필요도 없습니다. 다만 직접공략법보다 많은 노력과 판단이 요구됩니다. 신규상장주 간접공략법은 2가지로 나눌 수 있습니다.

첫 번째, 신규상장주 지분구조 파악

상한가종목분석이나 주간상승률 TOP 30 등으로 단기 상승종목들을 최근 몇 년 동안 검토해온 투자자라면, 지분구조에 의한 짝짓기 매매가 성행했음을 알 수 있습니다. 특히 지분구조에 의한 모회사와 쟈회사의 관계를 중요하게 봐야 하는데, 연결재무제표가 의무화된 이후로 지분구조 파악은 종목분석 시 필수가 되었습니다.

어떤 급등주가 나왔을 때, 그 급등주의 지분구조를 파악하고 지분을 투자하고 있는 종목인 자회사의 주가급등이 모회사에 반영되어 있지 않다고 해보십시오. 그러면 모회사의 주가상승을 예상하고 선점할 수 있습니다. 이와 같은 논리를 신규상장종목에 적용할 수 있습니다. 신규상장이 예정된 종목의 지분구조를 검토하여 대주주가 상장기업이라면, 반드시 자회사의 신규상장에 따르는 평가차익을 따져보기 바랍니다. 자회사의 신규상장에 따른 수혜주가 확실한데 주가에 미반영되어 있을 경우, 남보다 먼저 선점하면 좋은 결과가 나올 확률이 높습니다.

이 분석의 핵심은 지분율과 모회사와 자회사의 시가총액입니다. 즉, 지분율은 높을수록, 모회사의 시가총액은 낮을수록, 자회사의 시가총액은 높을수록 모회사에 미치는 긍정적인 효과가 크게 나올 것입니다. 반대의 경우라면 모회사에 미치는 영향이 미미하기에 시장반응이 예상외로 적을 수 있으므로 주의해야 합니다.

두 번째, 신규상장주 업종과 유사회사 파악

두 번째 방법은 소위 말하는 연상법과 신규상장주 공략법이 결합

되는 매매기법입니다. 신규상장주를 분석할 때는 재무제표의 수치도 중요하지만, 업종과 업종 내 위치 등이 훨씬 중요하다고 앞에서 설명하였습니다. 만약 신규상장주를 분석했는데 업종이나 업종 내 위치가 굉장히 매력적이라면, 그 신규상장주는 공모가 400%에서 시초가가 결정되어 물량 없는 상승을 며칠간 할 수도 있습니다. 그럴 경우에 대안으로 신규상장주와 유사한 업종의 회사를 발굴하여 선취매전략을 취하면 좋은 결과를 얻을 확률이 높습니다. 이 방법은 주식시장이 아주 활황인 경우 사용해야 합니다.

8장
생활 속의 종목발굴법

 **MAIN POINT**

일상생활에서 종목을 발굴하는 방법을 배워보고, 주의할 사항에 대해서 알아보자.

일상생활도 주식투자에 미쳐야 한다

　불광불급不狂不及, 미치지 않고서는 이루지 못한다는 의미입니다. "미쳐야 미친다"라는 말이 한때 많이 회자되었습니다. 불광불급은 어떤 일을 하는 데 있어서 미치광이처럼 그 일에 미쳐야 목표에 도달할 수 있다는 뜻인데, "미쳐야 미친다"라고 많이 퍼진 것 같습니다. 말 그대로 어떤 일에서 정신적 열정이 다른 사람이 보기에는 거의 광기수준까지 가야 정말 말 그대로 미친 결과를 얻어낼 수 있다는 뜻일 것입니다.

　우리나라의 교육은 평균적인 인간을 만들어내는 비인간적인 교육체계라는 비판이 있습니다. 다른 나라에 비해 소위 말하는 '천재'가 자주 등장하지 않는 이유도 이런 평균지향적인 교육시스템 때문일 것입니다. 평균지향적인 교육시스템은 우리들의 무의식적인 구조에 '적당히 하자'라는 명제를 깊게 각인시켰습니다. 너무 잘나서도 안 되고 못나서도 안 되며, 앞장서도 안 되고 뒤에 있어서도 안 되는 '중간만 하자'라는 적당주의 때문에 우리는 미치지 않고 평범하게 살아가고 있는 것은 아닐까요? 그런데 이런 상태에서 어떻게 "미쳐야 미친다"를 한단 말입니까?

혹시 당구를 배워본 적이 있습니까? 당구를 처음 배우게 되면, 머릿속에 당구대와 당구공이 그려지면서 하루 종일 쓰리쿠션을 돌리게 됩니다. 손은 이미 큐 걸이 연습을 하고 있습니다. 쉽게 말해 당구에 미쳐 있는 상태가 되는 것입니다. 그렇다면 이 글을 읽고 있는 일반 독자 혹은 주식투자자인 당신은 주식에 미쳐본 적이 있습니까?

필자는 지금은 조금 덜하지만 예전에는 정말 미쳐 있었습니다(그럼에도 불구하고 아직도 주변의 많은 사람들이 필자를 보고 주식에 미쳐 있다고 합니다). 주식투자 초창기에는 정말 웃지 못할 에피소드가 많았습니다. 일상생활의 거의 모든 것을 주식과 연관 지으며 생활했었습니다. 아침에 눈을 뜨면 뉴스를 보면서 A뉴스 관련주는 이것, B뉴스 관련주는 저것으로 시작해서 신문을 보면서 C뉴스 관련주는 이것, D뉴스 관련주는 저것이라는 식으로 생각했습니다. 점심시간에 동료들과 나누는 대화에서 주식과 관련지어 생각하는 것은 물론이었습니다. 어떤 상품을 소비하게 되면 이 상품을 나만 사는지, 아니면 다수의 소비자가 사는지, 왜 사는지, 장기 베스트셀러가 될 것인지, 제조·판매회사가 상장은 되었는지, 매출액 중 그 상품의 기여도는 높은지 등 늘 이런 식으로 생각했습니다.

그러다가 HTS 화면들이 꿈에 나오기 시작했습니다. 빨간색은 마음을 안정시키는 색깔로, 파랑색은 마음을 불안하게 하는 색깔로 인식하게 되었습니다. 빨간 넥타이, 빨간 옷, 빨간 모자, 빨간 신발, 빨간 와인, 빨간 머리 등 내 주변의 모든 것을 빨강으로 채워나갔고 자신을 스스로 레드매니아라고 칭했습니다. 이런 걸 보면 필자는 빨강색에 미친 사람임에 틀림없습니다. 그래도 내심 주식에 미쳤다는 의미로 자체 평가를 내리며 위안으로 삼고 있습니다. 좀 극단적이지만, 일상생활 속에서 주식투자 종목을 발굴하는 전제조건은 바로 주식에 미치는 것입니다. 미쳐야 미칠 수 있듯이, 주식투자에 미쳐야 주식투자에 성공할 수 있습니다.

생활 속에서 어떻게 종목을 발굴하나?

주식투자에 미치면 생활 속에서 종목을 발굴하는 묘미를 얻게 됩니다. 그 묘미는 처음에는 단순한 재미로 끝날 수 있지만, 익숙해지고 정교해지면 그 후부터는 어떤 종목발굴법보다도 강력한 무기가 됩니다. 마치 운동을 좋아하는 운동 매니아가 실생활에서 틈틈이 운동을 하여 몸짱이 되듯이, 진짜 주식을 좋아하는 주식 매니아 또한 실생활에서 종목을 발굴하여 성공한 주식투자자가 될 수 있습니다. 다음은 생활 속에서 종목을 발굴하는 유형 3가지입니다.

뉴스를 보자

생활 속에서 종목을 발굴하는 유형 중 가장 흔한 유형은 신문이나 방송의 뉴스와 기사에서 주식투자와의 연관성을 찾고 종목을 발굴해내는 방법입니다. 주식투자자가 아니라도 누구나 방송이나 신문을 통해 뉴스와 기사를 접하게 마련입니다. 중요한 것은 이때 정보를 받아들일 때 주식투자와 연관성이 있는 기사인지 아닌지를 생각하는 습관을 들이는 것입니다.

- 정치 관련 : 대선 관련주, 정부정책주, 대북 관련주, 방산 관련주
- 경제 관련 : 모든 분야(특히 수출입동향, 글로벌경기동향)
- 사회 관련 : 모든 분야(특히 재해 관련주, 각종 바이러스 관련주)
- 소비 관련 : 의류주, 화장품주, 음식료주
- 문화 관련 : 엔터 관련주

기사들의 섹터에 따라서 주식 관련 섹터도 나누어질 수 있습니다. 우리가 흔히 접하고 있는 테마주는 거의 대부분이 빅이슈가 되는 기사가 장기화될 경우 동반상승을 하면서 테마주로 굳어지는 경우가 많다고 이해하면 됩니다. 1년 365일 내내 너무 많은 뉴스들이 다양한 매체를 통해 쏟아지는 정보의 홍수 속에 살고 있습니다. 그렇기 때문에 주식 관련 기사들을 천편일률적으로 도표화시킬 수는 없습니다. 갓난아이도 기어다니다가 처음 벽을 짚고 두 발로 디딘 후 한 발 한 발 걷게 되지 않습니까? 어떤 이론도, 어떤 도움도 없이 혼자서 말입니다. 주식투자자로서 뉴스를 접하고 주식투자와의 연관성을 생각하는 것이야말로 누가 대신해 줄 수 없는 부분입니다. 스스로 터득하고 노력해야 합니다.

소비생활을 되돌아보자

소비생활 중의 종목발굴은 뉴스를 통한 종목발굴보다 일상생활과 더욱 밀접하게 관련이 있는 종목발굴기법입니다. 특히 일상생활에서 접할 수 있는 재화나 서비스를 생산·제공하는 상장업체에 대한 종목발굴로 이어지는 것은 뉴스보다 한발 앞서 있는 것입니다.

예를 들어 먹어본 과자가 너무 맛있었는데, 나중에 그 과자가 크게 히트하고 그것이 뉴스로 나온 이후 과자를 만든 상장기업의 주가에 영향을 미친다고 가정해봅시다. 뉴스보다 나의 소비 시점, 즉 소비자의 소비 시점이 훨씬 앞선 것입니다. 술을 좋아한다면 기사가 나오기 전에, 먹어본 소주가 대박 느낌으로 술술 넘어갔는데, 나중에 그 소주가 크게 히트하고, 그 소주를 만든 상장기업의 주가에 영향을 미친다고 가정해봅시다. 이 또한 뉴스보다 저의 소비 시점, 즉 소비자의 소비 시점이 훨씬 앞선 것입니다. 최근 가장 좋은 사례는 2019년 하이트진로의 신규 맥주 '테라'입니다. 마침 일본의 경제보복으로 일본 맥주의 판매율이 현저히 떨어졌고, 심지어 하이트진로의 경쟁사 판매율도 떨어졌습니다. 또한 동사의 소주인 참이슬과 테라가 결합된 폭탄주를 '테슬라'라고 부르며 '이모님 테슬라 주세요'라는 유행어가 탄생함과 동시에 하이트진로의 주가는 어느 음식료주보다 강한 상승세를 보였습니다.

'사드' 문제가 발생하기 전, 중국에서 막 한류열풍이 불기 시작했던

2014년도쯤 필자의 지인 중 한 명이 중국을 방문했을 때, 중국 파리바게트 빵집에서 중국인들이 줄을 서서 빵을 사먹는 모습을 보고 삼립식품에 투자를 했다고 합니다. 이 사람은 지금도 중국에서 한국 제품의 판매 동향에 촉각을 곤두세우고 있습니다. 필자 역시 지인의 성공 사례에 자극을 받아 한국에서 대학원을 졸업한 중국인을 고용해 매일 중국 사이트 내에서의 한국 제품 판매 상황을 조사했습니다. 한국 제품 소비를 중국인 관점에서 실시간으로 검색해 투자에 활용하기 위함이었습니다. 중국인 직원에게 지급한 급여의 수십 배를 중국 관련 주식에 투자하여 투자차익으로 보상받았음은 물론입니다.

만약 이 책을 읽는 당신이 아이돌 그룹에 관심을 두는 음악팬이라면, 기획 3사 엔터주에 대한 정보를 실시간으로 접하고 있을 것입니다. '블랙핑크'의 폭발적인 조회수를 보며 와이지엔터테인먼트를 떠올리고, 트와이스의 인기를 보며 JYP엔터테인먼트를 전자공시시스템에서 찾아봐야 합니다. 혹은 라면을 좋아한다면 무척 매운 '불닭볶음면'을 먹는 세계인들을 보며 삼양식품을 찾아보고, 세계에서 인정받은 자랑스러운 한국영화 〈기생충〉의 '짜파구리'를 보면서 라면만 끓여 먹는 것이 아니라 농심 주가에도 관심을 가져야 합니다.

창업을 한다고 프랜차이즈 본사에 가서 상담을 받으려고 해도, 결국 본인이 소비했으며 좋은 기억이 남아 있고 장사가 잘 될 것이라고 확신이 서는 프랜차이즈 본사에 가서 상담을 받게 됩니다. 마찬가지로 소비주에 투자할 때도 막연히 재무제표나 차트만 보고 투자하지 말아야 합니다. 일상생활에서 소비를 하면서 그 기업의 판매 제품을 확인하고 구매한 후 투자를 하는 것이 수익률 제고에 더 도움이 됩니다.

다니고 있는 회사와 업무를 되돌아보자

본인이 속해 있는 회사, 그리고 본인이 하고 있는 업무에서 종목을 발굴할 수도 있습니다. 본업의 업무를 통해 주식투자와 관련된 정보를 얻고, 그걸 바탕으로 종목을 찾아내는 방식입니다. 물론 투자자가 공시담당자나 경영진이라면 내부정보를 이용한 매매가 될 수 있기 때문에 법적 제한이 있는지 반드시 확인해야 합니다. 하지만 이 책에서는 본업의 업무가 법적제한 대상인 내부정보 이용이 아니라고 가정하고 이야기하겠습니다.

예를 들어보겠습니다. 당신이 의사이거나 약사라면, 제약바이오 업계에 대해 증권사 제약바이오 담당 애널리스트보다 훨씬 더 직접적이고 구체적인 정보를 알고 있을지도 모릅니다. 물론 증권사 애널리스트는 간접적인 정보로 주식투자 관련 정보를 생성해내는 능력이 있고, 당신은 직접적인 정보를 가지고 있으면서도 주식투자 관련 정보를 생성해내는 능력이 부족할 수 있습니다.

비슷한 예로, 당신이 편의점 업주이거나 아르바이트생이라면, 소비재 상품들의 판매 현황을 증권사 소비·유통 담당 애널리스트보다 훨씬 빠르고 정확하게 파악할 수 있습니다. 또한 당신이 관련 업종에 종사하고 있다면, 스마트폰 관련주, 반도체 관련주, 게임 관련주 등에 대해 다른 투자자보다 훨씬 특화된 강점을 지니고 있는 셈입니다. 실제로 필자 주변에 주식투자로 성공한 사람들 중 몇몇은 주식투자에 대한 지식이나 경험이 거의 없었지만, 자신의 전문 분야 지식을 활용해 종목을 발굴함으로써 주식투자에 성공한 사례가 있습니다.

최근에 실제로 자신의 업무와 관련 있는 종목으로 큰 수익을 낸 투자자를 만난 적이 있습니다. 필자가 2005년에 세무사 시험에 합격한 뒤 세무사로 개업했을 때, 반드시 사용해야 하는 게 바로 '더존 프로그램'이었습니다. 이 프로그램을 통해 전산으로 기장을 하고, 연말 결산과 세무조정까지 모두 진행해야 했습니다. 전국의 거의 모든 세무사 사무실에서 필수적으로 사용하는 프로그램이었습니다. 주식투자자로서 더존비즈온의 성장 가능성을 검토해보긴 했지만, 당시에는 그렇게 큰 매력을 느끼지 못했습니다. 그래서 한두 번 매수와 매도를 했지만 큰 수익이 나지는 않았고, 자연스레 관심에서 멀어지게 되었습니다.

그런데 이 종목이 2015년부터 주가가 급등하기 시작하더니, 1만 원이던 주가가 최근엔 10만 원까지 치솟았습니다. 정확히 말하면 5년 만에 10배가 오른 셈입니다. 아뿔싸! 전국의 세무사들이 10배 수익을 얻을 수 있었던 기회를 눈앞에서 놓쳐버린 것입니다. 물론 필자 역시 마찬가지였습니다.

왜냐하면, 다른 업종은 관련된 상장기업들이 여럿 있지만, 세무사

업종에 있어선 더존비즈온이 사실상 유일한 관련주였기 때문입니다. 만약 세무사들이 이 종목에 조금만 더 관심을 가졌더라면, 더존비즈온의 중장기 주주가 되어 10배 수익의 주인공이 되었을 수도 있습니다. 그런데 지금껏 주위의 세무사들 중에 더존비즈온 주주를 단 한 명도 본 적이 없습니다. 그래서 필자는 주식강연을 할 때마다 생활 속 종목발굴법의 중요성을 강조하며, 내가 포함된 많은 세무사가 더존비즈온을 놓쳤던 이 일화를 단골 사례로 꼭 들려주곤 합니다.

그러던 어느 날, 드디어 더존비즈온으로 10배 정도의 수익을 내고 있는 중장기투자를 하는 세무사 한 분을 만나게 되었습니다. 어떻게 그럴 수 있었는지 묻자 매우 단순한 답이 돌아왔습니다. 자신도 주식투자를 하고 싶어서 계좌를 만들었는데, 잘 모르는 종목을 사고 싶지 않았고, 자신이 가장 잘 알고 수익성과 성장성도 좋아 보이는 더존비즈온을 매수했다고 합니다. 그리고 매도를 안 한 이유는, 자신은 여태껏 주식을 매수만 했지 매도는 하지 않는다고 말했습니다. 생활 속 종목발굴법과 Buy & Hold 전략의 멋진 콜라보로 텐베거 종목을 보유하게 된 것입니다.

보통 자신의 업무 분야와 관련된 업황에 대해 비관적이거나 관련 상장종목들에 대해 비판적인 경우가 많습니다. 자신의 전문 분야에 대해 남들보다 훨씬 많이 알고 있다는 장점이 남들보다 나쁜 점만 보는 단점이 되는 것입니다. 하지만 주식투자를 할 때는 자신이 가진 정보가 '주식 정보로서의 가치'로 어느 정도인지 객관적으로 판단해야 합니다.

통상적으로 주식투자에서 자신이 가진 정보는 굉장히 작게 느끼고 남이 가진 정보는 굉장히 크게 느낍니다. 남의 떡이 커 보이는 것입니다. 나를 뺀 세상 모든 이들이 훨씬 더 고급스럽고 중요하며 비밀스러운 정보를 알고 있다고 생각합니다. 이것은 정보의 투명성 여부와 관련이 있습니다. 내가 알고 있는 정보는 남들도 다 알고 있는 가치 없는 정보 같은 느낌이 들고, 내가 모르는 정보는 왠지 비밀스러운 가치 있는 정보 같은 느낌이 듭니다. 즉 정보가 투명하면 공개 정보이므로 가치 없는 정보로 느껴지고, 정보가 불투명하면 비공개 정보이므로 가치 있는 정보로 느껴진다는 의미입니다.

하지만 여기에서 한 가지 간과하고 있는 점이 있습니다. 실제 주식 관련 정보가 주식투자 종목 매수로 이어지는 속도는 생각보다 빠르지 않습니다. 특히 앞에서 언급한 생활 속 종목발굴 유형인 '뉴스-소비-업무' 순서는 주식투자 종목 매수로 이어지는 정보 반영 순서로 이해할 수 있습니다. 공개된 뉴스가 가장 빠르고, 그다음이 생활 속 소비, 그다음이 업무입니다. 따라서 본인의 업무, 혹은 적어도 생활 속 소비에서 관련주가 파악된다면 그 정보는 아직 주가에 반영되지 않은 가치 있는 정보일 수 있습니다. 그러니 당신이 힘들게 캐낸 정보의 가치를 믿으시기 바랍니다.

생활 속 종목 매수 시 주의사항은?

생활 속 정보로 종목이 선정되면 매수 전에 반드시 확인할 사항이 몇 가지 있습니다. 지속적으로 강조한 삼박자 분석법에 의한 종합적인 검증은 물론이고, 추가로 다음의 사항을 잘 체크하여 낭패보는 일이 없도록 해야 합니다.

정보가 얼마나 반영됐는가?

뉴스를 통한 정보일 경우 주의해야 할 사항입니다. 앞서도 언급했듯이 '뉴스-소비-업무'의 루트를 통해 얻은 정보는 순서대로 주가에 이미 반영되었을 가능성이 높습니다. 따라서 뉴스를 통해 주식 관련 정보를 얻었다면, 즉시 주가 차트와 거래량을 확인하여 그 정보가 주가에 얼마나 반영되었는지 점검해야 합니다. 주식 격언에 "뉴스에 팔아라"라는 말이 있습니다.

필자는 이 말을 "뉴스에는 매도 뉴스가 있고, 매수 뉴스가 있다"로 수정하고 싶습니다. 사례별로 다르기 때문입니다. 뉴스의 주가 반영도가 높아 이미 알 만한 사람은 다 안다면 살 만한 사람이 다 사게 된 이후이므로, 뉴스의 공개 시점이 매도 뉴스가 됩니다. 반대로 뉴스의 주가 반영도가 거의 없어서 뉴스가 공개된 시점에 주가가 상승 스타트를 끊었다면, 공개 시점이 매수 뉴스가 되는 것입니다. '정보의 주가 반영도'를 늘 기억하고 실전에서 적용해야 남들보다 객관적이고 냉정한 판단을 할 수 있습니다.

매출에는 얼마나 기여했는가?

소비를 통한 정보일 경우 주의해야 하는 게 바로 매출 부분입니다. 이 질문은 생활 속 종목발굴인 경우 많이 발생하는데 히트상품의 매출기여도, 나아가서는 생활 속에서 발굴한 상품의 이익률을 반드시 확인해야 합니다.

예를 들어 중소기업에서 히트상품이 발생하여 매출에 크게 기여하고, 그 히트상품의 이익률이 굉장히 높다고 가정해봅니다. 그러면 주가에 크게 반영될 정보라고 할 수 있습니다. 반대로 대기업에서 히트상품이 발생했더라도 회사 전체 매출에서 비중이 미미하다면, 그 정보는 주가에 크게 반영될 정보라고 할 수 없습니다. 이처럼 소비 시 어떤 히트상품의 가능성을 파악하여 그 제품을 생산·판매하는 기업을 매수 고려하고 있다면, 반드시 회사의 매출 구성과 해당 제품의 이익률을 파악해야 합니다.

미공개정보가 위법한가?

미공개정보는 투자자 본인이 업무를 통해 얻은 정보일 경우 특히 주의해야 합니다. 업무를 통해 알게 된 사내 정보나 거래처 정보가 공정공시 대상인 미공개 내부정보라면, 그 내용에 따라 유출자가 처벌을 받을 수 있습니다. 최근에는 간접수령자도 제재를 받는 사례가 있습니다. 자신도 모르는 사이에 내부정보를 이용해 처벌받을 위험이 있으므로, 내부정보를 접할 때는 각별히 주의해야 합니다.

슈퍼개미 이세무사 따라 텐베거 잡기

초보자를 단숨에 고수로 만드는
주식투자 핵심 수업

초판 1쇄 발행 2018년 12월 24일
개정판 1쇄 발행 2025년 8월 14일
　　　5쇄 발행 2025년 11월 12일

지은이 **이정윤**
펴낸곳 **(주)이레미디어**

전화 **031-908-8516**(편집부), **031-919-8511**(주문 및 관리) | 팩스 **0303-0515-8907**
주소 **경기도 파주시 문예로 21, 2층**
홈페이지 **www.iremedia.co.kr** | 이메일 **ireme@iremedia.co.kr**
등록 제396-2004-35호
편집 **장아름** | 표지 디자인 **유어텍스트** | 본문 디자인 **이선영** | 마케팅 **장아름**
재무총괄 **이종미** | 경영지원 **김지선**

저작권자 ⓒ 이정윤, 2025
이 책의 저작권은 저작권자에게 있습니다. 서면에 의한 허락 없이 내용의 전부 혹은 일부를 인용하거나 발췌하는 것을 금합니다.

ISBN 979-11-93394-75-5 03320

- 가격은 뒤표지에 있습니다.
- 잘못된 책은 구입하신 서점에서 교환해드립니다.
- 이 책은 투자 참고용이며, 투자 손실에 대해서는 법적 책임을 지지 않습니다.

당신의 소중한 원고를 기다립니다. **ireme@iremedia.co.kr**